ヴィゴーツキーの生きた時代［19世紀末〜1930年代］のロシア・ソビエト心理学

ヴィゴーツキーを補助線に
その意味を読み解く

中村和夫
Nakamura Kazuo

福村出版

■ 凡　例

1. ロシア語の原著からの引用文については，邦訳書のあるものは対応する引用ページも示したが，訳文については著者自身の訳を当てている。また，引用文中の ［　］ 内は引用者による補記である。

2. 外国人の名前はカタカナで表記したが，初出のときに原綴を付した。なお，ロシア人の名前のカタカナ表記は，原綴のアクセントの位置がわかっているものはそれを考慮したが，それに伴う母音の音の変化は考慮していない。

3. 本書でテーマとしている時代（それ以前の時代も含めて）に活躍した歴史上の人物については，わかる範囲で初出時にその生年と没年を記したが，調べきれずに不明の場合には (? -?) と表記してある。

4. 本書でテーマとしている時代の日本語文献に見られる旧字体は，直接に引用する場合には，可能なかぎりそのままにしている。

5. 巻末の文献一覧では，まず日本語の文献を五十音順で配列した。次に，ロシア語の文献をアルファベット順に配列した。参照したロシア語の原著で邦訳のあるものは，原著のあとにそれを示したので，日本語の文献配列の中には含まれていない。

■ ギャラリー

パーヴロフ
〔Павлов И.П.,
1849-1936〕

ベーフテレフ
〔Бехтерев В.М.,
1857-1927〕

チェルパーノフ
〔Челпанов Г.И.,
1862-1936〕

ネチャーエフ
〔Нечаев А.П.,
1870-1948〕

エルマコーフ
〔Ермаков И.Д.,
1875-1942〕

コルニーロフ
〔Корнилов К.Н.,
1879-1957〕

ブローンスキー
〔Блонский П.П.,
1884-1941〕

シュピリレーイン
〔Шпильрейн И.Н.,
1891-1937〕

バーソフ
〔Басов М.Я.,
1892-1931〕

ヴィゴーツキー
〔Выготский Л.С.,
1896-1934〕

モスクワ大学附属心理学研究所

セミナーの聴講者と研究所のスタッフ。真ん中で腕を組んでいるのが所長のチェルパーノフ。後ろの壁には，設立の資金を寄付した商人エス・イ・シューキンの妻の名前を冠した「エリ・ゲ・シューキナ名称心理学研究所」のプレートが掲げられている。1914年撮影。

モスクワ心理学会の学術拠点

モスクワ心理学会刊行のジャーナル「哲学と心理学の諸問題」(1889-1918年) の編集部があった建物 (手前の2階建ての建物)。

子どもの家 - 実験室

1921年にモスクワにてエルマコーフの指導の下に設立された精神分析運動の拠点。1922年には「国際連帯」の名が冠せられた。1923年には、ここを拠点として国立の「精神分析研究所」が組織されている。

子どもたちの集合写真

「スターリンさん、幸福な子ども時代をありがとう！」という文字が書かれた集合写真。
子どもたちはプレゼントされた人形を手にしている。

ヴィゴーツキーの墓

墓碑銘は、向かって左上がレフ、右上が妻のローザ、左下が長女のギータ、右下が次女のアーシャ。
墓は、モスクワ郊外西南に位置するノヴォヂェーヴィチ墓地にある。

■ まえがき

　レフ・セミョーノヴィチ・ヴィゴーツキー（Выготский Л.С.）は，1896年11月5日（旧暦＝ユリウス暦）に生まれ，1934年6月11日（新暦＝グレゴリウス暦）に，37歳という若さでこの世を去っている。この本のタイトルにある「ヴィゴーツキーの生きた時代」とは，この短い期間のことである。

　しかし，このおよそ40年間はロシアにとって激動の時代であったことは周知の通りである。1898年には，ロシア共産党の前身である「ロシア社会民主労働党」が結成されている。1904年には日露開戦があり，1905年には「血の日曜日」事件が起こり，労働者と農民のストライキが全国に広がる。この流れの中で，全国の主要都市において，「ソビエト」と呼ばれる労働者の代表機関が誕生する。ソビエトは，12年後の革命に大きな役割を果たすことになる。1914年には第一次世界大戦が勃発し，ロシアは対ドイツ・オーストリアとの総力戦を戦うことになる。その最中，1917年に2月革命により帝政が幕を閉じ，臨時政府が成立するが，10月25日（旧暦）には，レーニン（Ленин В.И., 1870-1924）の指導するボリシェヴィキの軍隊が臨時政府を打倒し，ソビエト権力を樹立する。

　10月革命後，1918年1月に「ロシア社会主義連邦ソビエト共和国」の成立が宣言され，3月には，「ロシア共産党」が誕生する。外国の干渉との戦いと国内の反革命勢力との内戦の克服を経て，1922年12月には，「ソビエト社会主義共和国連邦」（ソビエト連邦）が成立する。新しい国家の経済的基盤の確立のために，重工業化の推進と農業の集団化が図られ，「新経済政策」や「五カ年計画」が実施される。この過程における農民との軋轢や農民への弾圧，労働生産性の停滞など，大きな矛盾や危機に直面しつつも，ソビエト政権は国家としての体制を確立していった。その流れと同時に，1920年代の後半から共産党・ソビエト政権の内部における権力闘争が激化し，スター

リン (Сталин И. В., 1878-1953) の独裁体制が築かれていった。スターリンの独裁政治は，1920年代末のクラーク（自営農民のこと。富農層として弾圧の対象とされた）への大弾圧や，1930年代全般にかけての政敵の大粛清や，多方面にわたる科学・芸術・文化運動への激しい抑圧を呼び起こした。

　本書は，こうした，社会主義革命に至る運動とその成就を見た新しい時代（黎明期）における，ロシア・ソビエトの心理学の状況と展開について論じようとするものである。この同じ時代の美術や文学や演劇や映画などの芸術文化の状況と展開については，日本においても，かなり早い時期から研究が進められており，羨ましくも，その精緻で確かな研究の成果が少なからず公刊されている。たとえば，国書刊行会から出版された全8巻から成る系統的な『シリーズ：ロシア・アヴァンギャルド』(岩田・浦・大石ほか編，1988～95) があるし，そのほかにも，水野 (1985)，川端編 (1986)，亀山 (1996)，山田 (1997)，岩本 (1998)，桑野 (1990, 2003, 2009)，亀山・沼野の対談本 (2017) などを列挙することができる。

　これに対して，ロシア・ソビエトの心理学については，少なくともわが国においては，いくつかの個別領域に関する単発的な研究があるだけで，一定の系統性を持った全体的で総合的な研究はまだないと言わざるをえない。ロシア・ソビエト心理学史の専門書 (たとえば，ソビエト時代の定番のПетровский, 1967; Ярошевский, 1966, 1976, ソビエト連邦崩壊後のПетровский и Ярошевский, 1996; Ярошевский, 1997 など) を見れば，この同じ時代の心理学をめぐっても，全体として，平穏ではなかった激動の「ドラマ」があったことを確認することができる。そして，この心理学のドラマも，基本的に，同時代の芸術文化をめぐる激動のドラマと共通の流れの中にあったことがわかるのである。『ロシア・アヴァンギャルド―未完の芸術革命―』(1985) の序文の中で，著者の水野忠夫は次のように述べている。

　「今日，ロシア・アヴァンギャルドについて語ることはどういう意味をもつのであろうか。ロシアという固有の場において一九一〇年代に発

生し、ロシア革命をはさむ数年間に全盛をきわめ、そして一九三〇年ごろには終わりを告げたひとつの芸術運動。それは言ってみれば、短期間に寿命を終えた過去の芸術運動にすぎないのかもしれない。だがしかし、ロシア・アヴァンギャルドの運動が自己の運動の論理的帰結として終息したのではなく、革命の停滞期が訪れ、スターリン体制から激しい非難を浴び、やがては『形式主義』として批判され、運動の展開の途上で抑圧され、窒息させられ、それ以後、それのもった意味も内容も闇の中に長いこと埋葬されていたものであるかぎり、過去に完了したひとつの芸術運動として語るわけにはゆかない」(水野, 1985, p.6)。

　芸術運動と肩を並べるほど奔放で華々しいわけでなく、多くの人の耳目を引くといったものではないが、この時代の新しい心理学の創造をめぐる科学運動も、そのほぼすべての分野が、一定期間全盛を見て、やはり1920年代末〜30年代半ばにかけてスターリンの政治権力から非難され、弾圧され、終止符を打たれるのである。引用した水野の論述は、まだソビエト連邦が崩壊する以前の、今から三十数年も前の問題提起ではあるが、10月革命を境とするロシア・ソビエト心理学についての研究に関するかぎりは、今日でも完全に当てはまる指摘である。この時代のロシア・ソビエト心理学の科学運動の意味とは何だったのだろうか。とりわけ、マルクス主義心理学の建設という任務を負った革命後のソビエト心理学の運命とその成果や、それが、引き続く時代のソビエト心理学に残したものとは何だったのだろうか。さらには、ソビエト連邦崩壊後四半世紀以上を経た今日の時期に、なお、そこから学ぶべきことがらがあるのだろうか。本書では、遅ればせながら、このような問いを念頭に置いて、当該の時代のロシア・ソビエト心理学について分析をしつつ、その意味を読み解いていきたいと思う。
　その場合、本書で同時代を「ヴィゴーツキーの生きた時代」と規定したことには、それなりの重要な意味がある。それが、たまたま時期的に重なっていたからということだけではない。この時代のロシア・ソビエト心理学の持

つ意味を浮き彫りにすることのできる準拠枠として，ヴィゴーツキーが展開していた批判や創造していた心理学理論が有益だからである。この時代のいくつもの分野にわたる心理学の展開（経験的心理学，反射学や反応学，精神分析，児童学，精神工学など）の中で，ヴィゴーツキーは，ある場合にはその重要な当事者になりつつも，常に，それらの動向をメタ思考によって吟味しつつ，それらの持つ長所も短所もその本質において明らかにしているのである。本書では，こうした理解を助ける補助線として，要所に〈ヴィゴーツキーの補助線〉欄を挿入している。そこでのヴィゴーツキーの議論を参照することで，その前段までに述べられてきた問題の持つ意味が浮き彫りになることを期待してのことである。もし，この私の試みがうまくいけば，それは逆に，この時代のロシア・ソビエトの心理学の歴史を「地」としつつ，ヴィゴーツキー理論が「図」として焦点化されることにもなるだろう。そして，このことは，ヴィゴーツキー理論それ自体の，歴史的および今日的な意義をあらためて私たちに確認させてくれるだろう。

最後に，ここで，参考までに，ヴィゴーツキーの生きた経歴を簡単にまとめておくことにしたい。ヴィゴーツキーの略歴については，それを知ることのできる日本語の文献がいくつかあるが，最近のものとしては，邦訳書『天才心理学者 ヴィゴツキーの思想と運命』（レイフ，2015）の巻末に簡潔な「生活年譜」が掲載されている。また，『ヴィゴツキーの思想世界――その形成と研究の交流――』（佐藤，2015）においては，ヴィゴーツキーの経歴が第1期（1896～1924年）と第2期（1924～1934年）に分けて，わかりやすくまとめられている。ここではその枠組みを使わせてもらって，ごく簡単に略歴を紹介したい。

第1期（1896～1924年）

(1) 少年期とギムナジウム時代

1896年11月5日（旧暦），現在のベラルーシのオルシャという町で生まれ

た。8人兄弟の第2子。1歳のときに家族でゴーメリに移住し，この地で大学入学前まで過ごしている。家系はユダヤ人で，父親はゴーメリの銀行の支店長や保険会社の理事を務めたりして，裕福な文化水準の高い家庭であった。公立学校に通う代わりに家庭教師について勉強をし，最後の2年間をユダヤ人のギムナジウムに通い，1913年に金メダル（最も優秀な卒業生に贈られる）で卒業し，中等教育を終えた。ギムナジウム時代に文学や演劇に没頭した。

(2) 学生時代

　演劇や文学，歴史学や哲学に強く惹かれていたのだが，親の望みに従って1913年にモスクワ大学医学部に入学する。しかし，1か月後には法学部に移る。この二つの学部間での選択のわけは，帝政ロシアでは，医者と弁護士はユダヤ人に開かれていて，居住の自由も与えられていたからであった。法学部に籍を置きながら，文学や歴史学，哲学や心理学については，シャニャーフスキー人民大学に通って学んでいる。この大学は，1908年創設の私立大学だが，1911年に反帝政ロシアの革命運動の中でモスクワ大学を追放された有力な教授陣が多く在籍していた，この時代に最も先鋭な質の高い教育研究機関であった。1917年に法学士としてモスクワ大学を，併せてシャニャーフスキー人民大学も卒業している。

(3) ゴーメリでの教員時代

　大学を卒業後，故郷のゴーメリで教員生活を送った。中学校，職業技術学校，美術学校などで文学，美学，美術史などを教え，教育大学（師範学校）では心理学や論理学を講じ，心理学実験室を作って研究もしている。教員の仕事のほかに，文芸評論活動や出版活動もおこなっている。1920年には結核に罹患し短期療養をしている。1924年には結婚をし，この年にモスクワの心理学研究所に移った。

第 2 期（1924 〜 1934 年）

　1924 年 1 月にペトログラードで開催された第 2 回全ロシア精神神経学会議でおこなった報告が注目され，モスクワ大学附属心理学研究所に招かれることになった。以後，1934 年に亡くなるまでのわずか 10 年間が，本格的な心理学者としての活躍の期間となった。この 10 年間はきわめて生産的で，多くの著書や論文を著わしている。マルクス主義に基づく新しい「心理学的唯物論」の構築が課題であった。この期間の研究活動の密度の濃さは，ヴィゴーツカヤ（Выгодская Г. Л.）とリファーノヴァ（Лифанова Т. М.）著『レフ・セミョーノヴィチ・ヴィゴーツキー ―その人生，活動，人物描写―』（Выгодская и Лифанова, 1996）の巻末に掲げられた著作目録を見れば一目瞭然である。1925 年以降，169 編にものぼっている。

　なお，本書におけるこれから先の章での，ロシア・ソビエト連邦の社会的，政治的な歴史に関する記述については，以下の文献を参照している。

岩間徹編 1966『ロシア史』（第 10 版）山川出版社

下斗米伸夫 2017『ソビエト連邦史 1917-1991』講談社学術文庫

外川継男 1991『ロシアとソ連邦』講談社学術文庫

松戸清裕 2011『ソ連史』ちくま新書

フェードソフ・イ・ア（倉持俊一・加藤雅子訳）1981『ソビエト連邦 II』帝国書院

ベールヒン・イ・ベ，フェードソフ・イ・ア（倉持俊一・横手慎二・その他訳）1981『ソビエト連邦 III』帝国書院

和田春樹・下斗米伸夫ほか 1991『社会主義の 20 世紀 第 4 巻 歴史の空白は埋まるか―ソ連』日本放送出版協会

■目次■

ギャラリー	3
まえがき	7

第Ⅰ部
10月革命前の争乱期における ロシアの心理学 19

第1章　革命前の社会的, 政治的な状況　20
　(1)　2月革命から10月革命への流れ　20
　(2)　10月革命に至る政治勢力の錯綜と対立　21
　(3)　その後　23

第2章　革命前の心理学の状況　24
　(1)　経験的心理学　25
　　①グロート　25
　　②チェルパーノフ　26
　　③ネチャーエフ　29
　(2)　哲学的心理学　30
　　①ロパーチン　30
　　②ヴヴェヂェーンスキー　31
　　③フランク　32
　　④ロースキー　33
　(3)　自然科学的心理学　35
　　①セーチェノフ　35
　　②パーヴロフ　36
　　③ベーフテレフ　37
　　④ヴァーグネル　38
　　⑤ランゲ　39

第3章　同時代の日本との比較と日本での受けとめ　42

（1）日本での実験心理学の移植と整備　42
（2）日本とロシアの心理学の事情の比較　43
　①精神分析　44
　②ヴュルツブルク学派　46
　③ゲシュタルト心理学　48
　④行動主義　49
（3）ロシアの心理学への関心度　51
　①野上俊夫のモスクワ大学附属心理学研究所参観記　52
　②阿部重孝の「露西亞の實驗教育界」の紹介　53
　③黒田源次の「パヴロフの條件反射研究法に就て」　56

第Ⅱ部
10月革命後～スターリン独裁の成立期（1917～1930年代）におけるソビエト心理学　59

第4章　革命後～スターリン独裁の成立期の社会的, 政治的な状況　60

（1）内戦と干渉戦争　60
（2）新経済政策（ネップ）　61
（3）重工業化の優先と農業の全面的集団化　62
（4）矛盾の中での新しい国家建設への期待　63
（5）スターリン独裁体制の成立　64

第5章　革命後～スターリン独裁の成立期の心理学の状況　68

第1節　マルクス主義心理学とは何か
　　　──その方法論的・哲学的要請──　68
　（1）『唯物論と経験批判論』　69

　　　　　①経験一元論に対して　71
　　　　　②経験象徴論に対して　72
　　　　　③「知ることのできない物自体」に対して　72
　　　　　④宗教的無神論に対して　73
　　　(2)『カール・マルクス』　75
　　　　　①レーニンの弁証法理解　75
　　　　　②弁証法の共通の運動法則　78

第2節　心理学批判の状況　　　　　　　　　　　　　　　　　80
　　　(1) 哲学的心理学・宗教心理学の追放　80
　　　　　①カルサーヴィン　81
　　　　　②イリイーン　82
　　　　　③ベルジャーエフ　82
　　　(2) 経験的心理学への批判　83
　　　(3) 行動の心理学，自然科学的心理学への批判　84
　　　　〔A．ベーフテレフの反射学〕　85
　　　　　①ベーフテレフの反射学の特徴　85
　　　　　②上からの政治的・イデオロギー的批判　87
　　　　　③歴史的な見直しへの言及　88
　　　　〔B．コルニーロフの反応学〕　90
　　　　　①コルニーロフの反応学の特徴　90
　　　　　②上からの政治的・イデオロギー的批判　92

ヴィゴーツキーの補助線…その1　　　　　　　　　　　　　97
(1)『教育心理学』に見られる高次神経活動の学説への依拠　97
(2)「反射学的研究と心理学的研究の方法論」・「行動の心理学の問題としての意識」　100
　　①反射学批判　②意識の生理学的メカニズム　③意識のはたらき　④意識の研究方法　⑤反射理論の枠内での意識研究の限界

第3節　実践的な応用心理学への要請と断罪　　　　　　　112
　　　(1) 精神分析への要請と断罪　112
　　　　　①政府の支援の下での精神分析の普及　112
　　　　　②精神分析とマルクス主義の接合の試み　114
　　　　　　・ルーリヤの場合／・ビホーフスキーの場合
　　　　　③精神分析への政治的断罪　126

ヴィゴーツキーの補助線…その2　　　131

（1）精神分析への批判　131
（2）新しい心理学の方法論　133
　①心理学的唯物論　②帰納‑分析的方法　③「自然科学としての心理学」という表現の真意　④真理の基準としての実践

　　　（2）児童学の展開と断罪　141
　　　　　①政府の率先による児童学の展開　142
　　　　　②第1回全ソ連邦児童学大会　145
　　　　　③児童学の終わりの始まり――共産党中央委員会の決定「教育人民委員部系統の児童学的歪曲について」　156
　　　　　　・「児童学の性格の問題」について／・「児童学の具体的な方法の問題」について／・「36決定」の意味
　　　　　④児童学の残したもの　165
　　　　　　・心理発達の進化‑段階的性格の追究／・自らを取り巻く環境の中で能動的に活動する存在としての人間の承認／・心理発達過程の文化‑歴史的被制約性の承認／・学校における教授‑学習過程との関係での子どもの発達の解明

ヴィゴーツキーの補助線…その3　　　169

（1）「文化的（文化‑歴史的）発達」ということの意味　169
　①「原始性」の概念　②記号の媒介による高次な記憶機能の発達　③原始性の存在の発達的意味
（2）複合的思考から概念的思考へ――自覚性と随意性の発達――　180
　①複合的思考　②概念的思考
（3）人格の発達理論としての文化‑歴史的理論　183
　①言葉の意味における意義と「意味」　②〈主観的な「意味」―間主観的な意味―客観的な意義〉の系列　③意味の源泉としての発達の社会的状況　④言語的思考を意識の発達の中心に置くことの意義

　　　（3）精神工学の展開と断罪　190
　　　　　①国家的な労働の科学化をめざす運動と精神工学への要請　190
　　　　　②精神工学の一掃とシュピリレーインへの弾圧　198
　　　　　③精神工学の残したもの　202
　　　　　④大祖国戦争下での応用心理学全体の再編　205

ヴィゴーツキーの補助線…その4　207

（1）報告「総合技術教育の問題との関連での子どもの発達における実践的活動と思考」　207
（2）精神工学と児童学の関係についてのヴィゴーツキーの考え　211

第6章　同時代の日本での受けとめ　214

（1）論文・評論　215
　　①齋藤茂三郎の「ボルシェビズムの心理（上）
　　　―どんな人が過激派になるか―」　215
　　②上野陽一の「條件反射と兒童研究」　218
　　③増田幸一の「勞農ロシアに於ける勞働科学的殊に精神工學的研究」　219
　　　・モスクワの中央労働研究所の組織の概要／・コルニーロフの実験例／・シュピリレーインの実験例
（2）文献紹介　225
　　①精神工学の文献　226
　　　・ルップの論文／・シュピールラインの論文／・リップマンの反論
　　②弁証法的唯物論（マルクス主義）と心理学についての文献　232
　　　・ユリネツの論文／・ルリアの論文／・コルニロフの論文
　　③児童学の文献　237
　　　・ヴィゴーツキーの論文／・ブロンスキーの論文／・バイリンソンの論文／・パイキンの論文
　　④その他の文献　241
　　　・ルリアの論文／・ネチャエフの論文／・ブロンスキーの論文／・クラフコフ・セメノフスカヤとセメノフスカヤの論文／・クレシュチョフの論文

第Ⅲ部
ヴィゴーツキー理論と現代をつなぐ　247

第7章　ヴィゴーツキー理論と身体運動意味論
　　　　　―内言の意味と身体との接点―　248

第1節　問題の所在　248
　（1）心理学的唯物論　248
　（2）言葉の身体性の問題　249
　（3）「内言の意味」の身体性の問題　253

第2節　「遠心性コピー」-「運動の抑制」-「イメージの発生」　257
　（1）脳の計算モデル　257
　（2）「遠心性コピー」は運動が抑制されるとき「心的イメージ」になる　258
　（3）イメージは「仮想的身体運動」である　260

第3節　身体運動意味論の光の下で　261
　（1）身体運動意味論とは　261
　（2）内言の意味の実体はイメージである　264
　　　①同時的・全体的な存在としての内言の意味　265
　　　②想像のイメージとしての内言の意味　266
　（3）想像（イメージ）論を媒介に身体論と意味論が結合する　267

あとがき　269
文献一覧　273
人名索引　288
事項索引　293

■第Ⅰ部■

10月革命前の争乱期における
ロシアの心理学

第1章
革命前の社会的, 政治的な状況

(1) 2月革命から10月革命への流れ

　1914年に始まる第一次世界大戦は, 1917年のロシア革命への大きな呼び水となった。予想外に長期にわたり, 対ドイツ戦で総力戦となった戦時状況は, 国民生活のすべての面に重大な困難をもたらした。とりわけ, 物資の輸送が絶たれての都市部の食糧事情の悪化は深刻であった。1917年2月, 首都ペトログラード—1914～24年の間の呼称。それ以前はサンクトペテルブルク, 以降はレニングラード。ソビエト崩壊後にサンクトペテルブルクに戻る—で国際婦人デー(旧暦2月23日)に, 女性労働者たちが食料配給の改善を求めてストとデモをおこなったのをきっかけにして, ストとデモの波は2日後には全市に広がった。

　これに対して, 皇帝ニコライ2世(Николай II, 1868-1918)は武力による鎮圧を命じ, デモに参加していた労働者や市民に多くの死傷者が出た。この事態に, 鎮圧にあたっていた連隊の一部がデモ隊の側につき, 反乱を起こし, 他の連隊からも反乱に参加する兵士が続出し, 革命的状況が生み出された。革命の動きは, さらにモスクワや他の地方にも拡大していき, 臨時政府が組織され, ニコライ2世の退位によって事態の収拾が図られ, ここに帝政が終止符を打つこととなった(2月革命)。

　2月革命によって成立した臨時政府は, 国民の疲弊や厭戦気分にもかかわ

らず戦争を継続し，その結果，ドイツ軍の攻勢を招き，兵士や労働者，さらには農民の不満も高まっていった。臨時政府への不満は，労働者と兵士（兵士の出身母体は農民であった）らによって組織されていた革命の主導的拠点「ソビエト」権力の樹立を求める動きとなっていった。1917年10月12日（旧暦）には，レーニン率いるボリシェヴィキ（社会民主労働党「多数派」）が武装蜂起を決め，「ペトログラード・ソビエト」は軍事革命委員会を設置し，10月25日（旧暦）には臨時政府を打倒し，権力を樹立した（10月革命）。

このように，10月革命に至るまでの政治的状況の筋だけを素描すれば，いかにも革命は直線的に進んだように見えるが，実際の過程は決して単純ではなく，そこには，いくつもの政治勢力による錯綜した状況と対立の構図が存在していた。

（2）10月革命に至る政治勢力の錯綜と対立

2月革命に至るまでの時期には，1905年1月にサンクトペテルブルクで生じた「血の日曜日」事件を契機に，一方では，高まる革命的気運を受けて全国各地の都市で労働者と兵士による「ソビエト」が組織され，そこには，社会主義革命を目指していた「社会主義者・革命家党（エスエル）」や「社会民主労働党（内部で多数派のボリシェヴィキと少数派のメニシェヴィキが対立していた）」などが結集していた。他方では，皇帝ニコライ2世は国会（ドゥーマ）の開設と憲法の制定により革命運動の鎮静化を図り，そこでは，地主や資本家の有産階級による政党である「立憲民主党（カデット）」や「10月17日同盟（オクチャブリスト）」などの支持を得ていた。こうして，その後開かれた国会の選挙や議会への参加方針をめぐって，また，ストルィピン（Столыпин П.А., 1862-1911）の改革に対する政治方針などをめぐって，これらの政治勢力の間では，様々な衝突や駆け引き，勢力の伸張や縮小といった複雑に錯綜した政治ドラマが展開されていたのである。

2月革命のあとの臨時政府の成立は，カデットやオクチャブリストなどの

イニシアチブによる事態収拾だったので，革命勢力は，特にメニシェヴィキが中心となって—ボリシェヴィキはそれまでの弾圧によって，この時点では弱体化しており影響力を持てなかった—労働者と兵士によるペトログラード・ソビエトを組織してこれに対抗した。ここに，臨時政府とソビエトとの二重権力構造が作り出された。臨時政府に対しては，ソビエトは情勢判断の下，これを承認することで自らの要求の実現を図ろうとした。その過程では，戦争継続の方針や戦争目的をめぐって臨時政府とソビエトは激しく対立したり，ソビエトのメンバーが臨時政府との連立内閣の閣僚として加わったりした。

また7月には，ペトログラードで，兵士と労働者の一部がソビエトへの全権力の集中を訴えて武装デモをおこなったが，ソビエト中央はこれを拒絶し，武装デモは臨時政府とソビエト中央によって鎮圧されるということが起こった（7月事件）。この武装デモを扇動したという理由で，ソビエトを構成するボリシェヴィキが激しい弾圧を受ける，といった事態が生じている。こうして，政治勢力の間で，複雑に錯綜した激しい闘争が展開されるのである。

8月に起きた臨時政府軍の最高総司令官コルニーロフ（Корнилов Л. Г., 1870-1918）の反乱は，保守勢力の支持を得て，革命勢力の兵士を武装解除し，ソビエトの解散を求めるものであったが，もはや情勢はそれを許さず，逆に，反乱軍の兵士たちの方がソビエトの労働者と兵士に説得され，反乱軍は戦闘を仕掛けることもなく解体した。

コルニーロフの反乱以降には，7月事件で弾圧されたり，地下に潜っていたボリシェヴィキへの支持がソビエト内部で急速に高まり，レーニンは武装蜂起による権力奪取を主張し，この方針はボリシェヴィキの正式な決定となった。ペトログラード・ソビエトは軍事革命委員会を設置し，ボリシェヴィキの指導の下で軍への影響を強めていき，10月25日（旧暦）には臨時政府を打倒し，権力を樹立することとなる。

(3) その後

　こうして，10月革命は成就するが，それによって，ただちにレーニンの指導するボリシェヴィキが全権力を掌握できたわけではない。ボリシェヴィキへの権力集中に反対する勢力も存在していた。ボリシェヴィキは都市部の労働者と兵士には支持が厚かったが，人口の大部分を占める農民ではエスエルへの支持が多かった。革命直後の憲法制定会議の選挙では，投票総数約4,300万票のうち，エスエルが2,100万票（約50パーセント）の得票を得て第一党となり，ボリシェヴィキは980万票（約23パーセント）にとどまり，権力の集中をめぐって，エスエルとボリシェヴィキの対立が決定的となった。

　このような状況の中で，ボリシェヴィキはソビエトへの全権力の集中のための闘争を強めていき，憲法制定会議を強制的に解散させ，1918年1月に「ロシア社会主義連邦ソビエト共和国」の成立を宣言した。この年の3月には，ボリシェヴィキは党名を「ロシア共産党」に改名している。

　その後は，共産党主導のソビエト政権はドイツとの戦争の停止や講和条約の締結をめぐって，内部対立を抱えながら厳しい政権運営をすることになるが，5月14日（新暦）に起こったチェコスロバキア軍団の蜂起（反乱）をきっかけにして，アメリカ，日本，イギリスなどの外国の干渉との戦いと国内の反革命勢力との内戦が始まるのである。

　こうして，革命前夜およびその後のしばらくの時期は，政治権力・国家体制のあり様をめぐって，保守派と革命派の熾烈な闘争が繰り広げられるのである。このような政治状況は，学問の領域にも映し出されることになる。

第2章
革命前の心理学の状況

　10月革命前の，20世紀初頭のロシアにおける心理学の状況について概観してみよう。10月革命以前のロシアの心理学には，その後のソビエト心理学の根本原理となった「マルクス‐レーニン主義哲学に基づいて構築された心理学説は，ただのひとつも生まれていなかった」(Петровский, 1967, c .14 / 邦訳，p.22)，と言われている。この点については，ロシアの心理学も，当時のヨーロッパやアメリカの心理学と共通の流れの中にあったわけで，特筆すべきことではないだろう。それでも，ヨーロッパやアメリカとの比較で，あえてこの時期のロシアの心理学の特徴を指摘すると，レオーンチェフ (Леонтьев А. Н., 1903-1979) によれば (Леонтьев, 1982)，その水準は立ち遅れており，モスクワ大学附属心理学研究所では，ドイツのヴント (Wundt, W., 1832-1920) によって創始された実験心理学の追試がその研究の中心であり，ヨーロッパで生まれつつあった新しい心理学の潮流 (精神分析，ゲシュタルト心理学，ヴュルツブルク学派など) や，アメリカでのラディカルな行動主義の勃興についておよそ無関心であった，ということである。このレオーンチェフの指摘については，後で，この本の第3章の (2) でもう少し詳しく見ていくことになるが，大きな流れとしては，このような状況にあったのであろう。
　さて，この時代のロシアの心理学には，それぞれは内部に多様な変種を抱えながらも，大きくまとめると三つの潮流があった。ひとつは，いま言及したヴントの系譜に連なる「経験的心理学」，二つ目は唯心論に基礎づけられ

た「哲学的心理学」，三つ目は「自然科学的心理学」である。

(1) 経験的心理学

　ここで経験的心理学と呼ばれる潮流は，主として，ヴントによって創始された実験心理学を踏襲した心理学の傾向のことである。実験的統制の下で，感覚によって与えられた意識経験（意識内容）を自己観察（内観）することにより，意識過程を構成する心的要素を見出し，その結合法則を解明するというものである。心理学に実験的科学としての基礎を据えたことで，ヴント心理学とその中心にあったライプチヒ大学の研究室は注目を集め，多くの心理学者が集い，その影響は世界に広まっていったのである。

　ロシアにおける経験的心理学の担い手としては，ヴラジスラーヴレフ（Владиславлев М.И., 1840-1890），トローイッキー（Троицкий М.И., 1835-1899），グロート（Грот Н.Я., 1852-1899），チェルパーノフ（Челпанов Г.И., 1862-1936），ネチャーエフ（Нечаев А.П., 1870-1948）などの名前を挙げることができるが，ここでは，グロート，チェルパーノフ，ネチャーエフについて取り上げよう。

① グロート

　グロートは1875年にサンクトペテルブルク大学歴史-文学部を卒業し，翌年には研修生としてドイツに行き，哲学，心理学，自然科学を学んでいる。その後ネージン大学やノヴォロシースク大学（現在の国立オデッサ大学）に勤務し，1886年からモスクワ大学哲学部の教授になり，そこで，1899年に自身の人生を閉じるまで研究を続けた。1888年にはモスクワ心理学会の2代目の代表に選ばれる（初代は，1885年のこの学会の創設者であるトローイッキー）。翌年には，ジャーナル「哲学と心理学の諸問題」を創設した。このジャーナルは，実験心理学と次節で述べる哲学的心理学との間での激しい論争の舞台となったことでよく知られている。

グロートは生理学の成果を応用して，心理学に実験的研究の可能性を見ようとした。しかし，心理学を物理学や生理学に還元することには反対をした。そもそも，形而上学—ここでは倫理学と価値論—と実験科学のデータとの関係づけがグロートの問題意識であった。1896年にグロートは，ジャーナル「哲学と心理学の諸問題」からの抜き刷りを小冊子『実験心理学の基礎』(Грот, 1896) として出版した。その中で，心理学は実験的方法によって研究をするべきだが，だからといって，その方法は，物理学や生理学の方法と同様であるべきだということではないとして，「心理学的事実とは常に独自の心理学的事実であり，物理学的事実や生理学的事実とはまったく異なっており，独自の研究手法や方法を必要とする」(同上，c.9) と述べている。このような考えは，次に見るチェルパーノフの見解の中に十全に継承されている。グロートは，このような心と身体の平行論的な関係づけの論理に従って，客観的で自然的で実験的な心理学研究の独自のプログラムを提唱するが，47歳という若さで他界している。

② チェルパーノフ

チェルパーノフは，1887年にオデッサのノヴォロシースク大学を卒業すると，一時勤務の目的でグロートが働いていたモスクワ大学に移り，しばらくそこで研究を続けた。1892年にキエフ大学で哲学の教授となり，二度にわたってドイツ留学 (1893～94年および1897～98年) をしている。1907年にはモスクワ大学の哲学の教授となり，その間の1912年に，商人シューキン (Щукин С. И., 1854-1936) の資金提供によって，モスクワ大学附属心理学研究所を設立している (5ページ参照)。モスクワ大学の教授として研究所の所長を務めていたチェルパーノフは，ここを拠点としてロシアの心理学に実験心理学を導入し，多くの弟子たちを育て，ヨーロッパやアメリカの心理学との共通の土俵の上では，間違いなく，この時代のロシアの心理学を科学化の方向に向かわせたのである。

しかしながら，やがて訪れる10月革命後のソビエト心理学の展開という，

ロシア独自の文脈に置かれた場合，チェルパーノフの立場は，「実験心理学を唯物論から切り離し，実験心理学に観念論的な基礎を据えようと努めていた」(Ярошевский, 1976, с.413) と評価され，彼の実験心理学は「実験的形而上学」と呼ばれることになる。それは，確かに，実験的方法という自然科学の手法を進めながらも，心理現象の特性については，生理学的あるいは物理学的現象からは説明できず，ただ両者の対応関係が確認できるだけだと考えていたからである。チェルパーノフは自らの心理学の構想を，心と身体の「経験的平行論」であるとして，心理現象を脳の生理学によって説明しようとする唯物論を批判していたのである。「物質的なものの運動は物質的な運動から原因を知ることができるが，心理的なものは心理的なものによってのみ説明され，心理的なものからのみ原因を知ることができる」(Челпанов, 1912, с.279) と公言するチェルパーノフの構想は，唯物論の立場から見れば，その土台に観念論を据えた実験的形而上学にほかならないということになるだろう。

　しかし，ここで少し立ち止まってみたい。今日の時点に立って見るとき，20世紀初頭のこの時期にチェルパーノフが構想した平行論は，このように一方的に断罪されるだけのものだったのだろうか。私にはそうは思えない。たとえば，ヴントが実験心理学だけでは飽き足らず，人間の歴史的・社会的な精神的所産を心理学の対象とするときに，精神科学としての「民族心理学」を構想したことには，きわめて積極的な意味があったと思われる。なぜならば，刺激と感覚との相関の範囲に限定された実験的方法によって内観される単純な意識経験だけならばいざ知らず，人間の精神生活としてより本質的な宗教・芸術・社会規範・言語・文化・歴史など複雑で高次な意識経験にアプローチするとなると，このような限定された実験的方法ではまったくの無力であることは明らかだからだ。トータルな人間の心理学を構想するかぎりは，この時代，生理心理学や精神物理学には還元できない精神科学が必要とされたのである。

　チェルパーノフの経験的平行論も，このようなヴントの平行論に範をとっ

たものだと考えれば，心と身体の対応関係以上の説明を試みようとするとき，その哲学的基礎に観念論が存在していても，それは，トータルな人間理解を得ようとするチェルパーノフの積極的な試みだったと思われるのである。チェルパーノフが心理学を社会心理学と本来の意味での心理学に分けることを提案していたのも，このような意図であったと考えられる。

さらに，次のような事情も，チェルパーノフの経験的平行論の思想に影響を与えていたと思われる。実は，チェルパーノフはドイツに留学しているときに，一方では，ヴントのほかに生理学者ヘーリング（Hering, E., 1834-1918）や物理学者ケーニヒ（König, A., 1856-1901）の下で生理心理学や精神物理学の実験手法を学ぶのだが，他方では，シュトゥンプ（Stumpf, C., 1848-1936）の下でも学んでいるのである。周知のように，シュトゥンプの師は「作用心理学」を提唱したブレンターノ（Brentano, F., 1838-1917）である。感覚されたり表象されたりした意識内容を対象とするヴントの「内容心理学」に対して，作用心理学は心理現象のはたらきそのもの（表象作用，判断作用，感情作用など）を扱う。意識内容を捉えようとする内容心理学の方法は，受動的，因果的，機械論的でありうるとすると，意識の指向的なはたらきそのものを捉えようとする作用心理学の方法は，能動的であり，実験を超えて経験的であり，意識作用そのものも意識作用の対象となるなど，心的作用の自律性・独立性のモメントが強調される（今田，1962）。ここでは，チェルパーノフの言及するように，「心理的なものは心理的なものによってのみ説明され，心理的なものからのみ原因を知ることができる」のである。

こうして，チェルパーノフの構想に見られる，心と身体の「経験的平行論」の拠って来たるところが見えてくる。彼の経験的平行論には，ヴントの内容心理学の実験的方法と，シュトゥンプ・ブレンターノの作用心理学の，実験を超えた意識作用の経験的方法とを，総合的に捉えようとする考えがあったのだと思われる。

③ ネチャーエフ

　サンクトペテルブルク大学のネチャーエフは，1898年に研修のために，ライプチヒのヴント，ゲッティンゲンのゲオルグ・ミュラー（Müller, G. E., 1850-1934），ハイデルベルクのクレペリン（Kraepelin, E., 1856-1926），チューリヒにいたモイマン（Meuman, E., 1862-1915），パリのビネー（Binet, A., 1857-1911）などの実験室を訪れて，最先端の実験的研究の成果を持ち帰っている。この研修旅行は，ネチャーエフのその後の研究の方向を決定したほどに，実り多いものだった。特に，モイマンによる実験教育学とビネーによる子どもの発達研究は，ネチャーエフに大きな影響を与えた。

　帰国後，ネチャーエフは，子どもの発達の実験的研究―特に記憶と個人差の問題についての研究―や，教育心理学に実験を導入することに努めた。1901年には，ネチャーエフのイニシアチブの下で，教育博物館に実験教育心理学の実験室が創設された。この博物館において，第1回全ロシア実験教育学大会（1901年），第1回および第2回全ロシア教育心理学大会（1906年，1909年）がおこなわれ，この成果をもとに，1910年には実験教育学会が設立されている。これらの成果は，『現代の実験心理学と学校教育の問題に対するその関係』（原著1902年，Нечаев，1917），『保育者と教師のための心理学概論』（原著1903年，Нечаев，1911），「実験教育学年報」（1909～14年）などにまとめられている。

　なお，教育実践の領域に果敢に実験心理学を接合させ，その応用領域を開拓しているネチャーエフの立場は，同じ経験的心理学の範疇に含められてはいるが，実験を導入しつつもなお哲学との原理的な関係において，内的経験の内側にとどまっているグロートやチェルパーノフの平行論とはかなり趣を異にしている。ネチャーエフは，実験心理学の実証性を強調する意味で，いかなる哲学との結びつきをも拒否するのである。ネチャーエフは，10月革命後も教育実践の分野での応用心理学の発展に貢献し，ソビエトの心理学界で長く活躍することとなる。

(2) 哲学的心理学

　ここで，哲学的心理学と名づけられた潮流は，別名に宗教的心理学や思弁的心理学とも呼ばれるものを指しており，19世紀（あるいはそれ以前の）ロシアの宗教哲学に基礎づけられた唯心論の潮流のことである。ヨーロッパでの実証主義への批判の高まりと時を同じくして，ロシアでも非合理的なものや，神秘的なものへの関心の高まりが見られたのである。この潮流は，何よりもまず，唯物論と自然科学的な人間理解に強く反対するものであり，さらには，経験的心理学の実験的アプローチにも批判を向けるものでもある。心理的現実の認識方法としては，記述的アプローチを特徴としている。ソビエト心理学の歴史においては，最も反動的な役割を果たしたものとして，最も強く糾弾され，10月革命後にはその担い手の多くが追放されて国外に亡命し，「10月革命の勝利の後には，ロシアの宗教的心理学は公式にその存在に終止符を打つことになる」（Кольцова, 1997, c.45）のである。

　革命前における哲学的心理学の代表として名前が挙げられる者のうち，ロパーチン（Лопатин Л. М., 1855-1920），ヴヴェヂェーンスキー（Введенский А. И., 1856-1925），フランク（Франк С. Л., 1877-1950），ロースキー（Лосский Н. О., 1870-1965）を取り上げよう。

① ロパーチン

　ロパーチンは，ロシアで理論哲学（形而上学）の体系を最初に立てた観念論哲学者，心理学者であり，モスクワ大学の教授を務めた。1885年に創設されたモスクワ心理学会の活動に積極的に参加し，1889年のグロートの死後に，この学会の代表に選ばれ，1920年に彼自身が亡くなるまで長期にわたりその役目を務めた。また，革命後の1918年にその出版が停止されるまで，ジャーナル「哲学と心理学の諸問題」の編集と発行に力を注いだ（5ページ参照）。

　彼の修士論文と博士論文から成る『哲学の実際的な課題』（1886～91年）において，思弁的知識としての形而上学の根拠づけに努め，厳密な科学とし

ての形而上学の必然性と可能性について論証に努めた(なお,この著作の全体の構成とその要点について,ロシア語版ウィキペディアで見ることができる)。また,ジャーナル「哲学と心理学の諸問題」において,一連の論文を発表し,思弁的な知識の必然性を否定する実証主義や,心理学を脳の機能に帰する生理学的一元論(唯物論)に対して強く反対をした(たとえば,Лопатин, 1897)。ロパーチンの哲学と心理学の構想は,唯心論に基づく「形而上学的人格主義」と呼ぶことができる。この構想においては,超自然的存在である精神および最高の価値としての人格が,根本的な第一次的な本質と考えられている。

彼の唯心論の基本命題には,内的経験への信頼,意識の本質的統一性,人格の同一性,人間精神の創造的能動性,意志の自由,現実の普遍的な法則としての創造的因果性,現象と本質の相関性の原理,すべての存在の精神性,神と道徳的な世界秩序の存在,霊魂の不滅などといったことが挙げられる。

② ヴヴェヂェーンスキー

ヴヴェヂェーンスキーは,ロシアにおける新カント主義の代表者とされており,サンクトペテルブルク大学で教授職を務めた。1897年のサンクトペテルブルク哲学会の創設に力を尽くし,2年後にはその代表に就任している。サンクトペテルブルク哲学会の活動は1917年に中断され,1921年には再開されたが,間もなく会そのものが閉鎖されている。

ヴヴェヂェーンスキーの立場は,観念論や唯心論には肯定的であるが,神秘主義には批判的である。もちろん,唯物論とマルクス主義,実証主義,さらには無神論に対しても否定的である。彼は,認識論としては,あらゆる精神生活には人格化の客観的徴候は存在せず,人の精神性は,道徳的な感覚によってのみ暗示されると考え,そして,その道徳的な感覚は,意志の自由の原理,霊魂の不滅,神の存在などを公理とする道徳的な義務と結びついていると考える。また,知識論においては,知識にはアプリオリな知識とアポステリオリな知識のほかに,信仰を手段としてのみ理解される知識があるとする(大須賀,1999)。心理学は記述的な科学としてのみ可能であると考え,実

験心理学にも懐疑的であった。

③ フランク

　フランクは次に述べるロースキーと共に，10月革命後の1922年にソビエト連邦から追放され，国外に亡命している。フランクは宗教思想を基盤とする哲学者，心理学者であり，ソビエト心理学の歴史の中では，最も「札つきの反動家」(Петровский, 1967, c.27 / 邦訳, p.37) と名指しされている。とはいえ，フランクは，まだニージヌイノーブゴロドのギムナジウムの学生だったときに，マルクス主義のサークルに参加しており，その影響を携えてモスクワ大学に入学するが，1899年に逮捕され，町から追放されるという経験を有している。しかし，1900年には，マルクス主義批判に転じている。19世紀末から20世紀初頭のロシアでは，一方で，「哲学 - 宗教ルネサンス」と呼ばれるほどに宗教意識の高揚があり，この時期には，それまではマルクス主義の立場に与していた一連の思想家が，観念論へと移行していくという現象が見られたのである (桑野，2017)。フランクはそのようなひとりであった。

　すでに外国に亡命してからではあるが，1925年にベルリンで発表されたフランクの論文「人生の意味」(Франк, 1925) において，フランクの宗教哲学を窺い知ることができる。そこでは，私たちの心が経験的な人生の可能性の枠に満足できず，密かに，半ば無意識に不可能なものを探すという，心と現世との間の不一致から，この世界の境界を超えて人生の意味の発見に至る道は，自然主義や実証主義の世界観からは決して得られないことが力説されている。

　なお，フランクは社会主義について，個人の位置に集団の存在を置き，個人の意志を集団の意志に取り替えてしまう社会主義は，一方で，専制的な国家権力の横暴な行動をもたらし，他方で，判断力の鈍麻した国民の受動性または残虐な暴動をもたらすだけだ，と批判した。フランクは，その宗教哲学の自由主義に基づいて，政治的自由を求める運動を帝政の時期にも，ボリシェヴィキの時代にも活発に展開していた。

④ ロースキー

　ロースキーも，ヴィテブスクの古典ギムナジウムの学生だったときに，無神論と社会主義の宣伝をしたという理由で退学させられるという経験を持っていた。そのため，スイスのベルン大学で学んだり，アルジェリアでフランス外人部隊に入隊したりした（1888〜89年）。その後ロシアに帰国し，サンクトペテルブルクのギムナジウムを経て，サンクトペテルブルク大学に入学し，理数学部と哲学-文学部で学んでいる。卒業後はいくつもの教育機関で働いており，1916年からサンクトペテルブルク大学の客員教授を務めた。1907年に「直観主義の根拠」（Лосский, 1906）で博士の学位を取得している。宗教哲学学会の理事を務めたり，立憲民主党（カデット）の党員として活動したりしている。

　ロースキーは，直観主義の提唱者として知られている。1901〜03年にはドイツに留学し，新カント主義のひとつである西南ドイツ学派の創始者のヴィンデルバント（Windelband, W., 1848-1915）や，実験心理学のヴントやゲオルグ・ミュラーの下で学んでいる。

　ロースキーの直観主義とは，世界のキリスト教的な解釈と結びついた哲学的問題を究明する理論である。論文「直観主義の根拠」の中では，その立場は「神秘的経験論」と呼ばれている。神秘的経験論とは，主観を超えた（超主観的）世界も主観的世界と同様に，直観的に，直接的に認識されるという主張であり，そこに彼の認識論の特殊性が示されている。その認識論は次のようなものである。すなわち，認識される対象は，認識する主体の意識によって人格の中に直接に含まれているので，認識する行為によって対象の存在が確認されるのではなく，それは直観によってのみ可能であると考えるのである。

　ロースキー（Лосский, 1938）によれば，直観には，感覚的直観，知的直観，そして神秘的直観の3種類がある。このような直観的認識の可能性を解明するために，ロースキーは，存在論のいくつもの命題を検討し，練り上げる作業をしている。そのうちのひとつが，世界はある種の有機的な全体であると

いう命題である。他者の本質を直接的に洞察するような直観がこの世界で可能なのは，人間もまた，全体的な世界と緊密に結びついた超時間的で超空間的な存在だからである，とされる。

唯心論の立場から哲学的唯物論と社会主義思想（史的唯物論）に激しく対抗したことで，ソビエト心理学の歴史の中では最も反動的な役割を果たしたとされる哲学的心理学ではあるが，科学としての心理学の発展という見地から見たとき，まったく評価されるべき何ものもなかったとただ断罪されるべきものだったのだろうか。やはり，私にはそうは思われない。

現在の地点から見るとき，哲学的心理学が唯心論的一元論の観点からではあるが，経験的心理学の実験的アプローチや，次に見る自然科学的心理学に対して差し向けた批判には，現在でも耳を傾けるべき正当性があったと思われるのである。それは何か。宗教や芸術や科学，言語や社会規範や歴史などの人間の高次な精神生活を可能とする心理過程や心理機能を説明するには，自然科学的なアプローチだけでは，いかにも不十分だという事実である。実験心理学の生理心理学にしても，次に見るセーチェノフやパーヴロフの切り開いた反射理論にしても，それ自体が人間心理の特性のトータルな説明という点では，一面的であり，説明のほんの入り口にさしかかっただけだからである。実験心理学に対して語られたある司教による次のような批判は，当時にあっては（おそらく現在にあっても），間違いなく一面の正当性を持っていたのである。すなわち，

「一般に，また，とりわけ実験的方法による場合には，精神の認識に当然の限界があることを忘れてはならない。精密な測定や測量ができるのは，言わば，精神の外的側面，精神が身体によってつながっている物質世界に向けられたその一部分だけである。実験によって，精神の内的本質を究明できるだろうか，精神の高次な現象を測ることができるだろうか。誰があえて精神の宗教的生活を実験的に研究するだろうか。その

ような試みは，肯定的な結果ではなく，きわめて歪められた結果をもたらすだろう」(Петровский, 1967, c.17 / 邦訳, pp.24-25 より重引)。

「歪められた結果をもたらす」かどうかはともかくも，このような批判を受けたならば，実験心理学も次に述べる自然科学的心理学も，宗教心を含めた「真・善・美」に代表される人間の高次な精神生活の拠って来るところを，十全に説明できなければならないのである。経験的心理学は，チェルパーノフの構想に見られるように，経験的平行論という折衷案によって哲学的心理学との妥協を図ったわけであるが，では，自然科学的心理学はどのようにこの問題に対峙しているのだろうか。

(3) 自然科学的心理学

実験的方法を心理学に導入しているという点だけを見れば，先に述べた経験的心理学との共通点があるように思われるが，ここでいう自然科学的心理学は，その哲学的基礎が一貫した唯物論にあるという点で，経験的心理学とは異なっている。その特徴は，ロシアにおける自然科学の学問分野—生理学，医学，生物（動物）学など—との接合によって，心理学の有意義性を根拠づけ，かつ客観的研究方法によって心理学を自然科学の一員として武装した点にある。この潮流の代表者として，ここでは，セーチェノフ (Сеченов И. М., 1829-1905)，パーヴロフ (Павлов И. П., 1849-1936)，ベーフテレフ (Бехтерев В. М., 1857-1927)，ヴァーグネル (Вагнер В. А., 1849-1934)，ランゲ (Ланге Н. Н., 1858-1921) を取り上げよう。

① セーチェノフ

自然科学的心理学の潮流の始祖として，何よりもまず名前が挙げられるのは，生理学者のセーチェノフである。セーチェノフは，1848 年に工科専門学校を卒業したあと，少尉補として軍隊生活を送った。2 年後に，モスクワ

大学医学部に聴講生として入学し，医学やラテン語，その他の興味を引いた学問を学んだ。当時は神学と哲学の一分野であった心理学に興味を持ったり，病理解剖学や病理生理学に興味を持ったりしたが，最終的には，特殊病理学と一般病理学を一生の仕事とする道を選ぶこととなった。

1856～59年にドイツに留学し，ベルリンのヨハンネス・ミュラー（Müller, J. P., 1801-1858），その弟子で電気生理学の開拓者デュ・ボァ・レイモン（Du Bois-Reymond, E. H., 1818-1896），生理化学者ホッペ・ザイラー（Hoppe-Seyler, F., 1825-1895），ライプチヒの比較解剖学者ヴェーバー（Weber, E. H., 1795-1878）などの実験室で生理学を学んだ。ヨハンネス・ミュラーは，博学の博物学者であり，生理学者としては，脊髄だけでなく脳による反射を認めたことで知られるが，それらはすべて無意識であると考えていた。セーチェノフは，動物と人間の不随意運動だけでなく，人間の高次な随意的活動の神経システムを研究し，神経中枢の抑制作用を発見した。その成果を1863年に著書『脳の反射』（Сеченов, 1863）としてまとめ，無意識的な行為だけでなく，意識的な行為も，感覚的興奮によって始まり，一定の心理的行為によって持続し，筋肉の運動によって終了するという一連の反射から成り立っていることを明らかにした。すなわち，「これらの心理的行為に由来する意識的な運動，通常は随意運動と呼ばれる運動はすべて，厳密な意味で反射運動である」（Сеченов, 1863, c.44），というわけである。

このように，脳の生理学的な過程が心理現象の基礎を構成していることを証明したことは，心理学（とりわけソビエト心理学）へのセーチェノフの最大の貢献とされる。ここに，唯物論心理学の科学的な基礎が敷設されたからである。唯物論心理学は，その後のソビエト心理学の重要な構成部分となるのだが，セーチェノフはすでに1905年に亡くなっているので，10月革命後のソビエト心理学の唯物論的展開について知ることはなかった。

② パーヴロフ

セーチェノフの反射理論とその思想を継承したのがパーヴロフである。

パーヴロフはリャザンの神学校の最終学年の生徒だったときに，セーチェノフの『脳の反射』と出会い，そのことが彼の人生を変えることとなった。1870年にサンクトペテルブルク大学の法学部に入学するが，すぐに理数学部に移り，動物の生理学を学ぶ。その後，外科医学アカデミー（1881年に軍事医学アカデミーに再編）で医学を学び，そこで長く胃瘻の手術に携わると共に，動物実験を繰り返して胃液の分泌反射について多くの発見をし，1904年に消化腺の機能の研究でノーベル生理学・医学賞を授与された。

私たちがよく知っている犬の唾液分泌の条件反射の研究は，1902年に偶然のことから始まったとされている。口の外に唾液の分泌が誘導されるように手術をした犬の観察中に，飼育係の足音を聞いてその犬が唾液を分泌しているのを見て，そこから，高次神経活動といわれる脳の生理学的機能の研究が続けられることになる。1904年のノーベル賞受賞の記念講演（Pavlov, 1904）の中では，その後半で，無条件反射と条件反射の違いについて言及しているが，条件反射では，それ自身は唾液の生理学的な役割とは直接的には無関係な対象の特性が，唾液分泌の信号刺激として作用している点が強調されている。

条件反射の学説は，人間に当てはめれば，人間が変化する環境の中で新たに出会う状況との間に，後天的に条件結合のネットワークを形づくることにより，新たな行動を形成していく学習の生理学的メカニズムを明らかにするものである（今日，「古典的条件づけ」として知られている学習理論）。これは，セーチェノフ以上に，脳の生理学的な過程が心理現象の基礎を構成していることを証明するものであった。

③ ベーフテレフ

ベーフテレフは，生理学者，心理学者であると共に精神科医で神経病理学者である。パーヴロフとほぼ同じ時期に，サンクトペテルブルクの外科医学アカデミー（1881年に軍事医学アカデミーに再編）で学んでいる。卒業後は，精神科医として精神病や神経病の治療と研究のために病院で働いた。1884年

には，ベルリンのヨハンネス・ミュラーの弟子で電気生理学者のデュ・ボァ・レイモン，ライプチヒの実験心理学のヴント，脳の解剖学と生理学の専門家であるオーストリアのメイナート（Meynert, T. H., 1833-1892），パリの神経病学者で催眠術の研究で知られるシャルコー（Charcot, J. M., 1825-1893）などを訪ねている。

　1890年代には，軍事医学アカデミーの教授として神経-精神病講座の長を務めている。また，サンクトペテルブルクに精神神経学会，正常心理学および実験心理学会，科学的労働構造学会などを創設し，合わせて，ジャーナル「精神医学と神経学と実験心理学評論」や「労働研究の諸問題」などの編集をおこなっている。

　1900年代には，『脳の機能に関する学説の基礎』（1903～07年）や『心理と生活』（原著1903年．Бехтерев, 1904）などの著作を著わすと共に，心理学への関心を高めていく。『心理と生活』では，現代の科学が提供しているデータの分析に基づいて，生物の心理過程と物質的過程の相互関係の問題，生活の諸現象と心理過程の関係の問題について考察をしている。ベーフテレフは，心理活動は脳の作用の結果として発生するとの考えに基づいて，条件反射（ベーフテレフの用語では「結合反射」）の学説に立脚した心理学の可能性を構想し，反射学を提案した。1907～12年の間に3分冊として『客観的心理学』（原著1907～12年．Бехтерев, 1991）を出版し，反射学に基づく神経-心理学的過程の体系的な見取り図を提示した。

④ ヴァーグネル

　ヴァーグネルは，動物学者・動物心理学者であり，ロシアにおける比較心理学の創始者である。生理学者とはまた違った，進化思想の観点からのアプローチが特徴である。ヴァーグネルはモスクワ大学の法学部と，後に理数学部を卒業している。卒業後は，セヴァストーポリ生物学研究所，ナポリ動物学研究所，ビラ-フランク動物学研究所など外国の動物学の研究所などで研究をした。1906年からはサンクトペテルブルク大学の教授を務めている。

また，翌年には，サンクトペテルブルク精神神経学研究所の自然 - 歴史部門の部長も務め，1910〜13年に2巻本『比較心理学の生物学的基礎』(原著第1巻1910年，第2巻1913年，Вагнер, 2005a, 2005b) を出版している。

　ヴァーグネルは，動物の本能的行動も知的行動も反射に起源を持つことは認めるが，反射に還元することはできないとして，滴虫類（ゾウリムシなどの繊毛虫類のこと）の行動から人間の心理まですべて自動反応だとする一元論を批判する。しかし，同時に，比較心理学によく見られるような，動物の行動を擬人化して，動物に人間の心を見る一元論も批判する。

　ヴァーグネルは動物行動の「生物学的方法（生物心理学的方法）」を提唱している。それは，動物の進化のスケールを踏まえて，人間と最も単純な動物という発生段階の両極に位置するものの比較ではなく，進化の序列の近いグループ間の比較によって，動物の生活活動を研究することである。これにより，進化の上で人間に近い動物種との比較において，系統発生的にも個体発生的にも，動物の心理と人間の心理の質的特性について研究することができると考えたのである。このように，進化思想に基礎をおいた比較生物学（動物学）によって，人間の心理の発生と進化を究明しようとした点に，ヴァーグネルの独自性を見ることができる。

　なお，このような生物学的方法（生物心理学的方法）は，10月革命前夜にモスクワの高等女学校を卒業し，引き続きモスクワ大学で動物学を学んでいたラディーギナ・コーツ（Ладыгина - Котс Н.Н., 1889-1963）に引き継がれ，霊長類と人間の比較心理学として，その後のソビエト連邦時代に花開くことになる（Зорина, 2009）。

⑤ ランゲ

　ランゲは，サンクトペテルブルク大学の歴史 - 哲学学部を卒業後間もなく，1883年からドイツのヴントの研究所で研修生として研究をした。この期間の成果が『心理学的研究：知覚の法則，意志的注意の理論』（1893年）としてまとめられている。ノヴォロシースク大学（現在の国立オデッサ大学）の教授

として，1896年にロシアで最初の実験心理学の実験室を作っている。ソビエト心理学の歴史においては，革命前の時代の心理学の最もすぐれた代表者と評価されている（Смирнов, 1975）。彼は，ヴント流の実験心理学を洗練したのだが，拠って立つ哲学的立場は，チェルパーノフのような観念論ではなく，確固たる唯物論であった。

　心理学者としては，運動反応は心理過程に対してより本源的な過程であるという理解に立って，知覚，注意，記憶，思考などを研究した。「知覚過程の段階性」の概念を定式化したことで有名であるが，それによると，知覚は，より一般的な性格を持つ相から，より部分的で特殊化（分化）した性格を持つ相へと交替していくのである。注目すべきは，注意に関する考え方である。ランゲ（原著1893年, Ланге, 2001）によれば，注意には反射的注意，本能的注意，意志的注意が区別される。本能的注意の場合には，反射的注意とは異なり，感覚と運動の間に本能的情動とか本能的欲望と呼ばれる特別な心理状態が現れている。本能的注意はその心理状態を強め，それに集中するために作用する。意志的注意の場合には，注意の対象，注意の目的があらかじめ主体に知られている。意志的注意はその心理状態を理解し，説明するために作用するのである。

　こうして，ランゲは唯物論に立脚した実験心理学を発展させているのだが，ここでランゲを取り上げたのは，彼がヴァーグネルと同様に生物の進化思想に立って，上述のように，心理の発生について述べていることが注目されるからである。ランゲは，心理的なものの発生と進化について，動物の環境への適応（生存競争）に果たすその有用性の見地から考察している。その上で，ランゲは，動物の場合と特に人間の場合の違いを，次の点にあると考えていた。すなわち，動物では生理学的な遺伝が作用しているが，人間では，ある世代から別の世代への文化の総体の伝達が，模倣と教育によって，つまり，社会的継承によって実現されているという点である。ランゲによれば，「人間の個人の精神は，99パーセントが歴史と社会性の産物である」（Смирнов, 1975, с.89；Петровский, 1967, с.25／邦訳, p.34より重引）とされる

のである。

　これは注目すべき見解と言える。唯物論的心理学の根拠が，人間の脳や身体にあるというだけではなく，人間自身の歴史や社会にもあると指摘されているからである。この二つの根拠は，10月革命後に展開されるソビエト心理学の根本原理となるものである。ランゲの思想の中に，少なくともその前駆的な視点が見られることは評価されるべきと思われる。

　では，ここで，先に自然科学的心理学の説明に入る前に提示した，自然科学的心理学は，宗教心を含めた「真・善・美」に代表される人間の高次な精神生活の拠って来るところを，十全に説明できていたのかどうかについて，その答えを見ていこう。
　心理過程の基礎に脳の生理学的過程を見ることは正しいとしても，心理現象を反射や条件反射に還元することは正しくないし，高次神経活動の理論であっても，神経活動それ自体で，「真・善・美」に代表される人間の高次な精神生活を説明できるはずもない。では，ランゲのような，進化思想を踏まえた自然科学的心理学はどうであろうか。自然科学的な立場からの心理学者は，人間の心理を規定する要因として内的要因（生理学的な神経組織）と外的要因（環境・社会）の二つの要因を認めていた。しかし，その両要因の関係の捉え方については，機械的に対立させるか，並列させることにとどまっていた。この点は，ランゲの場合も例外ではないとされる（Петровский，1967）。これでは，やはり，上述のような人間に独自の高次な精神生活の拠って来るところを説明することはできない。10月革命前のこの時期には，ロシアの心理学は全体として，弁証法を知らず，自然的なものと社会的なものの関係について弁証法の見地から探究する作業は，この後のソビエト心理学の本質的な課題となっていくのである。

第3章
同時代の日本との比較と日本での受けとめ

(1) 日本での実験心理学の移植と整備

　日本においては，アメリカに留学し，ホール（Hall, G. S., 1844-1924）の下で心理学を学んだ元良勇次郎（1858-1912）が1890年（明治23年）に東京帝国大学文科大学の教授に就任し，これをもって，わが国への実験心理学の移植が始まり，職業としての心理学者が誕生することとなったとされる。確かに，それまでも，明治政府の「制度先導型」の学問として，1880年代までの時期に，哲学と分離される前のメンタル・フィロソフィーや心理学と生理学（生物学）が未分化なメンタル・サイエンスが輸入された経緯はある。前者はウェイランド（Wayland, F., 1796-1865），ヘイヴン（Haven, J., 1816-1874），アルデン（Alden, J., 1807-1885），ヒコック（Hikok, L. P., 1798-1888）などの原書の講読や教科としての導入であり，後者はカーペンター（Carpenter, W. B., 1813-1885），ベイン（Bain, A., 1818-1903），スペンサー（Spencer, H., 1820-1903），サリー（Sully, J., 1842-1923）などの，やはり原書の講読や教科としての導入であった（大泉，1998；馬場，2013）。しかし，これらの動向は，日本で自立した心理学研究が立ち上がったとは決して評価できるものではない。

　1903年（明治36年）には，アメリカのスクリプチュア（Scripture, E. W., 1864-1945）やドイツのヴントのもとに留学した松本亦太郎（1865-1943）によって，東京帝大文科大学の心理学実験場（当初は「精神物理学実験場」と呼んで

いた）が本格的に整備され始めた。この心理学実験場の開設は，元良教授とその弟子である松本や心理学教室にとって宿願であり，日本に実験心理学を移植し，根づかせるための不可欠の条件であった。これ以降，心理学専修の学生は心理学実験を必修として学ぶこととなった（大泉，1998）。

　松本亦太郎は，東京高等師範，東京女子師範の教授を経て京都帝大の教授として教鞭をとっていたが，1908年（明治41年）には，京都帝大の研究室にライプチヒのヴントの実験室に倣った実験室を整備した（吉田，1971）。こうして，日本の主たる教育研究機関に実験心理学が着実に根づいていったのである。1912年（大正元年）に師である元良勇次郎が逝去した後，松本が京都帝大と東京帝大の心理学教授を兼任し，1914年（大正3年）に正式に東京帝大の教授となった。こうして，ロシアで10月革命への胎動が始まっていた20世紀の初頭に，日本では実験心理学の移植が完了し，その普及のための条件も整いつつあったのである。

(2) 日本とロシアの心理学の事情の比較

　上記のような日本での事情は，この時期のロシアの心理学の状況と似ている点もあるし，異なっている点もある。この本の第2章の冒頭でレオーンチェフによって指摘されているロシアの状況とは，
　①「モスクワ大学附属心理学研究所では，ドイツのヴントによって創始された実験心理学の追試がその研究の中心であった」
　②「ヨーロッパで生まれつつあった新しい心理学の潮流（精神分析，ゲシュタルト心理学，ヴュルツブルク学派など）や，アメリカでのラディカルな行動主義の勃興についておよそ無関心であった」
ということである。
　この指摘のうち，①については，ロシアでも日本でも，この時期には，ヴントに始まる実験心理学の移入と普及と充実に力を注いでいた，という点で共通していたことが確認できよう。では，②についてはどうだろうか。少し

詳しく見ていこう。

① 精神分析

ロシアでの精神分析の移植の事情を概観すると，その導入の経緯に，日本の場合とは異なる点がうかがわれる。まず日本の場合を見てみよう。

精神分析への関心という点では，日本ではその学説の紹介は，1903年に佐々木政直（?-?）が，また1911年に蠣瀬彦蔵（1874-1944）が，いずれも「哲学雑誌」の中でおこなっている（小泉，2007）。また，1912年からは，「心理研究」誌上で大槻快尊（1880-1936），木村久一（1883-1977），上野陽一（1883-1957）が精力的に紹介をおこなっている（鈴木，2007）。それぞれ一例を挙げれば，「もの忘れの心理」（大槻，1912），「精神分析法の話」（木村，1912），「夢と性慾と子供」（上野，1914），その他がある。また，1917年には久保良英（1883-1942）の単行本『精神分析法』（心理學研究会出版部）が出版されている。これらはいずれも，基本的にはフロイト（Freud, S., 1856-1939）の学説の紹介であるが，面白いことには，大槻も木村も上野も久保も，いずれもこの時代の東京帝大の心理学専修の卒業生なのである。日本では，実験心理学の主たる研究と共に，その同じ教育研究の場で，精神分析への関心のドアも開かれていたことがわかる。

この点は，ロシアでは少し事情が異なる。10月革命前の時期において，ロシアへの最初の精神分析の導入は，精神科医のオーシポフ（Осипов Н. Е., 1877-1934）による。オーシポフは1904年に外国留学から帰国したが，モスクワの精神病院やモスクワ大学の附属病院に勤め，その間に神経症の治療に関心を持ち，催眠と催眠療法に携わった。1907年に初めてフロイトの著作に出会い，1910年にウィーンのフロイトのもとを訪ねている。精神分析治療に興味を持った病院の仲間と研究サークルを作り，1910年にはジャーナル「精神療法」を発行し，ロシア語での論文発表と外国文献の翻訳紹介をおこなっている（Эткинд, 1994）。

また，精神科医のヴーリフ（Вульф М. В., 1878-1971）はベルリンの精神分

析サークルに参加し,アブラハム(Abraham, K., 1877-1925)の下で訓練を受けたロシア人初の精神分析家であったが,精神分析の考え方が原因で勤めていたベルリンの病院を首になり,1909年にオデッサに戻った。そこで精神分析の理論と実践に携わり,精神分析に関する論文を当地の雑誌に発表したり,フロイトの著作の出版をしたりした(Эткинд,1994;国分,2005)。もうひとり名前の挙げられる人物は,やはり精神科医であるドロズネス(Дрознес Л. М., 1880-?)で,1911年にウィーン協会のメンバーとなり,分析家としての教育を受けている(国分,2005)。ドロズネスはオデッサで活動するのだが,先の二人と比較して,彼に関する情報はきわめて少ない(没年も不明である)。オヴチャレーンコ(Овчаренко В. И.)による『ロシアの精神分析家』(Овчаренко, 2000)の中には,オーシポフとヴーリフについては詳しい解説があるが,なぜかドロズネスについては,項目として名前も挙げられていない。

　国分(2005)の整理によれば,1909年には,オーシポフによってモスクワで精神療法ライブラリが発刊され,フロイトの「精神分析学5講」「性学説3論」が出版されている。1910年代には,「夢について」「5歳児の恐怖症」「夢解釈」「神経症のタイプ」「精神分析における無意識の概念」,その他が出版されている。1911年には,オーシポフ,ヴーリフ,ドロズネスらによってロシア精神分析協会が作られている。しかし,1914年に第一次世界大戦が始まると共に,ジャーナル「精神療法」をはじめ精神分析関係の出版も途絶え,このような精神分析の発展も,10月革命前には幕を閉じるのである(Овчаренко, 2004)。

　こうして,10月革命前のロシアにおける精神分析への注目と移植は,精神科の医者たちによって先導されたことがわかる。日本では,同じ時期に,上で見たように,帝大の実験心理学専修の心理学者たちがそれをおこなっている。この点が両者の違いと言えよう。確かに,日本でも,心理学者とは別に,精神科医による精神分析の導入の径路がある。しかし,1916～19年の間アメリカのマイヤー(Meyer, A., 1866-1950)の下で精神医学を学んだ東北帝大の丸井清泰(1886-1953)が,帰国した後に,医学部の精神病学講座の教授

として精神分析を普及するのは，1920〜30年代に入ってからのことである（安齋，2007）。このように見てくると，日本の心理学には，実験心理学を主流としつつも，心理学者の間で精神分析への関心が見られたが，レオーンチェフの指摘するように，モスクワ大学附属心理学研究所の心理学研究には，精神分析は射程外だったように思われる。

② ヴュルツブルク学派

　ヴントの下で実験心理学を学んだキュルペ（Külpe, O., 1862-1915）がヴュルツブルク大学で弟子たち—マイヤー（Mayer, A., 1874-1951），オルト（Orth, J., 1872-1949），マルベ（Marbe, K., 1869-1953），ワット（Watt, H. J., 1879-1925），アッハ（Ach, N., 1871-1946），メッサー（Messer, A., 1867-1937），ビューラー（Bühler, K., 1879-1963）など—と共におこなった思考実験は，まさに20世初めの約十数年間におこなわれた。組織的内省法による実験的研究の結果は，感覚的内容を持たない「意識態（意識性）」，感覚や心像を持たない「非直観」の思考（無心像思考），構えや態度につながる「決定傾向」などの発見をもたらした。これら一連の実験結果の説明は，ヴントの感覚連合に基づく内容心理学と真っ向から対立する新しい学説の登場であった。これに対して，ヴントはヴュルツブルク学派の思考実験を，えせ実験として非難した（佐久間，1916b；今田，1962）。

　10月革命前のこの時期のロシアにおいて，同時進行的に，ヴュルツブルク学派の思考研究に注意が向けられていたかどうかは，ソビエト心理学史に特に記載が見られない。もし，この時期にヴュルツブルク学派に注目した心理学者がいたとすると，それは，この時期に実験教育心理学を構築することに努め，記憶や思考の実験を試みていたネチャーエフが最有力候補であろう。そこで，それぞれ1911年と1917年の再版ではあるが，ネチャーエフの著作『保育者と教師のための心理学概論』（Нечаев，1911）と『現代の実験心理学と学校教育の問題に対するその関係』（Нечаев，1917）を参照してみた。すると，前者には，キュルペが1893年に出版した『心理学概論』が参考文

献として挙げられていた。しかし，このキュルペの著書は，まだヴントのもとにいたときのヴュルツブルク以前のものであり，チェルパーノフの著書『脳と心』（Челпанов, 1912）の中でも引用されている，精神物理学的平行論に基づいた有名なテキストである。

　1917年の後者には，ヴュルツブルク時代のキュルペとその下で博士の学位を取得したオグデン（Ogden, R. M., 1877-1959）との共著による1903年の論文「全体的心理学のための記録」が注記されていた。そこでネチャーエフが注目しているのは，音節の暗記実験の際には注意のエネルギーの変動が観察されるのだが，このエネルギーの変動が被験者の状態の元気さや疲労によって，また被験者の作業状態の良し悪しによって，違って現れるということに彼らが言及しているという点である。キュルペとオグデンが注意の持続に意識内容ではなく，構えや態度の作用を見ていることにネチャーエフが注目している，ということだけはわかる。とはいえこれ以上ではなく，総じて言えば，この時期にキュルペについての言及はあるものの，ヴュルツブルク学派の研究動向そのものへの関心が見られたとは言い難い。

　日本では，1909年に出版された教育学者の乙竹岩造（1875-1953）の『實驗教育學』の中に，キュルペとオグデンの名前が挙げられていた。しかし，これはヴュルツブルク学派の研究への注目ではまったくなく，他の西欧の多くの心理学者の名前の列挙の中のものに過ぎない。他には，この時代の遅い時期ではあるが，まさにヴュルツブルク学派の研究の紹介がなされていた。1916年の雑誌「心理研究」の第52-53号に，佐久間鼎（1888-1970）が「ウルツブルグ派の新方法（上・下）」（佐久間，1916a，1916b）を書いており，相当に詳しい紹介をしている。しかし，その論調は，全面否定ではないが，ヴュルツブルク学派の研究方法（按問法）と結果の解釈にきわめて批判的である。佐久間は，実験心理学が物的領域で要求される要件を踏まえていなければならないことを重視しつつ，ヴュルツブルク学派の按問法は欺瞞的なものであり，結果の理解は思弁的，形而上学的傾向が顕著であると批判している。つまり，この時期の日本では，ヴュルツブルク学派の動向は注目されはした

が，受容される気配はなかったのである。

その後には，1930年代半ば過ぎ（昭和10年代）に入ると，日本の実験心理学は，全体として，ヴントの心理学からゲシュタルト心理学へと大きく変わっていくことになる（吉田，1971）。その先導役は，上で述べた佐久間鼎であった。

③ ゲシュタルト心理学

ゲシュタルト心理学は，そもそもの起こりが1912年のウェルトハイマー（Wertheimer, M., 1880-1943）の論文「運動視に関する実験的研究」に求められる，まさにこの時期に生まれたばかりの学説である。その後，ケーラー（Köhler, W., 1887-1967）の『類人猿の知恵試験』（1917年），コフカ（Koffka, K., 1886-1941）の『ゲシュタルト心理学への寄与』（1913～21年，5冊）などの著作が発表される（今田，1962）。まさに10月革命直前のロシアにおいて，同時進行的に，ドイツで誕生したばかりのゲシュタルト心理学に注目したり，移植するにはあまりにも短時日であった。実際，ゲシュタルト心理学に関しては，それが議論の対象となるのは，10月革命後のソビエト心理学の建設途上期（1920～30年代前半）に入ってからのことである。

ただ，ロシアの心理学には，実験心理学にしろ，哲学的心理学にしろ，従来からドイツの影響がとても大きい。したがって，短時日とはいえ，この時期に，ゲシュタルト心理学の勃興やその動向が知られていなかったとは考えられない。同時進行的にゲシュタルト心理学に関心が向けられなかったのには，多分に社会情勢が影響していたことが考えられる。1914年には第一次世界大戦が始まっており，ロシアは対ドイツ戦で総力戦となっていた最中であった。この時期，ドイツ語読みの首都「ペテルブルク」の呼称をロシア語読みの「ペトログラード」に変えたことに代表されるように，敵国ドイツで新たに勃興した学派に関心を向けることそれ自体が，憚られたのではないだろうか。

日本では，ゲシュタルト心理学の導入は昭和の初期である。第一次世界大

戦後の1923年にベルリンに留学し、ケーラーの下でゲシュタルト心理学を学んだ九州帝大の佐久間鼎が帰国後にその普及に努めた。佐久間は、1930年にケーラーの『ゲシタルト心理学』(原著1929年) を邦訳出版した。これによって、その後の普及を見ることになるのだが、やはりベルリンに留学した心理学者で東京高等師範学校教授、文部省教育調査課長の小野島右左雄 (1893-1941) の強い指導力によって、ゲシュタルト心理学の影響力が強まっていく (今田, 1962；吉田, 1971；古澤, 1998)。したがって、1917年以前の時期には、新しく生まれつつあったゲシュタルト心理学に対してまだ知らなかったのである。同じように無関心であったとしても、ロシアと日本では背景の事情は異なっていた可能性がある。

④ 行動主義

アメリカのワトソン (Watson, J. B., 1878-1958) が1912年にコロンビア大学でおこなった講演と、その翌年に発表した「行動主義者の見た心理学」によって、行動主義が公式に宣言された。まさに、ゲシュタルト心理学が産声を上げたのと同時期のことである。

10月革命直前のロシアにおいて、同時進行的に、この行動主義への注目があったかについては、やはりソビエト心理学史に特に記載が見られない。そもそもロシアには、自然科学的な客観主義の心理学の強い流れがあったので、行動を心理学の対象とするという行動主義の主張は何ら目新しいものではなかった。むしろ、ワトソンの方が、パーヴロフの条件反射学説から行動主義を思いついたことや、また、行動主義宣言と同じ1913年にベーフテレフの『客観的心理学』(原著1907～12年) のドイツ語版とフランス語版が出され、ワトソンがこれを読んで、条件反射 (ベーフテレフの用語では「結合反射」) が行動の主たる分析単位となるべきという自らの見解に確信を得たことは、疑う余地はない (Ярошевский, 1976, 1997)。

ところが、10月革命前にパーヴロフが注目していたのは、ソーンダイク (Thorndike, E. L., 1874-1949) の研究であった。パーヴロフは、1898年のソー

ンダイクの博士学位論文「動物の知能：動物における連合過程の実験的研究」に対して，行動の客観的研究のパイオニアとして高く評価していた (Ярошевский, 1997)。ソビエト心理学においてワトソンの行動主義について言及され始めるのは，1920年代に入ってからであるが，すでに20年代後半には，その行動研究が脳の中枢的機能とは切り離されて，受容器と効果器といった末梢部位の「刺激と身体反応」の直接的結合に還元されていることで，批判の対象となっていた (Ярошевский, 1966)。20年代後半に出版されたパーヴロフの『大脳半球の働きに関する講義』(原著1927年, Павлов, 1951)の中には，ソーンダイクの「動物の知能」についての言及はあるが，ワトソンについてはまったく触れられていない。

　他方，日本では，ワトソンの宣言する行動主義は，宣言された翌年には注目され，早々に紹介されていることが知られている (八木, 1971)。紹介者は速水滉 (1876-1943) で，「心理研究」誌上に「心理學最近の傾向」(速水, 1914) という論文を書いている。そこでは，従来の構成的心理学と機能的心理学とは別に，新しい行動主義と称する主張が起こっていること，その特徴は，意識を研究するのではなく，意識の外部に現れた客観的動作を研究するところにある，ということが紹介されている。その上で，速水は，特段に行動主義の肩を持つわけではなく，意識の分析的研究と行動主義の主張は相互に補助すべきものである，と結論している。これが，日本での，この時期の行動主義に対する関心の向け方であった。

　この点は，ワトソンの行動主義ではないが，ワトソン以前に行動の心理学を提唱していたピルスベリー (Pillsbury, W. B., 1872-1960) の論文に基づいて，その主張とそれに対する見解を述べている上野陽一の論文を併せて参照すると，いっそう明確である。それは，やはり「心理研究」の中の「行動説の主張＝心理學の新定義」(上野, 1913) という論文である。そこで上野は，一方で，「心理学は行動の科学である」という行動説の新定義に賛意を表明しつつ，他方では，意識は心理学上の重要な地位を占めるものだと主張している。そして，結局は，その折衷として，「心理學は行動の科學です。而して

行動は個人の意識を通じ，且外部の観察によって研究せらるべきものです」（同上，p.76）と結んでいる。

こうして，心理学の対象として意識を完全に排除するワトソンの行動主義は，注目はされたが，この時期の日本では，そのすべてが受容されるという余地はなかったのである。

(3) ロシアの心理学への関心度

10月革命前の時期のロシアの心理学に対して，日本の心理学者は興味を持っていたのであろうか。ロシア独自の宗教哲学に基づいた哲学的心理学や，大脳生理学と動物心理学に基づいた自然科学的心理学に興味があるのであればともかくも，アメリカやドイツに留学し，ヴントの実験心理学を移植し，その普及と充実を図っていた同時代の日本の心理学者たちは，ロシアの心理学，特に実験心理学に求めるものはあったのだろうか。もし情報を得る機会があれば，それは知っておきたいという興味は，強弱の違いはあれ，持っていたように思われる。そのような文献が，1913年と1915年の「心理研究」に存在している。

ひとつは，当時は京都帝大の助教授だった野上俊夫（1882-1963）がベルリンへ行く途中でモスクワに立ち寄り，そこで見学したモスクワ大学附属心理学研究所の建物の内部の様子を記したものである。題して「モスカウ大學心理學實驗場參觀記」（野上，1913）である。もうひとつは，東京帝大教育学科を卒業してまだ2年ほどの阿部重孝（1890-1939）による「露西亞の實驗教育界」（阿部，1915a），「ロシヤの實驗教育界（二）」（阿部，1915b）である。

さらに，もうひとつ面白い文献がある。それは，やはり「心理研究」に掲載されているものだが，当時は京都帝大医科大学の副手だった黒田源次（1886-1957）の「パヴロフの條件反射研究法に就て」（黒田，1916）である。黒田の専門は心理学であるが，医科大学に勤務していた関係で，パーヴロフの生理学的研究に興味を惹かれたものと思われる。また，当時，京都帝大医科

大学教授の石川日出鶴丸（1878-1947）と東北帝大医科大学教授の佐武安太郎（1884-1959）の両氏からパーヴロフについて詳しい話を聞いている。この二人は，当時パーヴロフのもとに留学した経験のある数少ない生理学者であった。

① 野上俊夫のモスクワ大学附属心理学研究所参観記

野上の参観記は，1912年に創設されたばかりのモスクワ大学附属心理学研究所（野上では「心理学実験場」）の建物の内部と若干の設備について，地階～3階の平面図入りで説明したものある。事前に何の連絡もせずに，いきなり心理学研究所を訪ねたということと，夏季休暇中でそこに勤務する心理学者には会えずじまいだったということで，研究所でおこなわれている心理学研究の内容についてはまったく触れられていない。地階に住んでいた機械技師による建物内部の案内と説明の成果が書きとめられているだけである。このような事情であるから，確かに，わざわざモスクワに立ち寄った苦労はあるものの，残念ながら，野上の中に，どうしてもロシアの心理学研究の実情を知りたいという熱意や迫力を見ることはできない。

文中では，機械技師から聞いたという研究所設立の経緯（シューキンの寄附）について，正確とは言えない説明がされたりしているが，私が最も興味を引かれたのは，次の記述であった。「面白いのは日本文の書籍が十一もあったことである。二年ほど前に今の京都大學講師の小西増太郎氏が此の實驗室を訪問された時，紀念に寄附されたのだといふ」（野上，1913，p.100）というくだりである。調べてみると，研究所が設立されたのは1912年の9月である。小西は1909年にモスクワを再訪し，1912年の4月には帰国している（杉井，1981）ので，野上が研究所を訪ねた1913年8月の「二年ほど前」とは，まだ研究所が建設中ということになる。いずれにしろ，小西は，建物はおそらく完成していたと思われるが，まだオープン前の研究所を訪ねて日本の書籍を寄贈したのであろう。

小西増太郎（1862-1940）は，1881年（明治14年）に東京駿河台のニコライ神学校に入学し，ロシア語とハリストス正教を学んだ。その後，1887年（明

治20年）にロシアに渡航し，キエフ大学神学部を卒業したあと，1891年（明治24年）にモスクワ大学に入学し，心理学と哲学を専攻している。在学中に，前章で紹介したグロートに心理学を学んでいる。モスクワ心理学会の正会員にもなっている。グロートを介してトルストイ（Толстой Л.Н., 1828-1910）と親交を持ち，トルストイと共同で「老子」のロシア語への翻訳をおこなったことは有名である（杉井，1981）。帰国してからは，心理学者ではなく，トルストイの研究やその著書の翻訳をおこなったり，京都帝大でロシア語を教えたりした。

いずれにしろ，日本ではアメリカ留学から帰った元良勇次郎が東京帝大の教授として活躍しだした頃に，ロシアでグロートの下で実験心理学を学んでいた日本人がいたということは，何とも興味深いことである。

② 阿部重孝の「露西亞の實驗教育界」の紹介

阿部重孝は教育学者である。それがなぜ「心理研究」誌に「露西亞の實驗教育界」の紹介記事を書いたのであろうか。内容を読んでみると，そのときの阿部の意図が理解できるような気がする。よく知られているように，後に教育学者として名を成した阿部が，子ども研究において重要視していることは，ひとつは「教育測定」であり，いまひとつは生物学と心理学に基礎づけられた「発達研究」である。教育測定は，被教育者である子どもの能力（能力の差異）を数量的に鮮明にし，それに基づいて子どもの処遇や指導の方法・内容が効率よく決められるために不可欠である。発達研究は，発達段階においても差異化される子どもが，その発達段階においてどのような特性や要求や問題を有しているかを明らかにし，有効な教育方法・内容が与えられるためには不可欠である。このように，阿部の教育学では，学校での生産性を最大限に効率化することが目指されているのである（北村，1993）。このような志向性をすでに持っていたと思われる阿部にとって，前章で紹介したネチャーエフの指導の下におこなわれていたロシアの実験教育学（実験教育心理学）は，目を引いたに違いない。

さて，阿部によると，この数年間にロシアの実験教育界では，児童心理の理論問題の研究に代わって，教育・教授の実際問題の研究が主眼となっていて，その新しい運動のリーダーがネチャーエフである。ネチャーエフの指導下にある実験教育学会の批評にのぼった研究が紹介されている。その柱だけを列挙すると次の通りである。

①記憶型に関する研究，②児童における数の表象の発達に関する研究，③個性研究の実験的方法について，④児童における叡智研究の新方法について，⑤児童の理想の発達について，⑥児童の虚言に対する態度について，⑦自然的実験について，⑧家庭の読み物を整頓する心理的基礎について，⑨生徒における判断過程の発達について，⑩記憶の諸々の機能間における相互関係について，さらには，⑪児童の身体の発達と能力との関係についての研究，⑫児童の友誼についての研究，⑬児童の読み物についての研究，などである。

具体的な一例として，⑬児童の読み物についての研究を紹介しておこう。なお，ここでの記述に当たっては，表記を少し直してある。

被験者は8歳～9歳の児童。各児童に，抒情詩的な内容の物語，想像的な内容の物語，叙事的な内容の物語，科学的な内容の物語の4種類の物語を話して聞かせる。その物語を話して聞かせた後で，実験者は児童に，「この物語は気に入ったか」「なぜ気に入ったのか」「君はこれと同じような物語を読んだことはないか」「君はこの物語について何か聞きたいことはないか」という4つの質問をした。あわせて，各児童には知覚，記憶，反応，注意，連想，独創性などの特性についての心理的研究（心理検査）がおこなわれ，これら心理特性と質問への児童の答えとが比較された。その結果，次のような関係が見出された。

1) 科学的物語は記憶のよい児童に歓迎された。彼らは多くを，しかも理解をもって知覚していた。

2) 想像的・抒情詩的物語は，連想に多大の独創を有し，知覚に際してその想像の強い児童の気に入るところとなった。
3) 叙事的物語は，記憶がよくて，単純なる反応と複雑なる反応との間の差異の甚だしい児童の気に入るところであった。
4) よく且つくどくどしく繰り返す児童は，記憶がよいことと，多方面に注意するという性質がある。
5) 物語に関してあまり発問をしなかった児童は，心理的研究の際に，内的連想の薄弱と非独創性とを示している。

次に注目すべきなのは，⑦に挙げられている「自然的実験」である。ここでいう自然的実験とは，児童研究の新方法で，子どもの複雑な心理現象を現実の生活と学校という自然条件の下で，系統的に，しかも具体的に観察することである。これによって，単純な観察では心理現象を説明まではできないという欠陥と，実験室の実験では個々のそれだけに限られた現象にすぎないという欠陥を同時に克服することができる，というのである。この自然的実験の方法を工夫したのは，ラズールスキー（Лазурский А. Ф., 1874-1917）だという。ラズールスキーは，神経活動と結びついた個人差の研究で知られている。

阿部は，このような自然的実験は，実験室の実験に比べればその精度は低いが，教育者にとってはすこぶる意義深いと評価している。学校の教育場面で具体的にどのような現象が観察されるべきか，その現象に関わる心理学的な機能はどのようなものか，が具体的に示されている。たとえば，国語の時間では，「学校で読んだ物語を口頭ならびに筆頭で叙述する際の正確と詳細」を観察し，「知覚の正確と詳細」を見る。あるいは「児童は言葉の文法的分析および文章論的分析を，容易に且つ正しく使いこなすか」を観察し，「論理的関係の斎整，一般的概念の構成」を見る。さらに，「行為者に対する態度とその行為の評価」を観察し，「社会的判断と倫理的判断」を見る，といった具合である。国語の他に，同様な観察と心理的機能の観点が，算数と

自然科学(理科)の授業プログラムにも例示されている。

これらを評価して阿部は,「この数種のプログラムは,色々の教材に於いて兒童の如何なる精神が覺醒され促進されるかを示し,兒童に於ける心的過程を具案的に系統的に観察し得る為めには,教育者は如何なる經路をとらねばならぬかを示して居る」(阿部, 1915b, p.104)と結んでいる。

ネチャーエフやラズールスキーらがこの時期に進めていた,かくも実践的なロシアの実験教育学(実験教育心理学)は,この時期の阿部の教育測定と発達研究への志向性を促し,その志向性に具体的な形を与えてくれるものだったと思われる。日本でも,教育学者の乙竹岩造による『實驗教育學』(乙竹, 1909)の提唱(この著書には,94ページに「ニチャエフ」としてネチャーエフの名前が出てくる)や,野上俊夫の『教育的實驗心理學』(野上, 1912)が出版されていたが,その内容は全体を通してただ論評するだけであり,実際にどのような実験的な教育実践がおこなわれたか(おこなわれるべきか)については,何も教えてはくれないものだった。

なお,阿部のこの論文は,末尾に「Päd. Forschung より」と書かれていることから,ロシア語の原著からではなく,ドイツ語の「教育学研究」の中の何らかの論稿を参考に書かれたものだと思われる。

③ 黒田源次の「パヴロフの條件反射研究法に就て」

この黒田の論文は1916年(大正5年)5月15日に脱稿されたことが,文末に書かれている。しかるに,論文は,「サイコロジカル・ビュレチン第八巻第三号(本年三月刊)はペトログラード大學教授パヴロフの訃を報じている」(黒田, 1916, p.34)という書き出しで始まっている。パーヴロフが亡くなったのは1936年であるから,これは明らかに誤報であった。しかし,黒田はこれを信じて,パーヴロフの残した条件反射の研究方法が動物心理学の最も厳密な方法だとして,「此の方法が,従来多くの心理學者の間に知られない事は寧ろ心理學界の損失であると自分は断言する。此の點からしてパヴロフ教授の死を弔うに,彼の研究法の紹述を以てすることは,パヴロフ教授に對

しても又我心理學界に對しても自分の最も光榮ある仕事であり責任である」（同上，p.35）と述べて，この論文を書くに至ったのである。

　黒田の論文では，その前半部分で，今日の私たちにはよく知られた犬を使ったパーヴロフの条件反射の方法について，実験装置の絵も踏まえて詳述されている。そこから得られた条件反射の諸事実と原則から，次の二つの重要なことが確認されている。すなわち，

① 条件反射は無条件反射から独立の作用ではなく，無条件反射に由来している。無条件反射を起こす刺激（無条件刺激）としばしば同伴した無差別（中立）な刺激がしだいに変化して（つまり，中立でなくなって），条件反射を成立せしめるのである。
② この事実からして，我々は，任意の外部刺激を無条件刺激と同時に与え，これを繰り返し反復することによって，ついには，任意の条件反射を作ることができるのである。

　しかし，興味深いことには，このような重要事項の確認から，黒田の説明は，動物に新たな行動を形成していく学習のメカニズムを明らかにしていくという，発達的な意味づけの方向に進むのではなく，パーヴロフの実験室が条件反射の形成を，動物（ここでは犬）の知覚能力（知覚ごとの弁別能力）の客観的で厳密な測定方法として確立した点に向けられるのである。つまり，黒田は，あくまでも動物心理学における動物の知覚測定法としての条件反射に注目をしていたわけである。ここに，この時代の日本の心理学の関心事と特徴が現れていて，とても興味深いことである。任意のある刺激にだけ選択的に条件反射が形成されれば，そのことは，動物においてこの条件刺激とそれ以外の刺激とが弁別されたことを客観的に意味している。論文の後半では，この方法によるパーヴロフの研究で明らかになった犬の知覚能力について例示されているので，そのいくつかを挙げておこう。

1) 音の調子（振動数）について。多くの犬は，数日を経て，原音から四分の一高いかまたは低い音を聞き分けることができた。犬によっては八分の一の違いのある音を区別できた。
2) 音の強さについて。ある強さの音に条件反射を作れば，同じ音でも少し弱い音には何の影響もない（つまり，条件反射は起こらない。両者は弁別された）。
3) 色彩について。光度を平等にしたスペクトラムの各色彩の条件反射を作ることはできなかった。つまり，犬はスペクトラムの各色彩を区別できない。
4) 形について。三角と四角，五角，円などとの区別，実線と点線の区別，物の大きさの区別はできた。
5) 皮膚感覚について。温覚と冷覚とを区別できるだけでなく，これらと器械的刺激とを区別できた。さらに，器械的刺激の触覚の中で，硬いと鋭いとを区別できた。なお，温度感覚については，身体の一局部で冷覚（温覚）の条件反射を作ると，これは他の局部でも反応が起こってしまい，刺激の効果が身体表面に一様に広がってしまうことがわかった。しかし，器械的刺激だとまったく異なっていて，局部ごとの弁別が認められた。

黒田は，パーヴロフの方法は，他の動物心理学の方法と比べて，動物の意志動作に頼ることがなく，実験条件が一定不変であること，結果の性質（唾液分泌）が客観的で分量的に測定できるものであること，条件刺激となることのできるものの範囲が広範で自由であること，という三点において卓越していると評価しているのである。

第Ⅱ部

10月革命後～スターリン独裁の成立期（1917〜1930年代）におけるソビエト心理学

第4章
革命後～スターリン独裁の成立期の社会的，政治的な状況

(1) 内戦と干渉戦争

　10月革命が成就したからといって，すべてがうまくいったというわけにはいかなかった。内戦と干渉戦争の状況はきわめて厳しいものであった。早くも1917年の冬には，コルニーロフなどの帝政時代の将軍によって，ドン川流域に反乱がおこった。彼ら反乱軍はソビエト政権の「赤軍」に対して「白軍」と呼ばれた。白軍はドン-コサックの協力を得て，1919年にはハリコフやキエフを陥れるなどの勢いを示したが，秋には赤軍に敗れ，クリミアへと退却し，1920年の冬にはフランス海軍の助けを借りて国外へ撤退している。この内戦の原因のひとつが，レーニンによって作られた「貧農委員会」による強引な食糧調達に対する農民の反発であった。

　食糧危機の状況下で，1918年5月に，ソビエト政権は，農民に対する「食糧独裁」の強権を発動し，武装兵士を派遣することまでして（つまり，武力によって），農民から余剰食糧のすべてを徴発した。さらには，一度は講和を結んだドイツとの再戦闘に備えて，農村から人や馬をやはり強制徴発した。農民との対立は決定的となり，農民を反革命勢力の支持へと向かわせたのである。

　欧米諸国や日本との関係では，ソビエト政権は，帝政時代のこれら同盟国（連合国）に対して，単独で敵国ドイツと講和を結んで裏切っただけでなく，

帝政時代の債務の不履行を宣言し，世界革命を唱えて連合諸国の労働者に政権の打倒を呼びかけていた。社会主義革命の波及を恐れたイギリス，フランス，アメリカの欧米諸国と日本は，革命の妨害を図り，1918年3月にまずはイギリス軍がムルマンスクに上陸し，フランス，アメリカがそれに続いた。ここに一連の干渉戦争が始まったのである。特にシベリア出兵は，日本とアメリカを中心としながらも，他国との共同軍事行動としておこなわれた。さらに，干渉戦争は直接の出兵だけでなく，反革命勢力への軍事援助という形でもおこなわれた。

　反革命勢力と干渉戦争に対抗して，ソビエト政権は「戦時共産主義」（1918年半ば〜21年3月）の非常態勢をとって，赤軍とパルチザンによる革命防衛のための戦いを全力で展開し，しだいに反革命勢力と干渉勢力に対する攻勢を強めていった。1920年には国内の反革命勢力を壊滅させ，1922年には，最後まで干渉戦争を続けていた日本もシベリアから撤退した。こうして，ソビエト政権は，かろうじて難局を乗り越えることができたが，混乱し疲弊した国土の立て直しと新しい社会主義国家の建設を，資本主義国家の包囲網の中で，単独の力によっておこなわねばならなかった。1922年12月には，ロシア連邦，ウクライナ，ベロルシア，ザカフカス連邦による「ソビエト社会主義共和国連邦」（ソビエト連邦）が成立する。

(2) 新経済政策（ネップ）

　社会主義経済体制の基盤づくりとしては，生産手段の国有化による工業化の推進と農業の集団化が図られねばならない。ソビエト政権は1918年には大企業や銀行の国有化を進め，1920年には商店や小企業も国有化された。しかし，資本家やそこに勤める者たちの強い反発に合い，経済は混乱した。工業生産は革命前の五分の一にまで落ち込んでしまった。しかも，農村では，上で述べた食糧独裁による穀物や人馬の強制的徴発により，農民の抵抗運動が大規模に生じた。そこに大干ばつが重なって，飢餓が発生し，食糧危

機は都市部にも波及し，1921年には500万人にものぼる餓死者が出たとも言われている。このような危機を乗り越えるために，レーニンの強い主張の下でソビエト政権が進めた政策が，1921年のいわゆる「新経済政策（ネップ）」であった。

新経済政策とは，社会主義経済政策の制約の中で，市場経済の要素を復活させて，国民経済を上向かせようという試みであった。食糧徴発制の廃止と現物税の導入，税を納めた後の剰余収穫物の自由販売，小企業や国内商業の私的経営の承認，国営企業の独立採算性の導入など，一定の市場経済が再導入された。その結果，1925年には国民経済がほぼ戦前の水準にまで回復を見たとされる。しかし，旧資本家の一部が復活したり，高賃金の技術職員が現れる一方で，独立採算性の国営企業の合理化による労働者の失業が生じたり，農村部では富農の支配力が強まり，また私的な商業活動の結果，「ネップマン」と呼ばれる商人や企業家が不当な利益を得るなどの事態が起こった。

新経済政策は一定の成功を見たが，国民の間に新たな経済格差の拡大をもたらしたので，ソビエト政権の指導部を構成していたロシア共産党では，新経済政策をめぐって激しい党内闘争が続いた。

(3) 重工業化の優先と農業の全面的集団化

新経済政策によって穀物の生産高は増えたが，それが国家の必要とする調達量が増えることにはつながらなかった。国家による穀物の買い付け価格が安かった上に，飢饉への備えを優先して農民たちが穀物を売りたがらなかったし，生活に必要な工業製品の生産が遅れていて，穀物を売ってでも買うべきものがなかったからだとも言われている。しかし，実際には，農民の手元に余剰の穀物はなく，1925年になっても飢餓が続いていたとも言われる。

国家が穀物の調達量を増やす必要性は，単に食糧確保というだけではなく，穀物輸出による利益が国家財政にとって不可欠だったからである。ソビ

エト政権は，工業化，とりわけ重工業化を進めるための原資を手に入れるために，調達した穀物を外国に輸出して資金を確保する必要性があったのである。重工業化は，社会主義国家建設にとって死活にかかわる基盤となるものだったからである。

1928年には，国家が必要とする穀物調達ができないという危機が発生し，共産党書記長スターリン―レーニンは1924年1月21日に亡くなっている―は，非常措置を発動し，農民に穀物供出を強制した。1929年にもまた，穀物調達の危機が発生し，非常措置が発動された。ちょうどこの時期から，新経済政策に代わって，「第一次五カ年計画」による大規模で，急激な重工業化が進められることになり，何があっても，穀物の必要な調達量確保が農民に課せられることになった。ソビエト政権は，これまでは自主的な農業の集団化であったものを，形の上では自主性を装いながら，実質的には共産党の指導による強制的な農業の「全面的集団化」を推し進めていった。

(4) 矛盾の中での新しい国家建設への期待

10月革命後の新しい時代の黎明期である十数年間は，ソビエト政権にとって，政治的にも経済的にも本当に厳しい時期であった。非常事態とはいえ，上からの強制的な様々な政策的処置は，多くの矛盾や軋轢を生み出した。特に農村部では，1929年には1300を超える農民の蜂起が起こったとされる。スターリンの指導下でソビエト政権は，農民の抗議行動や抵抗に対して，階級の敵（＝クラーク）として容赦のない弾圧をおこない，「反革命」の名の下に，農民を数百万人規模でシベリア，極東，中央アジアなどに追放し，収容所へ送った。

都市部でも，工業化のために国家が調達した穀物を優先的に外国への輸出に振り向けるゆえに，食料が不足していた。重工業が優先されたために，日用品の軽工業生産が後回しにされ，日用品が不足するだけでなく，質が粗悪なものであった。流入する労働者の居住環境の整備も，必要な資材が重工業

に優先的に回されるために,間に合わなかった。ソビエト政権は,都市部の住人の支持も十分には得られなかった。

しかし,こうした大きな矛盾や危機にもかかわらず,ソビエト政権は国家としての体制を確立していった。1924年にはフランスとの間で,1925年には日本との間で国交の正常化がおこなわれている。イギリスとは1924年に国交を樹立するが,27年には断絶し,29年には再び国交回復をしている。アメリカは遅ればせながら,1933年にソビエト連邦を承認している。

ソビエト政権がその矛盾や危機を乗り越えて,社会主義国家の建設を進めることができたのは,一方では,ヴェーチェーカー（反革命・サボタージュ取締全ロシア非常委員会＝秘密警察組織）などによる反対勢力の徹底した弾圧体制に負うところが大きいが,他方では,社会主義革命の正当性に共鳴し,新しい社会主義国家建設の理念に理想を見て,その国家建設の歩みに支持を与えた広範な人々が,どの階層にも存在していた,ということにもよる。赤軍の兵士として,パルチザンの志願兵として,命をかけて革命を防衛しようとした人たちがいたのである。たとえば,オストローフスキー（Островский Н.А., 1904-1936）の自伝的小説『鋼鉄はいかに鍛えられたか』の中にその姿を見ることができる。また,ゴーリキー（Горький М., 1868-1936）の小説『母』には,平凡な市井の人の生き方の中に,変革への強力な意志の覚醒を見ることができる。これらを単にプロパガンダ小説だと切り捨ててはならないだろう。そこにも,私たちは,時代の真実の一側面をしっかりと見据える必要があるだろう。

(5) スターリン独裁体制の成立

1922年4月に,スターリンはロシア共産党書記長の地位に就いた。この人事にはレーニンの支持と根回しがあった。しかし,ソビエト連邦を構成する各共和国の統合をめぐって,スターリンとレーニンの間で意見の食い違いが生じた。スターリンは,各ソビエト共和国を自治共和国としてロシア連邦

共和国に組み込む，という「自治化」案を採用した。これに対して，レーニンは，これを大ロシア排外主義として批判し，ロシア連邦共和国も他の共和国も平等の立場でソビエト連邦に加入する，という代案を提出した。この場は，スターリンが譲歩する形になったが，その後もいくつかの問題をめぐって二人の間で対立が続いた。レーニンは1921年末には重い病気になり，1922年5月には重篤な脳梗塞で倒れ，療養生活を余儀なくされる。この年の12月に，二度の発作に見舞われたレーニンは，妻のクループスカヤ (Крупская Н. К., 1869-1939) に遺書を口述筆記させ，翌1923年の1月4日には遺書の補足をし，「スターリンはあまりにも粗暴」だから書記長にふさわしくないので，書記長職から解任するよう提案するに至るのである。しかし，この遺書の内容は，1956年2月のソビエト連邦共産党第20回大会でのスターリン批判まで，正式には公表されないままであった。

　レーニンが死去すると，スターリンによる権力掌握の闘争が強められ，1930年代にはスターリンの独裁が実現されることになる。レーニン存命中から，1922年に書記長に選出されると，スターリンはトロツキー (Троцкий Л. Д., 1879-1940) に代わってレーニンの後継者の地位を狙い始める。トロツキーは世界革命論を，スターリンは一国社会主義論を主張するという点で，政治路線上も党の方針上も両者の溝は大きかった。スターリンは，古くからの幹部であるジノーヴィエフ (Зиновьев Г. Е., 1883-1936) とカーメネフ (Каменев Л. Б., 1883-1936) と手を組んで，トロツキーに対抗するための三頭体制を作り上げ，まさに，1924年1月にトロツキーへの攻撃を開始するのであるが，レーニンの葬儀委員会から外されていたトロツキーは，すでに政治局内で孤立していた。トロツキーは1925年1月には軍全権代表と外務人民委員を解任される。

　こうして，トロツキーの追い落としに成功し，もはや三頭体制が不要になると，スターリンは，今度は党内右派のブハーリン (Бухарин Н. И., 1888-1938) やルイコフ (Рыков А. И., 1881-1938) と手を結んで，ジノーヴィエフとカーメネフの排除に取りかかったのである。なぜならば，ジノーヴィエフと

カーメネフは，スターリンの書記長としての権力集中に警戒と反対をして，1925年には「新しい反対派」を組織し，スターリンの一国社会主義論に異を唱え，党の非民主的な指導や官僚主義への批判を開始したからである。しかし，反対に，ジノーヴィエフもカーメネフも1926年には政治局員を解任され，翌27年12月にはトロツキー，ジノーヴィエフ，カーメネフは共に党を除名され，権力闘争に敗れるのである。トロツキーは1929年に国外に追放され，その後1940年8月に亡命先のメキシコで暗殺される。ジノーヴィエフとカーメネフは，1934年12月のキーロフ暗殺事件をきっかけとしたスターリンによる大粛清の中で逮捕され，共に1936年8月に銃殺されている。また，ブハーリンもルイコフも，その政治的運命は紆余曲折を経るが，この大粛清の嵐の中で逮捕され，1938年3月に銃殺されている。

　キーロフ暗殺事件というのは，当時レニングラードの党第一書記を務めていたキーロフ (Киров С. М., 1886-1934) が，1934年12月にレニングラード市の党本部で暗殺された事件である。スターリンは，この事件を旧反対派・ジノーヴィエフ派の陰謀としたが，当初から，この暗殺事件の背後にはスターリンの指令があったという見方が流布していた。しかし，その後のソビエト連邦崩壊後の資料の公開による研究の進展と共に，犯行は妄想を抱いた暗殺者の単独犯だったという主張が有力視されたりした。だが，それに対しては，資料の矛盾が指摘されたり，信憑性への疑義が出されたりして，はたまたスターリン関与説が復活したりするが，いずれも確固たる立証に至っていない。ただ，確かなことは，スターリンがこの事件を最大限に利用して，党内のかつての反対派を根絶やしにしたばかりか，党内外の何十万人，何百万人という，スターリンにとっての不穏分子 (「味方でない者は敵」) の弾圧に利用したということである。

　1936〜38年にかけて，刑事訴訟法を無視した正式とは言えない一連の裁判によって，かつて党と政府の最高幹部だった者たちが有罪判決を受け，処刑された。軍の最高幹部たちも軍事裁判にかけられ処刑される。大弾圧の対象は国民全体に拡大され，逮捕者は数百万人，銃殺された者は数十万人から

百万人に上るとも言われている。また,銃殺を免れたより多くの者は収容所へ送られ,強制労働に従事させられた。このような大テロルによって,多くの人材が失われ,経済状態は悪化し,軍の力量も弱体化することは免れようもなかったが,党と政府におけるスターリンの独裁体制は完成を見るのである。

第5章
革命後〜スターリン独裁の成立期の心理学の状況

　10月革命後のソビエト心理学の状況について論じる場合，その客観的な前提として二つの基本的な要請について押さえておく必要がある。ひとつは，心理学の基礎を構成する方法論的，哲学的な要請であり，心理学はマルクス主義に立脚しなければならないということであった。しかし，心理学とその方法論がマルクス主義に基礎づけられるとはどのようなことなのか，これは今までの心理学には類例のない，まったく新しい問いであり，まさにソビエト心理学がこれから探求し，創造していくべき理論的課題であった。

　いまひとつの要請は，革命後の時期に始まった産業の再編成，特に重工業化の推進，農業の集団化による改革の実現，それらに携わる人間の能力の開発などといった応用的，実践的な課題であった。そこには，識字率の向上や教育システムの再編，さらには，前者の要請との関連では，マルクス主義で武装したプロレタリア文化や新しい人間の形成といった課題も含まれる。これら二つの要請は，相互に関連を持ちつつ，この時代のソビエト心理学の方向や内容を規定していくのである。

第1節　マルクス主義心理学とは何か
―その方法論的・哲学的要請―

　課題はソビエト心理学のマルクス主義化ということであるが，そのことを

議論する場合，ここでは，まず，10月革命を成功に導いた指導者レーニンの二つの著作を取り上げたい。ひとつは，『唯物論と経験批判論』（原著1909年，Ленин，1968）であり，いまひとつは短いものではあるが『カール・マルクス』（原著1914年，Ленин，1969a）である。革命の勝利者であり，共産党の指導者であるレーニンがマルクス（Marx, K. H., 1818-1883）とエンゲルス（Engels, F., 1820-1895）による「弁証法的唯物論」をどのように理解していたのかは，きわめて重要である。レーニンの理解がこの時期のソビエト連邦におけるマルクス主義のあり様を決定していたし，その哲学に心理学のあり様が規定されていたからである。前者の著作では，弁証法的唯物論における主として「唯物論」に重点を置いた議論が展開されている。後者の著作では，マルクス主義全体の本質的な特徴がきわめて簡潔にまとめられているが，ここでは，その中から主として「弁証法」の説明に焦点を当てることを試みたい。

（1）『唯物論と経験批判論』

　この著作は，10月革命よりも前の1909年に出版されている。この著作の中では，大きく分けて四つの哲学者のグループについて言及されている。一番目は，マルクスとエンゲルスを代表とする唯物論のグループである。二番目は，公然と観念論を自認し，唯物論に反対するグループである。三番目は，ヨーロッパの「経験批判論＝マッハ主義」のグループである。このヨーロッパの経験批判論者たちは，自分たちは観念論と唯物論の対立を超越した新しい哲学を提唱していると主張するが，それは，実は，新しい装いのもとでの古臭い主観的観念論の復活に過ぎない，ということが明らかにされている。四番目が，自らはマルクス主義者であることを標榜しつつ，マルクス主義の哲学的基礎である弁証法的唯物論を批判し，修正することを試みているロシアの経験批判論者のグループである。彼らは，経験批判論をもってして，マルクス主義の弁証法的唯物論に取って替えようとしている修正主義者ということで，この著作の中で，レーニンが直接の論争相手として徹底的に

批判しているグループである。

　批判の俎上に載せられているのは，たとえば，ボリシェヴィキに属していたボグダーノフ（Богданов А. А., 1873-1928），バザーロフ（Базаров В. А., 1874-1939），ルナチャールスキー（Луначарский А. В., 1875-1933）や，メニシェヴィキに属していたユシケーヴィチ（Юшкевич П. С., 1873-1945），ヴァレンチーノフ（Валентинов Н. В., 1879-1964），初めはメニシェヴィキで後にボリシェヴィキのベールマン（Берман Я. А., 1868-1933）などである。まずは，彼らの主張がレーニンによってどのように評価され，批判されたのかを簡潔に物語る資料としてよく引用される，レーニンがゴーリキーに宛てた手紙（1908年2月25日付）をここでも引用しておこう。

　「このごろ『マルクス主義哲学についての概説』が発行された。私は，スヴォーロフの論文（いま読んでいるところだが）を除いて，論文を全部通読した。そしてどの論文にもやたらに腹が立った。いや，これはマルクス主義ではない！　わが経験批判論者，経験一元論者［ボグダーノフ］，経験象徴論者［ユシケヴィチ］は，まったく泥沼へ落ちこんでいる。外界の実在を「信じる」ことは「神秘説」であると読者に断言したり（バザーロフ），不体裁至極にも唯物論とカント主義とを混同させたり（バザーロフとボグダーノフ），不可知論の変種（経験批判論）や観念論の変種（経験一元論）を説いたり，労働者に「宗教的無神論」と最高の人間能力の「神化」とをおしえたり（ルナチャルスキー），弁証法にかんするエンゲルスの学説を神秘説だととなえたり（ベルマン），フランスの某某「実証主義者」，つまり不可知論者か形而上学者（くたばってしまえだ）を悪臭ぷんぷんたる典拠からひっぱってきて，「記号的認識論」を説いたり（ユシケヴィチ）！いやこれはひどすぎる……」（『唯物論と経験批判論』の邦訳者・森による「解説」からの重引。上巻，pp.288-289）。

① 経験一元論に対して

　経験批判論は「純粋経験の哲学」とか「感覚一元論」とか呼ばれ，意識に与えられる感覚要素の複合だけが実在であるとする。その見地から，意識とは独立した客観的存在（物質・物自体）を承認する唯物論を批判する。そのうちのボグダーノフの名と結びついている経験一元論は，心理的経験の要素と物理的経験の要素は同一であるとし，これによって，感覚の対象についての主観と客観，意識と存在，心の中にあるものと心の外にあるものといった二重化（二元論）の誤りを克服したと主張する。しかし，感覚は何に由来するのか，物理的なものが感覚と同一であることをどのように証明するのかを問えば，唯物論に立たないかぎりは，主観的観念論に逃げ込むしかない。ボグダーノフは物理的世界の客観性の根拠を集団的経験，社会的に組織された経験に求めるのである。そこでは，物理的世界の客観性はすべての人間（の意識）から独立してあるのではなく，すべての人間（の意識）の中に押し込められるのである。物理的自然は心理的なものによって「置き換えられる」のである。

　これに対して，レーニンは，「自然科学は，思考は脳の機能であり，感覚すなわち外界の像は，私たちの感覚器官に対する物の作用によって生みだされて，私たちの中に存在しているのだ，ということを断固と主張している」（Ленин, 1968, c.88 / 邦訳，上巻，p.124，強調は原文）と述べ，物質──意識からは独立した客観的存在──の第一次性と，認識はそのような客観的存在の意識への反映であるということを対置するのである。そして，その上で，エンゲルスの弁証法的唯物論に従って，真理の客観的規準を与えるものは，生きた人間の実践であることを明らかにするのである。すなわち，

　　「エンゲルスにあっては，すべての生きた人間の実践が認識論それ自体の中に埋め込まれていて，真理の客観的規準を与えるのである。私たちが自然の法則を知らない間は，その法則は，私たちの認識とは無関係に，私たちの認識の外側に存在し作用していて，私たちを〈盲目的な必

然性〉の奴隷にするのである。私たちの意志や私たちの意識から（マルクスが何千回と繰り返したように）<u>独立</u>に作用しているこの法則を，私たちがひとたび知ったならば，私たちは自然の支配者である。人類の実践において現れる自然の支配は，自然の現象や過程を人間の頭の中で客観的に正しく反映した結果であり，この反映が（実践が私たちに示すものの範囲内で）客観的で，絶対的で，恒久的な真理であるということの証拠なのである」（Ленин, 1968, c.198 / 邦訳，上巻, p.280, 強調は原文）。

② 経験象徴論に対して

ユシケーヴィチの名と結びついた経験象徴論（経験記号論・記号的認識論）は，真の実在とか存在それ自体とは，すべて，私たちの知識がそれをめざして進む限界のない，極限的な記号体系であって，物自体は存在しないと主張する。そこでは，外界，自然，その法則はすべて私たちの認識の記号なのである。つまり，私たちが認識するからその表現として存在するのである。所与なるものの流れは合理性，秩序，合法則性を欠いていて，そこに私たちの認識が理性（ロゴス）を持ち込むのである。だから，天体も地球も人間の認識の記号なのであり，天体の運動の秩序をもたらすのは私たちであり，天体の運動は私たちの認識の産物なのである。このような主観的観念論に立って，意識に与えられる経験を拡大していけば万人に普遍的な純粋経験に至り，これだけを分析や考察の対象にする実証主義が姿を現すことになる。

③「知ることのできない物自体」に対して

バザーロフは，カント的な物自体と唯物論の物自体とを混同している。経験の現象からは物自体は知ることができないとするヒューム（Hume, D., 1711-1776）やカント（Kant, I., 1724-1804）の不可知論に対しては，すでにエンゲルスが実践（実験と産業）による物自体の認識可能性を明らかにしていて，レーニンもそれを踏襲している。すなわち，

「もし私たちがある自然現象についての私たちの理解の正しさを，私たち自らがそれを製造し，それをその前提条件から呼び起こし，その上でそれを私たちの目的に役立たせることによって証明することができるならば，……(略)……カント的な捉えることのできない〈物自体〉ということに終止符がうたれる」(Ленин, 1968, c.100 / 邦訳，上巻，p.140)。

このように，私たちの実践によって，物自体は，いまや私たちに知られる物になるのである。マルクス主義の唯物論の物自体は，現象の彼岸にあるのではなく，私たちの意識からは独立に，私たちの感覚からは独立に，私たちの外側に存在する。それを私たちは実践によって認識できるのである。ここでも，不可知論に対して，弁証法的唯物論の反映論に基づく認識論が対置されるのである。

④ 宗教的無神論に対して

ルナチャールスキーの名と結びついている宗教的無神論については，どうであろうか。ルナチャールスキーは，キエフのギムナジウムに学んでいたときにマルクス主義と出会い，その後，スイスのチューリヒ大学に入学し，マルクスやエンゲルスの著作を学ぶと同時に，指導者であったアヴェナリウス(Avenarius, R., 1843-1896)の純粋経験に基づいた経験批判論に大きな影響を受けた。ここに，新しい神としての人間とその人間による全宇宙・全自然の支配という「建神主義」が生み出された根源があるように思われる。

宗教的な夢と社会主義との結合を図ることが，この時期のルナチャールスキーの思想のテーマであった。彼によれば，宗教の本質は，人間の生活の法則(人間の欲求)と自然の法則との矛盾という問題を解決する努力にある。これまでのどの宗教も哲学も，世界を解釈することによってこの矛盾を解決しようとしてきたが，科学的社会主義は，認識と労働，科学と技術によって生活が勝利し，自然を人間の理性に従わせることによって，この矛盾を解決しようとしている。それゆえ，科学的社会主義は，人間の宗教

的な夢をこの地上において実現する道であり,過去の宗教的探求に源を発する第五番目の―ユダヤ教,キリスト教,イスラム教,スピノザ（Spinoza, B. de, 1632-1677）の汎神論に続く―,地上における最後の偉大な宗教なのだとされる（Сарапульцева, 2006；桑野, 2017）。

　レーニンは,客観的実在を否定したところには不可知論と主観主義が入り込み,信仰主義への一切の武器を失ってしまうと指摘し,ルナチャールスキーの宗教的無神論が,まさに信仰主義に陥っていることに対して批判をしている。また,ルナチャールスキーの建神主義に見られる「人間の高次な潜在能力の神格化」について,次のように批判している。すなわち,

> 「盲目でないかぎりは,人は,ルナチャールスキーの〈人間の高次な潜在能力の神格化〉とボグダーノフの言う心理的なものによる物理的自然全体の〈全般的な置き換え〉との間に,思想的類縁性を見ないわけにはいかない。これはまさに同一の思想であり,一方の場合には,主として美学的な観点から,他方の場合には,主として認識論的観点から表現されたものである。〈置き換え〉は,暗黙のうちに別の側面から問題に接近して,〈人間の高次な潜在能力〉をすでに神格化しているのである。なぜならば,人間から〈心理的なもの〉を切り離し,無限に拡大された,抽象的な,神のように生命のない〈心理的なもの一般〉によって〈物理的自然全体〉を置き換えているからである。また,所与なるものの非合理的な流れに持ち込まれる,ユシケーヴィチの〈ロゴス〉はどうであろうか？」（Ленин, 1968, c.367／邦訳,下巻,p.245,強調は原文）。

　ボグダーノフやユシケーヴィチと同様に,ルナチャールスキーの宗教的無神論も主観的観念論であることが批判されているのである。

　以上からわかるように,レーニンの理解する弁証法的唯物論は,

① 人間の意識からは独立した客観的存在（物，物自体）を承認し，意識に対するその第一次性を認めること，
② 私たちの意識に生ずる経験は脳の機能による客観的存在の反映であること，
③ 私たちは実践（実験，生産）によって，客観的存在に対する私たちの認識の正しさ（客観性，客観的真理）を証明することができること，

としてまとめることができる。

（2）『カール・マルクス』

　『カール・マルクス』は，当時ロシアで人気を得ていたグラナート百科事典の一項目として，マルクスについて解説を書くことを依頼されたレーニンが，1914年7～11月にかけて執筆したものである。レーニンはこの時期に，とりわけヘーゲル（Hegel, G. W. F., 1770-1831）の哲学の弁証法の研究に精力的に取り組んでおり，その研究の軌跡を示す中心的なノートが，他の哲学の研究ノートと一緒に『哲学ノート』（原著1933年）の中に収められている。それが，「ヘーゲル『論理学』の概要（邦訳では，「ヘーゲル『論理学』にかんするノート」）」（Ленин, 1969b）であるが，レーニンは，『カール・マルクス』の中でのマルクス主義の過不足のないまとめ（もちろん，そこには弁証法の解説も含まれている）のためにも，本格的にヘーゲルにまでさかのぼって弁証法の研究を実行したと言われている（高村，2001）。このヘーゲル『論理学』の研究を終えた日が，「1914年12月17日」と記されているので，まさにレーニンは，ヘーゲル哲学の研究を進めながら『カール・マルクス』の執筆を進めていったことがわかる。

① レーニンの弁証法理解

　それゆえ，レーニンの弁証法の理解を知るためには，ヘーゲル弁証法の研

究成果を踏まえて，レーニンがマルクス主義における弁証法について，『カール・マルクス』の中でどのように簡潔に解説しているかを見れば，その最も本質的なところがわかるだろう。そこで，『カール・マルクス』における弁証法に関する記述の要点を箇条書きにしてみよう（Ленин, 1969a, c.53-55 / 邦訳, pp.19-21）。

① 発展に関する最も全面的で，最も内容豊かで，最も深い学説としてのヘーゲルの弁証法。マルクスとエンゲルスは，ヘーゲルの弁証法をドイツ古典哲学の最大の収穫であると見なした。

② マルクスとエンゲルスは，発展と進化の原理についての他の定式化はすべて，自然と社会の発展の現実の歩み（それは，しばしば飛躍や大激変や革命を伴うものである）を歪め，台無しにしてしまう，一面的で，貧弱な内容のものであると見なした。

③ マルクスとエンゲルスは，（ヘーゲル哲学を含めた観念論の荒廃から）自覚的な弁証法を救い出し，それを唯物論的な自然理解へと移し入れる課題を引き受けた，おそらく唯一の人間であった。

④ 自然は弁証法を裏づける証拠であり，最新の自然科学はその証拠が非常に豊富であることを示している。自然科学は，日々たくさんの資料を蓄積し，自然は結局のところ弁証法的であって形而上学的ではない，ということを証明している。

⑤ 世界はできあいの完成した事物から構成されているのではなく，過程の総和である。その過程の中では，変化しないように見える事物も，頭脳によっておこなわれるそれらの心の中の模写，つまり，概念と同様に，あるときは生成し，またあるときは消滅するという絶え間ない変化の中に存在している。弁証法の哲学の前には，生成と消滅の，低次のものから高次なものへの無限の上昇の，絶え間ない過程のほかには何もありえない。

⑥ 弁証法の哲学自身は，このような過程を，思考する脳の中で単に反映

したものにすぎない。こうして，マルクスによれば，弁証法とは，外界と人間の思考の共通の運動法則に関する科学なのである。だから，弁証法的唯物論は，ほかの科学の上に君臨するようなどのような哲学も必要としない。

⑦ 過去の哲学で残っているのは，思考とその法則に関する学説―形式論理学と弁証法―である。マルクスの理解では，またヘーゲルも同様だが，弁証法には認識論，グノセオロギーと今日では呼ばれるものが含まれている。認識論は，その対象を同じように歴史的に考察し，認識の生成と発展，無知から認識への移行について研究し，一般化しなければならない。

⑧ ヘーゲルに立脚してマルクスとエンゲルスが定式化した発達と進化の思想は，ありふれた進化思想とくらべて，はるかに全面的で，はるかに内容豊かなものである。それはどういう点かと言うと，

⑨ すでに経過した段階を繰り返しているかのようだが，それらを別の仕方で，いっそう高次な基盤の上で繰り返す発展（「否定の否定」）。直線的ではなく，いわば螺旋的な発展。

⑩ 飛躍的，激変的，革命的な発展。「漸次性の中断」。量から質への転化。

⑪ その物体に，あるいはその現象の範囲内で，あるいはその社会の内部で作用している様々な力や傾向の衝突，矛盾によってもたらされる発展への内的な衝動。

⑫ それぞれの現象のすべての側面（その際には歴史がしだいに新しい側面を明らかにする）の相互依存性と，きわめて緊密な切り離せない連関。統一的で法則的な全世界的な運動過程をもたらしている連関。

これらが，レーニンによる弁証法の特徴づけである。レーニンは，「ヘーゲル『論理学』の概要」の中でも，主観的論理学（概念論）について論じた最後の「理念」の部分で，弁証法について16項目の要素を挙げているが，これらはヘーゲルの弁証法の特徴を取り出したものであるから，マルクス主

義の弁証法について論じた上述の『カール・マルクス』における特徴づけとは，重なっていない部分もある。特に重要な違いは，『カール・マルクス』では，世界は生成と消滅の絶え間ない運動過程であるという規定を受けたあとに，「弁証法の哲学自身は，このような過程を，思考する脳の中で単に反映したものにすぎない」という明確な指摘がなされていることである。その上で，「マルクスによれば，弁証法とは，外界と人間の思考の共通の運動法則に関する科学なのである」と続けられている。つまり，『カール・マルクス』では，認識（人間の思考）の弁証法と外界の弁証法との関係において，弁証法的唯物論の反映論が明確にされている，ということである。ここで念頭に浮かぶのは，「ヘーゲル『論理学』の概要」の終わりの方のページに書かれた次のようなレーニンの書き込みである。すなわち，「論理的理念の自然への移行。唯物論まではほんの一歩だ。ヘーゲルの体系は逆立ちした唯物論だ，と言ったエンゲルスは正しかった」(Ленин, 1969b, c.215 / 邦訳, p.237, 強調は原文)。すなわち，『カール・マルクス』では，ヘーゲルの逆立ちが正されているわけである。

② 弁証法の共通の運動法則

さて，『カール・マルクス』で列挙された弁証法についての解説は，まず，弁証法とは，自然と社会と人間の思考の発展—生成と消滅の，低次のものから高次なものへの無限の上昇の絶え間ない過程—の運動法則に関する科学であると規定している。さらに，特に認識論としての弁証法について，その対象をやはり歴史的に考察し，認識の生成と発展，無知から認識への移行について研究し，一般化するものであると規定している。その上で，これら弁証法の共通の運動法則の特徴を明らかにしている。それらの法則は整理すれば，次のようになる。すなわち，

1)「否定の否定」の法則。直線的ではなく，螺旋的な発展（前項の⑨）。
2)「量から質への転化」の法則。「漸次性の中断」，飛躍的，激変的，革命

的な発展（前項の⑩）。
3) その現象の内部で生ずる矛盾によってもたらされる発展（前項の⑪）。ふつう，「対立物の統一」の法則と呼ばれている。
4) 現象のすべての側面の相互依存性と相互連関（前項の⑫）。この法則は上記のすべての法則の基礎をなす法則。

以上，『唯物論と経験批判論』と『カール・マルクス』によって，レーニンの唯物論と弁証法の理解について概観した。これを並列させるだけではなく，統一的に理解するところにレーニンの考える弁証法的唯物論の全体像が捉えられるのだと思われる。その場合に重要な契機となるのは，実践というカテゴリーである。実践こそは，客観的存在（物，物自体）の弁証法と人間の認識（思考）の弁証法を繋ぐ結節点だからである。不可知論に対してレーニンが批判したように，人間は実践（実験，生産）によって，物自体を認識できるのである。存在の弁証法は人間の実践を通して（もちろん，脳の機能を媒介にして），人間の認識の弁証法として反映される。この関係は，人間の社会的意識についてもそうである。レーニンは『カール・マルクス』の中で，マルクスの『資本論』からの次のような言葉を引用している。すなわち，

「生産技術は，自然に対する人間の能動的な関係を明るみに出す。つまり，人間生活の直接的な生産過程を，またそれと同時に，人間の社会的生活条件およびそこから生ずる精神的観念の直接的な生産過程を，明るみに出すのである」（Ленин, 1969a, c.56 / 邦訳，p.22）。

つまり，社会的意識が社会的存在から生み出されること，そしてその反映関係は生産技術の適用，つまり生産活動という実践によって明るみに出される，と述べられているのである。これは，「史的唯物論」の前提となる考えである。社会的存在と社会的意識との関係についてのこの弁証法的唯物論―史的唯物論―は，この時期のソビエト心理学の独自の発展にとって，きわめ

て重要なパラダイム転換となるものであった。それは，10月革命前までの時期の唯物論心理学が，自らの唯物論的根拠をもっぱら自然科学にだけ求めるものであったのに対して，これからは，社会科学にもその根拠を見出すということだからである。

第2節 心理学批判の状況

　ここまでで概観したレーニンによる弁証法的唯物論の理解を範としながら，マルクス主義的な心理学を構築していくことがこの時期のソビエト心理学の流れであったが，このことは新しい創造の過程であった。レオーンチェフがいみじくも述べているように，この時期には，多くのソビエト心理学者はマルクス主義についての初学者であったからだ。それゆえに，ソビエトの心理学者は，マルクス主義についての学習を進めることと，それを心理学として創造することを同時におこなわなければならなかった（Леонтьев，1982）。

　しかし，その過程は穏やかなものではありえなかった。この時期の社会的，政治的状況と相乗しながら，旧来の哲学や心理学への批判と論争（闘争）の過程であらざるをえなかった。しかも，特にこの時代の後半からは，スターリンの政治権力の台頭と共に，科学的論争を装いながらも，政治的イデオロギーが科学の内容を大きく規定していくことになる。心理学も例外ではなかったのである。

（1）哲学的心理学・宗教的心理学の追放

　マルクス主義に基づく心理学を構築していく途上で，真っ先に批判の矛先が向けられたのは，自ら観念論の立場を主張し，唯物論に反対し，マルクス主義の先導する社会改革にも批判的な哲学的心理学，宗教的心理学であった。

　内戦と干渉戦争が終局を迎え，新経済政策が始まる1920年代の始めには，

国家の権力は一定の安定を見ることになるが，それと同時に，国家の文化，科学の領域において，世界観の統一の確保という課題が焦眉のものとなる。ソビエト政権による新しい政策の実施や世界観の統一に反対したり，論争を挑んだりする人々に対して政治的弾圧が強化された。1922年6〜7月には，エスエルやメニシェヴィキの政治活動家が命を奪われたり，国外に追放されたりした。

　知識人に関係しては，たとえば1922年8月には，最も活発な「反革命分子」たるものの国家からの最初の追放がおこなわれ，心理学者では，哲学的心理学者，宗教的心理学者のフランク，ロースキー，ロパーチンをはじめ，カルサーヴィン（Карсавин Л.П., 1882-1952），イリイーン（Ильин И.А., 1883-1954），ベルジャーエフ（Бердяев Н.А., 1874-1948），その他が追放された（Олейник, 1997）。このときにロシアから追放された哲学者や思想家を含む知識人は，160人以上にのぼっており，彼らをペトログラードからポーランドのシチェツィン（その当時はドイツ領）まで運んだドイツの客船は，「哲学船」と呼ばれた。

① カルサーヴィン

　カルサーヴィンは，ペテルブルク大学の歴史-文学部を卒業し，その後は母校の教授となり，12〜13世紀のイタリアにおける宗教や宗教心について研究をし，博士学位論文は，「主としてイタリアにおける12〜13世紀の中世的宗教性の基礎」というものであった。10月革命後すぐに，ペトログラードの「聖ソフィアの同胞」の結成に参加し，また，新しい社会の建設には「精神革命」が必要であるとの主張の下に，多様な傾向の知識人（マルクス主義から人智学に至るまで）によって組織された「自由哲学連合」にも発起人のひとりとして参加している。1920年には，神学校の創立者の一人となり，その教授も務めている。カルサーヴィン自身は，キリスト教的世界観の全一的な体系の構築という観点から，国家は，キリスト教思想の実現に努めることによって，教会と一体とならねばならないと主張した。

② イリイーン

イリイーンは,モスクワ大学法学部終了後に,母校で哲学史や百科全書の教鞭をとった。ドイツ,フランスに留学し,生の哲学や現象学を含む最新のヨーロッパの哲学を学んだ。また,「神と人間の具体性に関する」ヘーゲル哲学の研究論文で修士と博士の学位を同時に授与されている。内戦時においてソビエト権力の打倒を目的に形成された「白色運動」の支持者であり,共産主義政権に対する一貫した反対者であった。ソビエト政権に強く反対し,何度も逮捕されている。

③ ベルジャーエフ

ベルジャーエフは,キエフ大学の理学部に入学するが,一年後には法学部に移っている。フランクと同様に,学生時代にはマルクス主義の熱心な活動家で,学生運動に参加し,逮捕されたり,放校されたりしたが,後に転向し,形而上学的観念論を擁護する。マルクス主義の世界観を批判する運動の中心人物となり,10月革命後には,「精神文化自由アカデミー」を設立し,思想の自由な展開と良質な文化の問題を追究した。また,ロシアの実存主義と人格主義の創始者といわれる。

ソビエト心理学の歴史の中では,これら国外へ追放された観念論の心理学者たちは反革命分子とされ,厳しく断罪されるべき存在であったが (Петровский, 1967),ソビエト連邦崩壊から6年後に発表されたオレーイニク (Олейник Ю. Н.) の論文の中では,次のように評価されている。すなわち,「ロシアの知識人の最良の部分を構成していた著名な学者たちの国家からの追放は,文化過程の発展の継承性を絶つことになり,科学に甚大な打撃をもたらした」(Олейник, 1997, с.50),と。

(2) 経験的心理学への批判

　マルクス主義の立場からすると，心と身体の平行論に立脚する経験的心理学は，唯物論の原則から外れていた。特に，その代表であったチェルパーノフが自ら公言していた「経験的平行論」では，心理現象は生理学的あるいは物理学的現象からは説明できず，ただ両者の対応関係が確認できるだけだとされていた。すでに本書の第2章でも言及したように，チェルパーノフは，心理現象を脳の生理学によって説明しようとする唯物論を批判して，「物質的なものの運動は物質的な運動から原因を知ることができるが，心理的なものは心理的なものによってのみ説明され，心理的なものからのみ原因を知ることができる」(Челпанов, 1912, c.279)と考えていたのであるから，これは，意識に与えられた経験だけを分析や考察の対象にする実証主義にほかならない。唯物論の立場から見れば，これはまさに，レーニンによってその観念論的性格が暴露された経験批判論と同じ立場である。10月革命後も，チェルパーノフはモスクワ大学附属心理学研究所の所長の職にあり(1923年末まで)，自らの見解を保持し続けていた。

　実験教育学(実験教育心理学)を開拓していたネチャーエフも，1924年の第2回全ロシア精神神経学会議において，心理学はどのような哲学的原理，世界観の原理をも拒絶すべきだというアピールを提案していた。そして，自らの経験的心理学については，「観念論でもなく，唯物論でもない」と主張したとされる(Олейник, 1997)。これは，まさに，レーニンによってその観念論的性格が明らかにされた経験批判論と共通する立場である。この時期のネチャーエフの実験教育学(実験教育心理学)の基礎にあったものは，唯物論ではなく，実証主義に基づく実験の概念であったことがわかる。

　なお，1924年の第2回全ロシア精神神経学会議は，次のような意味でも重要な会議であった。すなわち，

① この会議においては，経験的心理学の内観主義に対する反対が明確に

され，心理学における唯物論的潮流が勝利したということである（なお，客観的な実験的方法の部分は擁護された）。この動向は，前年の末に，心理学研究所の所長がチェルパーノフからコルニーロフ (Корнилов К. Н., 1879-1957) に交替していたことに，すでに現れていた。コルニーロフは，マルクス主義による心理学の基礎づけを主張し (Корнилов, 1923)，チェルパーノフと激しい論争を続けてきたリーダーであった。

② 心理学における唯物論的潮流の代表とされた学説は，ベーフテレフの反射学とコルニーロフの反応学であったということである。これらの学説は共に，心理機能の本性と基礎について，きわめて単純な機械論的なモデルを提唱し，心理機能を神経生理学的な過程にのみ還元していた。ここから，外的作用に対する人間の外的な反射ないしは反応（つまり，外的な行動）が心理学の対象とされた。

③ ヴィゴーツキーがこの会議に参加し，「反射学的研究と心理学的研究の方法論」(出版は, Выготский, 1926) という報告をおこなったことである。この報告では，特にベーフテレフの反射学への本質的な批判がおこなわれており，この時期の自然科学的，唯物論的心理学の持つ問題点が明らかにされていた。このヴィゴーツキーの報告については，後にあらためて論じることにしたい。

（3）行動の心理学，自然科学的心理学への批判

10月革命後の黎明期に，マルクス主義に基づく社会変革を歓迎し，その流れの中で新しい心理学を自然科学―生理学，生物学，医学など―との統一において，唯物論的科学として確立しようとした学者にベーフテレフやコルニーロフがいる。その反射学と反応学を代表として取り上げよう。彼らの心理学説は，観念論的心理学との理論闘争において練り上げられたものであった。彼らが，心理学の対象として「反射（相関的活動）」や「反応」を対置したのは，主観的心理学の対象である「心，精神」へのアンチテーゼであり，

客観的方法の採用は「内観」に対するアンチテーゼであった。いわば，両者ともに唯物論に基づく心理科学として，10月革命後のソビエト心理学建設の最前線を担おうとするものであった。しかし，ソビエト心理学の歴史の中では，彼らの心理学説は「革命前のロシアの，および同時代の西欧の客観的な行動心理学と比べて，重要な前進というわけでもなかった。……（略）……これらの労作は，心理科学の基礎の革命を成し遂げなかったし，成し遂げえなかった」(Петровский, 1967, c.45 / 邦訳, p.57), と批判的に評価されている。これは，なぜだろうか。

〔A．ベーフテレフの反射学〕
① ベーフテレフの反射学の特徴

まずは，ベーフテレフの考えを見ていこう。ベーフテレフは，客観的方法の必要性について次のように述べている。すなわち，

> 「自分自身の神経心理を研究する場合でさえ，客観的方法なしにはことが済まない。私たちは，自分自身の神経-心理的過程のうち，意識的過程と呼ばれる一部分だけを主観的に経験しているからだ。意識下とか無意識の過程と呼ばれる他の多くの過程は，主観的には経験されないから，直接には私たちには知覚されず，これらの過程の直接的な結果や対応する運動の観察による間接的な方法でのみ，つまり，純粋に客観的方法によってのみ認識されるのである。結局のところ，とりわけ重要なことは，私たちは，心理現象の主観的側面のみを経験するのであり，その客観的側面はまったく意識していないということ，一方，正確な生理学的研究に従うならば，私たちはこの客観的側面の存在を疑うことはできないということである」(Бехтерев, 1991, c.17)。

この引用からわかることは，ベーフテレフにとって心理学の対象とは，人間の意識経験（心理過程）ではなく，客観的な神経-心理的過程であり，その

直接的な結果や対応する運動（行動）を客観的な生理学的指標によって捉えることにある，ということだ。つまり，主観的な心理過程は研究の対象から除かれているのである。この点に関して，ベーフテレフは別のところで次のように述べている。すなわち，

> 「このように，反射学にとって，人間の中には客観もなく，主観もない。活動する者という形で同時に結びついた，客観でもあり主観でもある統一的な何かが存在しているのである。その際に，局外の観察者にとっては，科学的研究が可能なのは，この活動する者の，様々な反射の総和によって特徴づけられている外的側面だけなのである。何よりも，外的側面こそが客観的な研究の管轄に属するのであり，主観的側面は直接的な観察の管轄外であり，それゆえに，直接に研究することはできないのである」(Бехтерев, 1928, c.185)。

　心理は直接的な観察ができないので，客観的な研究の管轄外ということで，科学的研究の対象外にされていることがわかる。ベーフテレフにとって，心理は身体活動から派生する付帯現象にすぎず，それゆえ，意識は心理的な内実を持たないのである。よく言われるように，「心理なき心理学」が反射学の本質だということである。このような，神経-身体的メカニズムへの心理の還元主義は，間違いなく唯物論ではあるが，それは機械的唯物論であり，複雑な心理学的問題に門を閉ざしてしまったのである。意識の問題を科学的な研究の対象外とする点では，反射学は，マルクス主義の反映論による意識の内実の認識可能性という問題を排除する不可知論であり，その意味では，主観的心理学の裏返しの二元論を内包しているのである (Ярошевский, 1966)。

　ソビエト心理学において弁証法的唯物論の理解が深まるにつれて（たとえばヴィゴーツキーの登場），反射学は適切に批判されていき，1927年末にリーダーのベーフテレフが亡くなってしばらく後の1929年には，反射学者たち

によって自己反省の会議が持たれることになる。会議では、弁証法的唯物論の見地から反射学の機械論的な構想を克服するという目的で、「反射学かそれとも心理学か」「反射学と隣接科学」「反射学と心理学と弁証法」などと題された一連の報告がなされた。そこでは、これまでのように、反射学の対象から心理を拒否する見地はかなり緩和され、反射学の対象に心理的な成分を導入する必要性について触れられていたが、それでもなお、心理を相関的活動（反射）の範囲内にとどめるという反射学の基本原理は保持され続けた。

　たとえば、オーシポヴァ（Осипова В. Н., 1876-1954）は、心理を相関的活動から排除することは、行動のメカニズムの機械論的で一面的な理解をもたらす一方で、心理を統一的な行動の外側で研究することによって心理自体の観念論的解釈がもたらされると述べているが、これは次に述べる反応学とかなり共通する見解と言える。しかし、これまでも心理や意識を単純な反射に還元していたアナーニエフ（Ананьев Б. Г., 1907-1972）は、心理を相関的活動の領域外で研究してはならず、あくまでも相関的活動の範囲内で解明されるべきものとしている。あくまでも、主観的なものは科学の主たる対象ではなく、補足的なものだと考えられているのである（Олейник, 1997）。

　これらの会議での反射学の自己反省では、反射学の対象や方法の再検討、反射学と他の科学との関係づけ、反射学と弁証法的唯物論との関係づけなど広範にわたる議論がなされ、それは、少なくとも、科学的な議論と呼ぶにふさわしいものとして展開されていたと言える。

② 上からの政治的・イデオロギー的批判

　しかし、それにもかかわらず、その後間もなく、政治的な命令により反射学の廃止が決められたのである。ウムリーヒン（Умрихин В. В.）によれば、科学的な議論の破壊者は反射学者の中にいたのである。当時大学院生だった反射学の若手研究者モゲンドヴィチ（Могендович М. Р., 1900-1979）が、ジャーナル「心理学」に発表したテーゼの中で、反射学者たちは、心理学に対する昔ながらのベーフテレフ流の〈帝国主義〉をマルクス主義の衣装でカ

ムフラージュすることに努めている,と認めたことがきっかけであった。しかし,これは反射学の終焉のプロローグにすぎなかった。心理学戦線でのボリシェヴィキ的進撃のイデオロギー的キャンペーンは,1931年には,反応学と共に反射学にも向けられ,反射学は,その機械論的な見方と深い生物学主義が批判されると共に,様々なイデオロギー的告発を受けたのであった (Умрихин, 1991；Олейник, 1997)。

実は,このようなイデオロギー的告発や政治的命令の根拠のひとつとなったのは,1931年1月25日に出された共産党中央委員会決定「『マルクス主義の旗の下に』誌について」なのである。この党中央委員会決定は,哲学・社会科学・自然科学の科学全般にわたってレーニンの「戦闘的唯物論の意義」を踏まえ,反レーニン的なあり方との戦いを宣言したものであった。この宣言に基づいて,科学アカデミーでは共産党の主導で粛清が進められ,科学の領域でのイデオロギー化と政治化が推進されていくことになる。そこでは,戦いの課題として,二つの戦線での戦い—機械論的立場との戦いとデボーリン派によるマルクス主義の観念論的歪曲との戦い—が宣言されていた (所, 1994；金山, 2009)。反射学も次に見るコルニーロフの反応学も,機械論的立場の代表であった。なお,デボーリン (Деборин А. М., 1881-1963) は,「マルクス主義の旗の下に」の編集責任者であるが,その思想がスターリンによってメニシェヴィキ的観念論であると批判されていた (デボーリンはもともとメニシェヴィキ出身の哲学者であり,党の活動家であった)。

③ 歴史的な見直しへの言及

このように,ソビエト心理学史の中では,機械論や生物学主義,それらの裏返しとしての観念論的性格が批判されたベーフテレフの反射学であるが,ソビエト連邦崩壊から6年後に発表された上述のオレーイニクの論文 (Олейник, 1997) の中では,その再評価の必要性も指摘されている。その場合にも,行動学的,反射学的なアプローチの範囲内での再評価ということであるので,基本的な評価は変わらないと思われるが,そこに見られる肯定的

な要素を継承する必要性が指摘されている。それは何かというと，人間への複合的，全体的，系統的な見方ということである。それは，1918年にベーフテレフが創設した「脳と心理活動の研究所」の構造と機能の中に具体化されているという。そこでは，多層的な構造と水準を持つ神経‐心理的組織としての人間を複合的，全体的，系統的に検討するという視点の下で，人間についての多層的な研究水準が設定されていた。

　たとえば，「解剖学的水準，組織学的水準，生化学的水準，生物学的水準，生理学的水準，反射学的水準——ここには，個人的反射学，集団的反射学，実験心理学，児童心理学，心理療法，優生学などが含まれている——である」（同上，c.69）。このような視点は，1912年に完結した『客観的心理学』（原著1907～12年，Бехтерев，1991）の中にも，すでに，確かにうかがわれる。そこでは，やはり多層的な構造と水準を持つ神経‐心理的組織としての人間の，多層的な水準の反射——本能的反射，再生的反射，結合的反射，模倣的反射，表情的反射，集中的反射，象徴的反射，個人的反射など——が体系的に整理されているからである（ここでは，まだ集団的反射への言及はない）。

　このような人間への複合的な見方に基づいて，ベーフテレフは，個人的な人間の行動にとどまらず，他の人間の行動との相互作用の客観的研究という問題を立てたのであって，このことは，オレーイニクによれば，ソビエト心理学の中に，社会心理学の対象と課題を初めて設定したものと評価されるという。この集大成が『集団的反射学』（原著1921年，Бехтерев，1994）である。ここでは，集団的反射学の対象は，「その一員である個人のお互いの交流によって，全体として独自の集団的相関活動を現わすところの集団と群衆の発生，発達，活動の研究である」（同上，c.46）と定義されている。著書のタイトルに見られるように，ベーフテレフは，集団の行動に対しても，個人の行動の客観的アプローチに用いたのと同じ反射学の原理に基づいて，機械論に徹したアプローチを採用しているのである。

　歴史的な再評価はもちろん必要なことではあるが，ベーフテレフのこうした視野の広がりは，そうは言っても反射学内部でのものにすぎない。社会‐歴史

的，文化的存在である人間とその社会的活動を本当に複合的，全体的，系統的に把握しようとするならば，それは，生物 - 生理学的な範疇をはるかに越えている作業であり，神経生理学や物理学に依拠した反射という一元的尺度に固執するかぎり，それを脳の関与する過程としてどのように精密化しても達成は困難である。ベーフテレフの反射学は，その視野を広げるほどに自己矛盾に陥らざるをえない論理構造を内包していたことは，忘れてはならないだろう。

〔B．コルニーロフの反応学〕
① コルニーロフの反応学の特徴

まず，コルニーロフについて簡単に紹介しよう（以下，Кондаков, 1997）。コルニーロフは，1920年代に弁証法的唯物論に基づいて，心理学の方法論的建て直しを指導することができたということで，最初の「ソビエト心理学者」と認められている。彼は，1910年にモスクワ大学歴史 - 文学部を卒業後，大学に残り，実験心理学の教育と研究に携わった。1915年に，モスクワ大学附属心理学研究所の上級助手となり，チェルパーノフの指導の下で働き，1916年に修士の学位を取得し，実験心理学の講師となっている。

コルニーロフが関心を持っていたのは，本当は，人格の教育学と心理学との結合という問題であったが，研究所でおこなわれていた研究は，「純粋の」心理学的研究で，その対象は要素的な心理過程であった。実験のプログラムは，もっぱら，刺激に対する応答である心理的反応の速さの測定といったものであった。その研究の大部分は，ヴントやティチェナー（Titchener, E. B., 1867-1927）による外国の実験心理学の教科書に書かれたことの追試であった。

それに飽き足らなかったコルニーロフは，「ダイナモスコープ」と名づけられた測定機器を新たに工夫して，反応速度だけでなく，反応力（反応エネルギー）や反応形式や，それらの間の関係を研究し，「反応の中枢的要素と末梢的要素は反比例の関係にある」とか，「反応速度と反応エネルギーの間には正比例の関係がある」とか，「中枢の思考過程が複雑になり，緊張すればするほど，運動の外的発現は弱くなる」などといった客観的な事実を見出した

りした。コルニーロフは，これら一連の研究成果を，『心理学的観点から見た人間の反応に関する学説』(原著1921年)として博士学位論文にまとめて，その中で反応学の構想を練り上げた。コルニーロフは，自らの反応学の構想を，マルクス主義に基づくものとして，一方ではベーフテレフの反射学に，他方では(師であるチェルパーノフを代表とする)観念論的な経験的心理学に対置したのであった。

　コルニーロフの反応学のキー概念は，まさに反応の概念である。反応とは，生活のすべての現象を包含し，有機体と周囲の環境との相互関係を特徴づける生物学的な慣習行為である。反応は，有機体の全体的機能であり，そこには，生理学的側面もそれの内観的な表象も存在している。私たちは反応を主観的には心理過程として知覚するが，反応は客観的には神経エネルギーの特別の発現なのである。こうして，反応は，主観的なものと客観的なものの不可分な統一体であり，最も単純な有機体の行動から人間の行動まで含めて，行動を分析する単位とされるのである。反応学は，反応それ自体に主観的な心理過程が包含されているという点で，反射学の神経 - 身体的な反射への一元的な還元論とは異なっている。また，反応は行動を分析する単位であり，もっぱら主観的な内観を分析する経験的心理学とも異なっていた。

　このような反応学の構想の基礎には，コルニーロフによるマルクス主義の弁証法の理解があった。コルニーロフによれば，マルクス主義は心理的なものを物質に帰するが，その物質は間断のない発展の中にあり，変化こそは物質(存在)の基本形式であり，その過程は発展の一定の法則に従っているとするものである。「それゆえに，マルクス主義は単に唯物論なのではなく，弁証法的唯物論と呼ばれるのである」(Колнилов, 1923, с.43)。こうして，反応の概念にも弁証法が適用される。反応は，反射と内観の弁証法的統一，つまりは，対立物の統一という弁証法に由来する概念なのである。

　しかし，コルニーロフの弁証法の理解は，きわめて図式的で，マルクス主義の弁証法とは大きくかけ離れるものであった。ヤロシェフスキー(Ярошевский, 1992)によれば，コルニーロフの場合には，対立物の統一とい

う弁証法の原理が特権化され,現象の様々な秩序間の関連を実際に解明できないときにはいつも,「弁証法的統一」という用語の引用が「救いの神」となっているという。対立物の統一という弁証法の命題は,単純に三段階法として捉えられて,反応学のいたるところに貫かれていた。たとえば,精神労働と肉体労働の総合は,身体エネルギーの中枢での集中的消費と末梢での集中的消費の連続的交替として実現される,といった具合である。反応の生理学的レベルの現象としては正当性を持つと思われる主張も,社会的労働の階級的な対立を含意する歴史的,社会的な文脈の概念にまで拡張されると,そのとたんに科学性を失い,主観的な救いの神にしかならないのである。

コルニーロフの弁証法によれば,マルクス主義心理学は,主観的心理学(テーゼ)と客観的心理学(アンチテーゼ)の総合(ジンテーゼ)なのである。なぜならば,主観的心理学(ここでは,ヴントやチェルパーノフの経験的心理学)は行動や運動を無視したが,心理的なものを取り上げ,客観的心理学(ここでは,反射学と行動主義)は心理的なものを無視したが,行動や運動を取り上げているので,この両者を有機的に総合すれば新しい心理学―マルクス主義心理学(＝反応学)―になる,と考えられたのである。

対立物の闘争を通して新たな質を持った心理学を創造するのではなく,両者を足して2で割るような,こうした二元論的な妥協はマルクス主義の弁証法とは異質のものであり,そこからは新しいものは生まれず,かえって,両者に固有な誤り―意識の観念論的理解と行動の機械論的解釈―が,そのまま反応学に保持されることとなった(Петровский,1967；Рубинштейн,1940,1946,1989)。1930年末〜31年にわたり心理学研究所で開催された「反応学をめぐる討論(いわゆる反応学論争)」における決議を経て,コルニーロフ自身が反応学の誤りを自覚し,心理学研究所の所長を辞することとなった(解任されたという記述もある)。

② 上からの政治的・イデオロギー的批判

実は,反応学も,先に見た反射学とよく似た運命をたどるのである。1929

年は，農業政策や工業政策をめぐってスターリンの「上からの改革」が強行され，「階級の敵」絶滅の運動が展開され始めた「大転換」の年であった。そのような大転換の中，1930年1月に，教育人民委員部（ナルコムプロス）科学・博物館・科学-芸術機関管理総局の決定によって，人間行動の研究に関する第1回全ソ連邦会議が開催された。ここで，コルニーロフとその近しい共同研究者たちは，自分たちは心理学における弁証法の最も忠実な信奉者である，という見解を主張し続けたのである。しかし，その主張は，とりわけ政治面で著しく高揚していたマルクス-レーニン主義哲学をめぐる議論の水準に照らして，認められなかったのである。コルニーロフの反応学は機械論との批判を受けることになる（Кондаков, 1997）。

1931年1月に，反射学のところで言及したように，共産党中央委員会決定「『マルクス主義の旗の下に』誌について」が出され，機械論とメニシェヴィキ的観念論に対するイデオロギー的弾劾が強められる。その年の6月には，反応学的心理学の問題に関する共産党の細胞による会議が開かれ，その年のジャーナル「心理学」の最初の号に，その議論の結論が掲載されている。そこでは，生理学や生物学を指向している客観的心理学（反射学，反応学，その他）も，政治的な観念論（つまり，デボーリン的メニシェヴィキ的観念論）の残影を帯びた社会的指向性を持つ心理学も，レーニンの遺産を心理学の戦線で仕上げることを無視していると，共に批判されている（同上）。コルニーロフは，このときに心理学研究所の所長を辞めている。ザールキント（Залкинд А. Б., 1888-1936）がその後任となったが，反射学との結びつきが強かったことが影響したのか，ザールキントもわずか1年で退任している。

コルニーロフの反応学も，反射学と同様に，その批判は若い研究仲間によっておこなわれた。反応学をめぐる討論におけるタラーンキン（Таланкин А. А., 1898-1937）の論文「心理学領域におけるマルクス主義の反応学的歪曲」（原著1931年，Таланкин, 1994）から，反応学批判について，その要点を箇条書きにして挙げておこう（同上，с.22-25）。

1) 反応学の肯定的な役割は，マルクス‐レーニン主義の方法論の深い理解に基づいて，心理学全体とすべての心理科学（差異心理学，児童心理学，社会心理学，教育心理学，倫理心理学，宗教心理学，精神工学，精神生理学）を再建することが必要となったときに，終わったのである。
2) 弁証法の代わりに，反応学の基礎には，機械的な均衡理論がある。どの反応も生きた有機体と周囲の環境とのあれこれの相互作用の中にあるが，そして，この相互作用は様々な形を取るが，その基礎にあるものは，個体と周囲の環境との間の均衡の乱れと回復にすぎない。
3) 複雑な心理過程もすべて，個体と環境の均衡の乱れの問題に還元されている。反応学の中で重要な理論的原理の役割を果たしている「エネルギーの単極的消費の原理」は，心理学における機械的な均衡理論の集約的表現である。
4) 反応学は，心理学の領域で弁証法を具体化する仕事をまったく成し遂げていない。社会科学の，それゆえ心理学の方法論でもある史的唯物論が忘れ去られている。心理学での弁証法の具体化とは，マルクスの思想の精神において，心理学の概念を歴史‐労働理論の見地から練り上げること，その抽象的な概念から歴史的な概念に転換することである。
5) 反応学は，実験室での実験に基づいて，労働過程のタイプをエネルギーの末梢的および中枢的消費の徴候によってのみ追究して，労働の概念を非歴史的カテゴリーに変えてしまった。労働過程のこのような問題の立て方は，反動的な結果を生じることになる。なぜならば，労働の階級‐心理学的な役割を糊塗するものだからである。
6) 反応学は，多様な人間の行動，段階を持つ行動を，すべて反応の概念に還元している。このことは，高次の心理機能（記憶，言語，思考など）の質的な独自性の無視と無理解をもたらし，それらを行動主義や反射学の精神で解釈することになる。
7) 反応の概念はマルクス主義心理学にはふさわしくない。なぜならば，均衡理論に基づいていて，自己運動の問題を完全に無視しているし，反

応は，歴史的存在ではない抽象的な人間の行動一般の過程であるし，すべての複雑な心理過程を，周囲の環境からの刺激に対する最も単純な応答に機械的に還元しているからである．

8) それゆえ，反応学は，マルクス主義の歪曲である．

このタラーンキンの批判は，「マルクス主義の反応学的歪曲」とか「反応学は，心理学の領域で弁証法を具体化する仕事をまったく成し遂げていない」とか「反動的な結果を生じることになる」といった断定などの言葉は激しいが，内容的には，反応学の持つ問題点をかなり的確に指摘していると私には思われる．ただし，タラーンキンが心理学における弁証法の適用を史的唯物論の局面だけに限定しているように見受けられる点は，今度は逆に，自然の弁証法の持つ意味を無視してしまうことになり，そのことが，生理学的レベルでは正当性を持つ均衡理論の弁証法的理解の可能性を切り捨ててしまい，運動レベルの行動の心身一元論的な説明の可能性の探究までも排除してしまうことになる，ということは指摘しておきたい．

問題は，オレーイニクが述べているように，反応学論争の場合（反射学についても同様だが），論争相手がその学説の担い手どうしにとどまらず，命令と処罰の担い手である国家のイデオロギー体系が前面に立っていた，ということである（Олейник, 1997）．たとえば，前に述べたタラーンキンのコルニーロフ批判も，実は，純粋に科学的な批判というよりも，その背景には政治的な思惑が絡んでいたというのである．すなわち，タラーンキン自身は，早くからコルニーロフの方法論を採用し，完全に再現していたにもかかわらず，共産主義アカデミー幹部会がコルニーロフの機械論を一掃する判断をするや否や，コルニーロフに反対を表明したのである（Умрихин, 1991）．ところが，1937年には，タラーンキン自身が反革命トロツキー主義者のテロ組織に参加したという理由で逮捕され，銃殺されたのである（Корсаков и Данилов, 2017）．

こうして，反応学論争は，科学の土俵ではなく，政治的，イデオロギー的

な土俵に登らされたのであった。科学は，ボリシェヴィキ的党派性によって貫かれた社会主義的実践に奉仕すべきとされ，この見地から，反応学に対して，「不可知論への転落」「反映論のカント哲学的歪曲」「観念論」「党派性の欠如」「社会主義建設に無関係なブルジョワ的学説の無批判な移入」「ブハーリンの経済均衡化論との類縁性」などといったイデオロギー的告発がなされたのである（Олейник, 1997）。ちなみに，ブハーリンとは，スターリンと対立し，コミンテルン（共産主義インターナショナル）における「ブハーリン批判」（1928年）によって失脚し，自己批判後に復帰するが，1936年の大粛清の嵐の中で逮捕され，1938年に反革命の陰謀のかどで処刑された政治家である。

しかしながら，1967年に出版されたペトローフスキーの『ソビエト心理学史』では，こうした反応学に対するイデオロギー批判は，実は，根拠のないものだったと再評価されている。すなわち，

「この時期に関係したコルニーロフの著作を吟味すると，彼の論敵たちの言説に含まれている多くの告発（〈不可知論への転落〉とか〈マルクス・レーニンの反映論のカント哲学的歪曲〉）を裏づけることはできない。『コルニーロフの間違いは，マルクス主義の旗の下に観念論の思想を心理学に引き込もう』としたことだという主張も，完全に否定すべきである。時には重大な誤算や誤解を犯しながらも，心理学においてマルクス主義を達成しようと戦ったコルニーロフを，観念論を密かに引き込む，何か隠れたマルクス主義の敵として描き出そうとした何人かの哲学者と心理学者の試みは，原則的に正しくなかったのである」（Петровский, 1967, c.130 / 邦訳, p.167）。

これが，スターリン批判（1956年）から11年経った時点での，しかし，まだソビエト連邦が健在のときの再評価だということは，いかに反応学への批判が科学的な批判を超えて，過度に政治的，イデオロギー的なものだったかを物語っている。

― 〈ヴィゴーツキーの補助線…その１〉 ―

(1)『教育心理学』に見られる高次神経活動の学説への依拠

　ヴィゴーツキーは，大学を卒業後に故郷のゴーメリで教員生活を送った。中学校，職業技術学校，美術学校などで文学，美学，美術史などを教え，教育大学（師範学校）では心理学や論理学を講じ，心理学実験室を作って研究もしている。その時期（1918〜23年）に教育心理学の講義テキストとして準備したものを基にして，1926年に出版したものが『教育心理学』（原著1926年，Выготский, 1991）である。その内容から判断すると，もちろん，出版までに手を入れたことは十分に考えられるが，この著書は，基本的に，1923年までの時期に書かれた内容のものと考えられるのである。前書きの部分には次のように書かれている。

　「教育問題は，新しい心理学のまさにその中心に位置している。条件反射の学説は，それに基づいて新しい心理学が建設されるべき基礎である。条件反射は，私たちを生物学から社会学へと移行させ，教育過程のまさにその本質と本性の解明を可能にするメカニズムの名称なのである。率直に言って，科学としての教育心理学は，条件反射の発見によって初めて可能になったのである。……（略）……重要なことは，教育心理学はその課題の本質として，個々のバラバラの反応や反射よりも，総じて，人間の高次神経活動に関する現在の科学が到達したそれらの研究よりも，いっそう複雑な性格と性質を持つ事実や心理学のカテゴリーと結びついた問題を有している，ということである。教師は，有機体のより総合的な行動形式，より統合的な反応に対処しなければならないのである。それゆえ，条件反射の学説は，当然のこ

と，教育心理学の教程にとっては，ただその基礎と土台を構成できるにすぎない」(Выготский, 1991, c.35 / 邦訳，p.1-2)。

少し長い引用になったが，ここで確認されることは，次の通りである。

1) 新しい心理学（ここでは教育心理学）は，条件反射の学説を基礎にして建設されなければならないこと。
2) 条件反射は私たち（教育心理学）を生物学から社会学へと移行させること。
3) それによって，教育過程の本質と本性の解明が可能になること。
4) それゆえ，教育心理学は条件反射の発見によって科学になることが可能になったこと。
5) しかし，教育心理学は，本質的に，個々の反応や反射にはとどまらない複雑な性格や性質を持つ問題を有しているので，条件反射の学説は，あくまでもその基礎に過ぎないこと。

この確認を受けて，著書では，教育学と心理学の関係について論じた第1章に続いて，教育心理学を科学にする根拠となる条件反射の学説について，第2章と第3章で詳しく解説されているのである。

第2章「行動と反応の概念」では，反応を構成する要素（有機体による刺激の知覚，刺激の処理，有機体の応答行為）について，反応と反射の概念（前者は生物学的概念，後者は生理学的概念）について，遺伝性の反応（無条件反射，本能）とその起源について，獲得された反応の学説（条件反射）について，条件反射を基礎にした新たな条件結合による高次な条件反射について，複雑な条件反射について，などが解説されている。第3章「人間の（行動の）高次神経活動の最も重要な法則」では，人間行動の高次神経活動の現れやいくつかの重要な法則について解説されている。抑制と脱抑制の法則，心理の基礎には運動反応があること，人間行動の動物行動との

本質的な違い（過去の世代の経験の利用，集団的・社会的経験の利用，道具による自然の変革による適応），反応や反射の複雑な協応・闘争，ドミナントの法則，行動に関連した身体・神経の組織（知覚器官，中枢器官，応答器官，自己受容野，脊髄，皮質下，大脳，筋肉，内分泌腺など）とその機能について，解説されている。

　それに続いて，以下の章で，本能，情動，注意，反応の定着と再生，思考，労働，社会的行動，道徳的行動，その他について，高次神経活動の学説を基本にして教育心理学的な分析と解説がおこなわれ，そこから教育学的なあるべき結論が引き出されているのである。その最大の特徴は，まさに前で述べられている観点に忠実に，これらの教育心理学的な問題が，まずは何よりも，可能なかぎり条件反射の学説に基づきながら分析され，説明されているという点にある。社会的・価値的な成分を含む複雑な問題（たとえば，道徳的行動など）の場合にも，その予備的・準備的形式において条件反射のメカニズムとの結びつきが分析される。つまり，あくまでも，条件反射がその基礎にあることが前提されている。この意味で，『教育心理学』は，ヴィゴーツキーが，故郷ゴーメリで教育心理学の講義と研究に携わっていた時期において，この時代のソビエト連邦での自然科学的心理学の正当な成果—主としてパーヴロフの高次神経活動の学説—を摂取してまとめた，ある意味でオーソドックスな著書と言えるのである。ダヴィードフ（Давыдов В. В.）による1991年版のこの著書の解説には，次のように書かれている。

　「すでにゴーメリにいるときに，ヴィゴーツキーは，神経系の生理学に関するパーヴロフ，ベーフテレフ，その他の学者の著作を真剣に学び始め，彼らの研究の成果と心理学の問題とを相互に関連づけようと努めていた（そのときの資料が，1924年1月におこなわれた精神神経学に関する全ロシア会議での有名な報告「反射学的研究と心理学的研究の方法論」の基礎になった）」（Давыдов ,1991, c.12-13）。

実は，ここで触れられている「反射学的研究と心理学的研究の方法論」の中では，ベーフテレフを代表とする反射学の潮流が批判されると共に，それに代わるヴィゴーツキーの意識研究の方法論が提出されているのである。つまり，パーヴロフの高次神経活動の学説に依拠しつつ，ベーフテレフの反射学が批判されているのである。この時期のヴィゴーツキーの中で，すでに両者の学説が区別されて認識されていたということは，きわめて注目すべきことであり，この点にこそ，ヴィゴーツキーの独創性が窺われるのである。この点については，次に詳しく見ていくことになるが，そこでは，『教育心理学』において取り出されている「条件反射を基礎にした新たな条件結合による高次な条件反射」「人間行動の動物行動との本質的な違い」「反応や反射の複雑な協応・闘争」といったことが，重要な観点となっているのである。

(2)「反射学的研究と心理学的研究の方法論」・「行動の心理学の問題としての意識」

　ここでは，ヴィゴーツキーの二つの論文を取り上げる。ひとつは，上で触れた「反射学的研究と心理学的研究の方法論」(Выготский, 1926)であり，いまひとつは「行動の心理学の問題としての意識」(Выготский, 1925) である。前者は 1926 年に公刊されているが，1924 年にペトログラードでおこなわれた第 2 回全ロシア精神神経学会議での報告に基づいて書かれたもので，実際には後者に先行している。二つの論文は内容的にほぼ重なっているが，前者が少し冗長なのに対して，後者はよく整理されていて，論の展開もきっちりしている。私は，これらの論文で展開されている反射学批判とヴィゴーツキーの提起する意識研究の方法論について，すでに別のところで詳しく述べている (中村, 1998) ので，ここでもその内容を繰り返すことになるが，できるかぎり簡潔にまとめることにしたい。注意をしてほしいことは，前に触れたように，ここで批判

されているのは，パーヴロフによる高次神経活動の学説ではなく，ベーフテレフに固有の反射学であるということだ。

① 反射学批判

　反射学は，人間のあらゆる行動を研究するという広大な課題を立てているが，現実には，分泌的・運動的条件反射の形成という古典的実験によって反射学が提供する資料は，この課題の解決にはほど遠いものである。反射学の立てた目的と反射学の現実との間には，誰の目にも明らかな乖離・矛盾がある。反射学が人間と環境との初歩的で要素的な関係を研究している間は，この矛盾は露呈しないが，人間に固有な最も複雑で多様な相互関係を問題にしようとするやいなや，矛盾は覆いがたく現れる。それなのに，反射学の資料によって，人間のあらゆる行動を無理にでも説明しようとするから，「すべてが反射である」という一般的で空虚な主張が繰り返されることになるのである。すべてを反射に還元してしまうことは，結局は，何も説明しないのである。

　　「この一般的な，あまりに一般的な命題は，各システムに固有な法則をも，諸々の条件反射を行動のシステムへと結合する法則をも，ある一群のシステムと他の一群のシステムとの間のきわめて複雑な相互作用および一方の他方への反映をも，決して捉えていなかったし，これらの問題を科学的に解決する道を開くものでさえなかった」
　　（Выготский, 1926, c.26 / 邦訳, p.30）。

　　「感覚とは何か―それは反射である。言葉，身振り，表情とは何か―これらもまた反射である。では，本能，言い間違え，情動はどうか―これらもすべて反射である。ヴュルツブルク学派が高次な思考過程の中に探り出したあらゆる現象，フロイトの提起した夢分析―これらすべてもやはり反射である。もちろん，これらはまったくその通りで

あるが，こうした空虚な確認の科学上の不毛さもまったく明白である。このような研究方法では，科学は，対象，形式，現象を区別し，分析することによって，研究されるべき問題に光を当てることも，解明することもできない。……（略）……<u>あれも反射</u>，<u>これも反射</u>。しかし，<u>あれとこれ</u>は，いったい何によって区別されるのであろうか」（Выготский，1925, c.180 / 邦訳，p.67，強調は原文）。

それでは，なぜ反射学は人間の行動を解明できないのだろうか。それは，反射学が人間の意識（心理）の問題を研究対象から排除しているからである。反射学は，主観的現象である意識を，単に行動に付随する付帯現象として無視していた。しかし，人間の行動を，意識とは無関係に研究することができるものだろうか。多少なりとも複雑な人間の行動を問題にすれば，そこに意識のはたらき―心理的調整―を見ないわけにはいかない。これこそは，動物とは区別される人間の能動的な適応形式である。人間は，環境にはたらきかけるとき，前もってその手順や結果を頭の中で描いていて，その表象に導かれて行動をおこなうのである。

「マルクスが述べているように，彼ら（織匠や建築家―引用者）は前もって頭の中で自分の作品を作り上げている。労働の過程で得られた結果は，その労働の始まる前に観念的に存在していたのである。このまったく自明のマルクスの説明は，人間の労働に必然的な<u>経験の二重性</u>のことを示している。労働は，労働者が自分の表象の中で動作と材料のモデルに対して前もってそのようにおこなったことを，手の動作と材料の加工という形で繰り返すのである。まさに，このような<u>経験の二重性</u>こそが，人間に能動的な適応形式の発達を可能にしているのであり，それは動物には存在しない」（Выготский，1925, c.182-183 / 邦訳，p.71，強調は原文）。

人間に独自のこの新しい質を持った行動は，まさに意識的な行為であって，意識を排除しては解明できないことは明白である。人間の行動に関わるこのようなものとしての意識を，科学的な心理学の範囲外に追放する反射学は，実は，心理的なものを何ものとも関連づけずに自己閉鎖的世界として研究している，主観的な経験的心理学の二元論の裏返しなのである。

　「心理を放棄することは，もちろん正真正銘の唯物論である。しかし，それは反射学の領域での唯物論にすぎない。反射学の領域外に出れば，人間行動の一般的システムから心理とその研究を遊離させることは，正真正銘の観念論なのである」（Выготский, 1926, c.41 / 邦訳, p.39）。

　心理学的には疑いもない事実であり，最も重要な人間的な心理活動であり，人間に固有な行動の調整的役割を果たしている意識を，科学的な心理学は，魂の王国ではなく，唯物論的，客観的に説明できなければならないのである。これが，ヴィゴーツキーがマルクス主義心理学に課した課題である。反射学は，この意味では，マルクス主義心理学の要件を欠いているのである。

② 意識の生理学的メカニズム

　意識を客観的に捉えるために，ヴィゴーツキーは，意識の生理学的メカニズムについて説明をしている。その場合，重要な観点となるのは，反射のシステム論である。ヴィゴーツキーは，諸々の反射の協応と相互作用の問題，反射の行動への移行の問題について，次のように考察している。
　諸々の反射は，決して個別的にバラバラに存在しているのではなく，お互いに協応し合っている。つまり，システムに組み入れられている。

反射はこれらシステムの内部で,またシステム自身も他のシステムとの間で,複雑に相互作用をおこなっている。これら反射の,あるいは反射システムの相互作用の中で,応答反応として行動へと実現される反応システムと,実現されずにとどまる反射群がある。行動とは,相互作用の中で勝利した,実現された反応システムなのである。このような実現された行動は可能なもののごく一部であり,ある行動が実現される背後には,何倍もの実現されなかった行動の可能性が存在している。そして,この可能性は,勝利をおさめて実現された行動が実在であるのと同様に,完全に実在である。それは,実在しないものの中からは,実在である実現された反応システム(＝行動)が生じることはありえないからである。この実現されなかった行動の可能性の存在が,心理的なものの,意識の神経学的基礎なのである。

諸々の反射ないしは反射システムの相互作用において,それらの反射が結合する基本法則としてヴィゴーツキーが注目するのは,次のようなことである。すなわち,どの反射も,一定の条件の下で別の反射の条件刺激となり,条件反射の法則に基づいて,それら別の反射と結合するという法則である。

「こうして今や,個々の反射システムの疑いない相互作用について,一群の反射システムの他の反射システムへの反映について,語ることができる。犬は塩酸に対して唾液の分泌によって反応する(反射)が,唾液それ自身は嚥下反射ないしは唾を吐き出す反射のための新しい刺激である。自由連想においては,私が刺激語『バラ』に対して『スイセン』と言えば,これは反射である。しかし,それもまた次の語『ストック』にとっては刺激である。このすべてがひとつの反射システムの中に,あるいは,近接の協応してはたらく反射システムの中にある。狼の吠え声は,刺激として,私に恐怖の身体反射と表情反射を引き起す。変化する呼吸,心拍,震え,喉の渇き(これらは

反射である）は私に『恐い』と口に出させたり，心に思わせたりする。ここには，一群の反射システムから他の反射システムへの伝達がある」(Выготский, 1925, c.187 / 邦訳, p.76)。

　ある反射システムが他の反射システムの中に反映されるという，この伝達のメカニズムこそが意識性そのものであり，私たちは，このメカニズムによって私たち自身の行為や状態を意識化できるのである。あらゆる内的反射が刺激として他のシステムの別の反射を引き起こし，他のシステムへと正しく伝えられれば伝えられるほど，つまり，他の反射システムに反映されればされるほど，私たちは，体験されるものを明瞭に自覚（意識）できるのである。ある刺激（対象）によって引き起こされた体験（＝対象の体験）は，今度はそれ自身が刺激となって他の体験（＝体験の体験）を引き起こすとき，意識されるのである。つまり，意識とは体験の体験，他の反射システムへと伝えられた反射である。逆に，無意識的なものとは，体験されない体験，他の反射システムに伝達されない反射ということになる。

③ 意識のはたらき

　このように意識を理解した上で，ヴィゴーツキーは意識の調整的役割について述べている。意識が他の反射システムへと伝達された反射であるとすると，この意識のはたらきとは何であろうか。ヴィゴーツキーは，「循環反応」の研究と「自己受容野」の研究から，意識の重要な役割を導き出している。

　循環反応とは，同一の反応が繰り返しおこなわれることをいうが，そこには，おこなわれる反応（反射）が刺激となって，新たな二次的反応（反射）を引き起こし，今度は，この二次的反応が有機体のそのときの状態に依存しつつ，最初の反応を強化し，反復させたり，あるいは，弱め，抑制したりするというメカニズムがはたらいている。つまり，ここ

には，二つの反応の単純な結合があるのではなく，二次的反応が最初の反応を制御し，調整するという結びつきがあるのである。

　同様なことが，自己受容野のはたらきについても見られる。自己受容野は，有機体自身の変化（筋肉，腱，関節などの変化）を感受する領野であるが，そのため，外界から来る作用に二次的にのみ刺激される。たとえば，外的刺激に対し有機体が運動をすれば，筋肉や関節の緊張，収縮，伸展など（反射）が生じる。この筋肉や関節の変化が一次的反応である。この一次的反応は自己受容野を刺激し，自己受容器の興奮によって新たな反射が引き起こされる。これが二次的反応である。一次的反応と二次的反応の結合は，そのときの条件によって，一次的反応を強める方向にも抑制する方向にも，どちらにも生じる。つまり，二次的反応は一次的反応を制御し，調整する役割を担っているのである。

　このように，循環反応にも，自己受容野のはたらきにも，そこには一次的反応（反射）を刺激として生じた二次的反応（反射）が，一次的反応を調整する役割を持つようになることが示されているのである。意識はまさに，これと同じメカニズムを持っている。対象の体験（一次的反応に当たる）を刺激として引き起こされる体験（二次的反応に当たる），つまり，体験の体験こそが意識だからである。体験の体験たる意識は，対象の体験（＝行動過程）を制御し，調整する役割を持つのである。ここに，ヴィゴーツキーは，意識による行動調整機能の神経生理学的基礎を見るのである。このように，ヴィゴーツキーによる意識の生理学的メカニズムの説明では，反射システムの構造的な理解に基づき，諸々の反射の相互作用，反射の行動への移行，行動を調整する二次的反応としての意識の問題が分析されており，生理学を根拠としながらも，人間における心理的なものの存在とそのはたらきが捉えられているのである。

④ 意識の研究方法

　研究対象から意識を排除した反射学を鋭く批判するヴィゴーツキー

は、では、伝統的な内観法に代わる新しい意識研究の方法をどのように提起しているのだろうか。

　この探索の道を、ヴィゴーツキーは、やはり反射学の方法を批判的に検討することから始める。反射学は人間の応答反応の研究を、もっぱら身体的な運動器官を用いておこなってきた。たとえば、皮膚電気刺激を足や手に与えて、その防御反射を見るといった具合である。しかし、ここにきて反射学は、人間の応答器官として、足や手よりもいっそう適合的な応答器官が存在することに気づき始めた。それは言語器官である。言葉は、それが明瞭に発せられた場合には、条件反射のシステムであることは反射学にとっても自明であった。なぜ、反射学は言葉に注目せざるをえなかったのだろうか。それは、人間の反応の抑制や興奮に関わって言葉が果たす役割について、誰もが知っている事実に目を向けざるをえなかったからである。それはどういう事実なのか。

　普通、一次的な条件反射の分化はゆっくりとおこなわれる。つまり、人間が一定の基本的な刺激に対してだけ反応することを学習し、無関係な刺激に対しては反応が抑制されるためには、多くの時間がかかるのである。しかし、言葉を用いて対象にはたらきかける場合は、反応の分化はただちに成立する。ある音のときには電流が流れ、他の音のときには流れないことを言葉で説明されるやいなや、人間はただちに、ある音のときには手を引っ込め、他の音のときには手を引っ込めないという反応をおこなうことができる。こうして、言葉によって、反応の抑制も興奮も引き起こすことができるのである。こうした、被験者との言葉上の約束に基づいて手を引っ込めることも、反射学の見地からは条件反射である。

　言葉を用いない条件反射を「一次的条件反射」と呼ぶのに対し、言葉によるそれを「二次的条件反射」という。反射学者たちは、人間の行動を問題にする場合、この最も効果的で適合的な二次的条件反射を無視できなくなったのである。それどころか、今後、人間の反射学的研究は、主として二次的条件反射によっておこなわれなければならない、とまで

言い出した。しかし，このことはまさに，意識の問題が反射学の実験に入り込むことを意味している。たとえば，Ａの音のときには電流が流れるという実験者の説明に，被験者が「Ａの音のときには電流が流れるから手を引っ込める」と自分に言い聞かせて反応すれば，これは，まさに意識による行動の調整にほかならない。これはつまり，意識を排除した反射学の自己否定を意味することである。しかし，人間の行動を率直に問題にするならば，反射学のこの自己否定こそが必然的な正しい道であった。言葉の問題は，人間行動の研究に避けて通ることはできないからである。

ヴィゴーツキーの提案する意識研究の方法は，まさにこの人間の言葉に注目するところからきている。先に，諸々の反射システムを結合する基本法則として，どの反射もそれ自身が他の反射の刺激となるということ，つまり，どの反射も他の反射に反映される，ということを述べた。この公式を言葉という二次的条件反射にも当てはめるとき，次のような方法論が導かれることになる。

「このメカニズムはまた，科学的研究にとって被験者の言語報告がどのような（客観的）意義を持ちうるかを，ごくおおざっぱに，一般的に理解させてくれる。外に発現しない反射（無声の言葉），内的反射，観察者の直接知覚には捉えがたい反射は，これらの反射がその刺激となる観察で捉えられる反射を<u>媒介にして</u>，しばしば遠回しに，間接的に明らかにすることができる。完全な反射（言葉）の存在により，私たちは，この場合に二重の役割―完全な反射に対しては刺激の役割，そして，先行する刺激に対しては反射の役割―を果しているところの，しかるべき刺激が存在することを察知できるのである」（Выготский，1926, c.33／邦訳，p.34，強調は原文）。

意識は他の反射システム（この場合，外に表れる言葉）への反映を媒介に

して，間接的に捉えられるのである。この場合，重要なことは，被験者の発する言葉は内観報告とは違うということである。内観の場合は，被験者は自分の主観的経験の経過を観察対象とし，そこに分析的な注意を向け，観察対象を与えられた連関の中から取り出し，それを報告できる形に再構成するという作業をしなければならない。この過程で，内観報告は必然的に主観的なものに変わってしまう。

　ヴィゴーツキーの方法の場合は，被験者はまったく観察者になる必要はない。最初から最後まで被験者は，実験の対象者であり続け，実験者から課せられた課題に言語的に応答すればよいのである。実験者は，この被験者の言語的反応から，そこに反映されている内的刺激（外に表われなかった反射－つまり意識）について判断をするのである。その場合，外に発現しない反射（＝意識）をより明確に判断できるように，実験には，新たな教示や質問が導入される。それらに対する被験者の新たな言語的反応を介して，その刺激となった内的過程をいっそう的確に判断できるようにするためである。それゆえ，実験に導入される刺激の一部としてのこれら教示や質問は，語の定義や概念が曖昧であってはならないし，導入方法も体系化されたものでなければならない。というのも，これらが厳密さに欠ける場合には，被験者の言語反応とそれを引き起こした内的刺激（＝意識）との間を，確かなものとして結合することができないからである。実験心理学にこのような客観的な間接的方法を創出することが必要だし，それは可能であるとヴィゴーツキーは主張するのである。

　こうして，ヴィゴーツキーは，言葉という二次的条件反射を媒介にして，反射理論（反射学ではない！）の枠組みの中で，意識についての実験心理学の可能性を明らかにしたのである。つまり，言葉の媒介機能に，心理学として意識を客観的に研究する可能性を見出したのである。

⑤ **反射理論の枠内での意識研究の限界**

　ヴィゴーツキーは，生得的な遺伝的経験とそれを基に個別に獲得され

た個体的経験によって説明できる動物の行動とは違って，人間には，先行世代の経験を広範に利用することによって相続される歴史的経験と，他の人々の経験に負って伝達される社会的経験が存在していることを指摘している。すなわち，

「動物と比較して，何よりもまず，はるかに拡張された人間の相続経験に注目することが不可欠である。人間は身体的に継承された経験を利用するだけではない。私たちの生活のすべて，労働，行動は，先行世代の経験の，つまり，誕生を介して父から子に伝えられるのではない経験の，きわめて広範な利用に基づいている。この経験を，仮に，歴史的経験と呼ぶことにしよう。それと並んで，人間の行動の大変重要な成分となっている社会的経験，他人の経験が取り出されなければならない。私は，私自身の個人的経験の中で無条件反射と環境の個々の要素との間に接合された結合だけでなく，他人の経験の中で確立されたたくさんの経験をも利用できる。もし，私が一度も自分の国から出たこともなく，望遠鏡を一度も覗いたこともないのに，サハラ砂漠や火星を知っているなら，この経験の発生が，サハラ砂漠に行ったことのある，また望遠鏡を覗いたことのある，他人の経験のおかげであることは明らかだ。動物には，通常，このような経験が存在しないことも明らかだ」(Выготский, 1925, c.182 / 邦訳, p.70-71)。

このような人間の行動の歴史的，社会的な特質に触れたすぐあとに続いて，ヴィゴーツキーはさらに，人間の行動の本質的な新しさとして，前に述べた能動的な適応形式について言及している。これは，人間が環境にはたらきかけるとき，その手順や結果を頭の中で前もって描いていて，その表象の中でおこなったことを実践的に繰り返すことをいう。ヴィゴーツキーはこれを「経験の二重性」と呼んでいるが，これこそは，人間の行動における意識の調整的役割を最も典型的に物語るものに

ほかならない。

　こうして，ヴィゴーツキーは，動物と比べて人間の行動に独自の新しい経験として，歴史的経験，社会的経験，二重化された経験を並べているのである。したがって，これらが相互に関係づけられ，意識の活動が人間に独自の歴史的，社会的経験を可能にし，また歴史的，社会的経験の存在が人間に独自の意識の構造と内容を発達させる，ということが意識論として定式化されたならば，まさにこの時点で，ヴィゴーツキーのいわゆる「文化‐歴史的理論」は芽吹いていたであろう。

　しかし，この時点では，ヴィゴーツキーは，意識を反射の反射として，また，言葉（この場合，外に発音された言葉）を意識の反射として説明していた。つまり，それらを反射間の関係の問題として説明している。確かに，反射をシステム構造的に捉え，諸々の反射の相互作用の法則に基づいて，意識や意識の反射たる言葉を説明することは，一面では，意識を言葉の媒介によって客観的に研究する可能性を切り開いたものであり，この点は積極面である。しかし，意識や言葉を反射間の関係の問題として，反射理論の概念やカテゴリー内で説明するかぎりは，意識論としては不十分なのである。この場合，意識研究と意識理解の客観性の根拠は，まだ，自然科学のカテゴリーの内に閉じ込められているのである。

　歴史的，社会的経験を含む独自の行動を持つ人間の意識を客観的に研究し，理解するためには，心理学は，社会科学的な観点をも含めた唯物論的科学（つまり，弁証法的唯物論）として，独自のカテゴリーや概念を構築することが不可欠なのである。それらによって，意識のメカニズムが説明されることが必要なのである。しかし，この時点でのヴィゴーツキーの意識論は，まだ，そのような独自のカテゴリーや概念によって定式化されてはいないのである。

第3節　実践的な応用心理学への要請と断罪

(1) 精神分析への要請と断罪

　精神分析は，医学領域，教育領域，文学・芸術領域などの実践的，応用的分野で注目を浴び，10月革命後の一定期間，ある意味で華々しく流行を見た。ここでは，精神分析の方法論的，理論的な問題を中心に，特にマルクス主義との関係をめぐる論点に焦点をあてて，それが批判され，断罪された経緯を見ていくことにする。

① 政府の支援の下での精神分析の普及

　精神分析は，10月革命前の時期から，ロシアにおいても精神医学の領域で一定の普及を見ていたことは，本書の第3章で言及した通りである。第一次世界大戦の時期にその動きは一時中断されるが，革命後には，再び研究者の注意をひきつけるようになっていた。医者だけでなく，教育者，哲学者，心理学者，文学者などがフロイトの思想に関心を寄せた。とりわけ注目されることは，当初は，ソビエト政権の公式な政府機関が精神分析に社会問題の解決を期待したことである（以下，Олейник, 1997；Овчаренко, 2004）。

　たとえば，教育人民委員部（文部科学省に当たる）の主導の下に，1918年5月に「子ども研究所」が設立されるが，ここでは，精神分析の方法を適用した，子どもの本性と就学前の子どもの教育とに関する研究や知識の普及が課題とされた。そのほかにも，ペトログラードでは，ベーフテレフの指導下にあった脳研究所において，心理療法と催眠の実験室で精神分析による治療がおこなわれ，そこでは，神経科医でロシアでの最初の精神分析家のひとりでもあるロゼンターリ（Розенталь Т. К., 1884-1921）が活動していた。ベーフテレフは精神分析の強力な批判者であるので，このような人事には，教育人民委員部の意向がはたらいていたことが推測される。また，モスクワでは，子

どもの研究はモスクワ精神神経学研究所でおこなわれたが、そこでは、1920年以来、フロイト思想の積極的な普及運動の中心人物である精神科医のエルマコーフ（Ермаков И. Д., 1875-1942）が心理学部門を指導していた。彼は、自由連想法を用いて、子どもの情動領域、特に、子どもの性的生活に関する研究をおこなった。1921年には、エルマコーフの指導の下に、精神神経学研究所に付属して「子どもの家 - 実験室」が開設されたが、これはソビエト連邦でのこの時代の精神分析運動にとって、とても大事な出来事であった（6ページ参照）。なぜならば、この子どもの家 - 実験室に基づいて、1923年に、エルマコーフを所長とする国立の「精神分析研究所」が組織されたからである。

この精神分析研究所に勤務していた研究者には、エルマコーフのほかに、次のような人たちがいた。すなわち、ヴーリフ、アヴェルブーフ（Авербух Р. А., 1883- ?）、シュピリレーイン - シェーフチェリ（Шпильрейн - Шефтель С. Н., 1885-1942）、シュミット（Шмидт В. Ф., 1889-1937）、フリードマン（Фридман Б. Д., 1895- ?）、ルーリヤ（Лурия А. Р., 1902-1977）、その他である。そして、精神分析研究所の課題は次の通りであった（Олейник, 1997, с.82）。すなわち、

1) 大人と子どもの精神分析の分野での科学的研究の組織化，
2) 国家の要求によって喚起される問題の研究，
3) 精神分析の分野での高等教育機関の科学者の養成，

である。

「国家の要求によって喚起される問題の研究」というところが、政府の支援との結びつきを物語っていると思われる。研究所では、1922年10月30日に公的に承認された「ロシア精神分析協会」の会員による講義やセミナーがおこなわれ、会議が組織された。また、エルマコーフの編集の下で、『心理学と精神分析シリーズ』が出版された。この本は、フロイトとその弟子たちの多くの著作の再版を含んでいて、おおいに好評を博したという。

政府の支援の下で、精神分析の普及運動と研究活動は1920年代にかけて、

大規模に，活発におこなわれた。精神分析の支持者たちは，モスクワ，レニングラード，キエフ，オデッサ，カザン，ハリコフなどで活動し，外国の精神分析組織の会員となり，国際的な精神分析会議に出席し，外国の雑誌に論文を掲載した。ソビエト連邦国内での精神分析協会の活動は，1921～30年にわたっておこなわれており，その相当に詳しい内容について国分・牛山(2006) の研究があり，日本語で知ることができる。国分・牛山は，ロシア精神分析協会の中心的メンバーであったルーリヤが，精神分析の国際誌「Internationale Zaitschrift für Psychoanalyse」に記したロシア精神分析協会の活動報告や関連論文と，やはりルーリヤによるカザンおよびロシアの精神分析協会の活動記録を整理，分析している。やがては精神分析から手を引くルーリヤがどのような活動をし，精神分析の理論と実践をどのように評価していたかが分析されていて，大変に興味深い。

② 精神分析とマルクス主義の接合の試み

政府の支援があったからといって，精神分析の理論構成のすべてが無条件に許容されていたわけではない。他の心理学理論とその基礎にある哲学がそうであったように，精神分析も，当然にマルクス主義哲学の立場から，批判的な再検討と理論的な意味づけにさらされた。その場合，実践的，応用的分野での政府の支援があるがゆえに，当初は，関係する哲学者や心理学者たちは，精神分析とマルクス主義との一致や接合という議論に引き込まれ，精神分析に対してそれぞれの評価を試みていた。接合を肯定する立場からの者，批判的な立場からの者など，この論争には多くの学者が参加していた (Петровский, 1967；Олейник, 1997；Стоюхина и Логиновских, 2014)。例示されている参加者の名前については，文献によって多少のズレがあるが，精神分析とマルクス主義の接合を試みていた者としては，レイスネル (Рейснер М. А., 1868-1928)，ヴァリヤーシ (Варьяш А. И., 1885-1939)，ザールキント，フリードマン，ビィホーフスキー (Быховский Б. Э., 1901-1980)，ルーリヤ，その他が挙げられている。なお，この論争の時代には，マルクス

主義とのアナロジーで，精神分析に対しては「フロイト主義」という用語が広く用いられるようになった。

　ここでは，それらの議論のうち，マルクス主義と精神分析の接合を試みていたルーリヤとブィホーフスキーを代表として取り上げてみたい。両者の間には，この時期の接合の方向や立ち位置に，典型的な，それぞれに特有な違いがあるからである。

●ルーリヤの場合

　ここでルーリヤとは，後に神経心理学や神経言語学の分野で，特に脳モデル（三つの機能単位）や同時総合と継次総合の情報処理，失語症の研究などで世界的に有名になるあのルーリヤのことである。また，ヴィゴーツキーの同僚として，いくつもの共同研究をおこない，文化 - 歴史的心理学を共に構築していったあのルーリヤである。ルーリヤはカザン大学を卒業し，この時期にはまだ20歳代前半の若き心理学徒で，ロシア精神分析協会の会員であり，カザン，モスクワを拠点に活動をしていた。

　この時期のルーリヤは，精神分析とマルクス主義との間に方法論的に類似した立場を見出すことによって，精神分析は科学であり，弁証法的唯物論に合致しているという主張を展開している。このルーリヤの主張は，この時期の精神分析の支持者たちの多くに通底する典型的な議論だと思われるので，少し丁寧にその内容を見ていきたい。

　ルーリヤの論文「一元論的心理学体系としての精神分析」（Лурия，1925）においては，まず，あらゆる実証科学の基礎となるべきマルクス主義の二つの前提として，「唯物論的一元論」と「弁証法的アプローチ」が取り出されている。その内容としては，次の点が押さえられている。すなわち，心身一元論と人間の心理が脳の機能の産物であるということ（唯物論的一元論），および，物質の状態は常に飛躍や断絶や対立物への移行といった変化と運動の中にある（弁証法），という点である。

　それに続いて，観念論的な経験的心理学の形而上学的な特徴が詳細に批判

されている。たとえば，経験の自己観察の方法，心理現象の物質的基礎づけの拒否，経験の奥にある最も豊かな無意識領域の取り残し，バラバラで単純な心理的要素の研究，現実の社会的・生活的過程と切り離されたこれら要素の静的な理解，実際の人格（＝個人）を構成する統一的な神経‐心理過程や，社会‐経済的・階級的条件の中で形成される全体的なまるごとの人間を研究しないこと，などが批判されている。

その上で，次には，これら経験的心理学とは完全に異なる精神分析の原理的命題が説明される（同上，c.55）。これらを要約して，箇条書きにすると，次の通りである。

1) 精神分析は，心理生活のバラバラの要素の研究ではなく，まるごとの人格とその行動，そのメカニズムと刺激を研究する。
2) 精神分析は，個々の経験を記述するのではなく，人格のそれぞれの現象を，その生活と環境のより深いところにある，より根源的な条件にまで掘り下げる方法によって説明する。
3) 精神分析は，しばしば観念論に陥るところの心理生活への潜在的な二元論的アプローチではなく，人格への公然たる一元論的，力動的なアプローチの原理を採用している。
4) 精神分析は，バラバラな現象の研究ではなく，子どもの生活と大人の心理との有機的な結びつきが反映されている間断のない過程を研究する。
5) 精神分析は，社会の外側に人間一般を取り出し，人間を社会的な形成条件の外側で研究するのではなく，人間心理の最も奥深いメカニズムの多くを，社会‐集団的影響の作用にまで掘り下げて研究する。
6) 精神分析は，意識現象の記述をもって素朴‐経験的に満足するのではなく，現象の内的な，隠された必然性を分析的に研究する。

ルーリヤは，これらの原理から構築されている精神分析は，何よりも人格

の生物社会的な有機的心理学であること、その基本的課題は、一定の社会‐文化的条件の中で生活している具体的な人格の個々の側面の決定因を追究して、最初の、より奥深いところにある、より根源的な無意識的な動機（これは生物学的なものである）から、より複雑な人格（これは社会的なものである）がどのように形成されるのかを説明することである、とまとめている。そして、このようなアプローチは、弁証法的唯物論が定式化した、あらゆる実証科学の方法論的要請—唯物論的一元論と弁証法—を満たしていると考えるのである。

　ちなみに、ルーリヤが考える心理の問題へのマルクス主義のアプローチとは、具体的には次のようなことである (同上, c.56-57)。これらも要約して、箇条書きにしておこう。

1) バラバラの心理機能へのアプローチではなく、統一的で全体的で具体的な人格へのアプローチ。
2) 歴史の不可欠で能動的な要素としての人格へのアプローチ。
3) 人格の原動力に関する問題、その欲求と意欲に関する問題、人格と緊密に結びついた現実の社会‐経済的生活条件がどのように人格の行動に反映され、対応する有機体の反応を引き起こすのかという問題が、マルクス主義の関心事である。
4) 人格の行動法則を知ること、人格を客観‐科学的に知ること、人格について「それが自分について思うところのものではなく」「それが現実にあるところのもの」を知ることがマルクス主義の関心事である。
5) 純粋な思弁的哲学との原理的な違いは、実践的生活の課題に立脚していることである。その目的は、世界を再建することにあり、この能動的で実践的なアプローチが、マルクス主義の体系のすべてに反映されている。
6) 実践的な能動主義の観点からは、全体的な生物社会的な有機体としての人間を研究することが不可欠である。ここからは、人間の行動の動機

の問題や，生物-社会的な環境の刺激が人間に作用し，また人間の反応が環境に作用するメカニズムと結びついた問題が前面に現れる。

こうして，ルーリヤによると，精神分析は，全体的なまるごとの人格（＝個人）とその行動のメカニズムを研究課題としている点，人格に対する一元論的，力動的なアプローチをとっている点，人間の心理のメカニズムに及ぼす決定的な社会的な影響が考慮されている点，さらには，人間が能動的で実践的な生物社会的な有機体（存在）として理解されている点など，これらの点において，上で述べられたマルクス主義のアプローチと一致しているというのである。しかし，上でルーリヤによって取り出されている心理の問題へのマルクス主義のアプローチの特徴づけには，レーニンによる弁証法的唯物論の理解—本書の第5章第1節を参照のこと—に照らして，欠けているものがある。それは，実践のモメントが，人間の社会的な行動論としては考慮されているが，心理的なものの弁証法と客観的世界の弁証法とをつなぐ反映論（＝認識論）としては考慮されていないという点である。これでは，心理の問題へのマルクス主義のアプローチの科学性の根拠が失われてしまう。

いずれにしろ，マルクス主義に基づく心理学の構築が課題となっていた時期に，精神分析をマルクス主義の同志と見なして高く評価していたルーリヤであるが，1920年代後半から30年代になる頃には，一般心理学とマルクス主義の立場から精神分析を批判するようになる。実は，このような変化は，次に取り上げるブィホーフスキーにも共通して見られるのである。これは何を物語っているのだろうか。引き続きブィホーフスキーについて見ていくことで，この変化の要因を探っていくことにしよう。

そこに移る前に，ここでは，ソビエト連邦の崩壊から11年経った2002年の時点（ルーリヤは1977年に亡くなっている）で，ルーリヤと精神分析の関係について論じたボグダーンチコフ（Богданчиков С.А.）によるルーリヤの評価を見ていきたい。ソビエト心理学史とはずいぶん異なる，異質の評価（私から見ても間違っていると思われる評価）がされていることが目を引くからだ。ボグ

ダーンチコフは次のように述べている。

「この時期、ルーリヤにとって、精神分析は、評価の面では、古い（観念論的、ブルジョワ的）心理学と新しい（唯物論的、マルクス主義的、ソビエト的）心理学を分かつ壁のあちら側［つまり観念論的、ブルジョワ的心理学］であることがしだいに明らかになる。しかし、内容の面では、鍵となる精神分析の原理と課題（全体的アプローチ、人格の情動的・動機的領域の研究、人格発達の決定因の探究、人格における外的なものと内的なものの、生物学的なものと社会的なものの、意識的なものと無意識的なものの相互関係など）は、ルーリヤにとって、以前と同じように、優先的に研究する焦眉の原理と課題になっている。マルクス主義の影響は、主として、ルーリヤが選択する叙述と使用される用語装置の形式の中には観察されるが、研究されている課題の本質の科学的な根拠づけと理解に関連する原理的な問題の中には観察されない。ルーリヤは、真剣に、まだ若いときに形成された自らの科学的な最重要事項と原理に忠実だったのである」（Богданчиков, 2002, c.91）。

このような、後世からのボグダーンチコフによるルーリヤの評価について、私は前段の部分には賛同する（ただし理由は異なる）が、後段の部分にはまったく同意できない。前段に述べられているように、この時期にルーリヤが見出していた精神分析の原理と課題—「全体的アプローチ、人格の情動的・動機的領域の研究、人格発達の決定因の探究、人格における外的なものと内的なものの、生物学的なものと社会的なものの、意識的なものと無意識的なものの相互関係など」—について、その後もルーリヤが心理学の重要な原理と課題であるとして、自らの研究に引き受け続けたことは、まったくその通りである。なぜならば、これらの原理と課題は、マルクス主義心理学にとっても同じように重要な原理と課題だったからである。それが精神分析だったから、ということでは決してない。

後段で述べられていること―「マルクス主義の影響は……［ルーリヤによって］研究されている課題の本質の科学的な根拠づけと理解に関連する原理的な問題の中には観察されない」―というボグダーンチコフの評価には，まったく首をかしげざるをえない。ルーリヤがヴィゴーツキーと共に構築することになる文化-歴史的心理学の一翼を担う著作『認識過程の歴史的発達―実験-心理学的研究―』(Лурия, 1974) や，神経言語学（神経言語心理学）の著作『神経言語学の基本問題』(Лурия, 1975) や『言語と意識』(原著1979年, Лурия, 1998) を読むだけでも明確にわかることであるが，これらの研究には，「マルクス主義の影響は……観察されない」どころか，史的唯物論，弁証法的唯物論のアプローチと原理が徹底して貫かれているからである。ルーリヤは，その後，ソビエト連邦にあって，真剣に，マルクス主義心理学の発展に力を尽くした存在であったと私は思う。

● ブィホーフスキーの場合

ブィホーフスキーは，ルーリヤよりもひとつ年長であり，この時期にはやはり20歳代前半の若い気鋭の哲学者であった。1923年にベラルーシ大学の社会科学部を卒業し，1929年から母校の大学の教授として働いている。フロイトの精神分析を唯物論的，一元論的，弁証法的な学説であると評価し，精神分析とマルクス主義との結びつきを強めることに努めた。その場合，先のルーリヤは，マルクス主義との原理的な一致を認めることで精神分析を科学的な学説だと考えたのに対して，ブィホーフスキーの立ち位置は，精神分析をマルクス主義の部分的で個別的な一例と見なし，だから，マルクス主義に基づいて，さらに精神分析の持つ可能性を引き出そうとした点にある。言葉を変えれば，神秘主義からフロイト学説を救い出し（つまり，フロイト学説の思弁的な性格を最初から認識していて，その点は批判していた），その中に，客観的で科学的な性格を努めて見出そうとしたのであった。

次のようなブィホーフスキーの言葉の中に，このような立ち位置がよく表れている。

「そんなわけで，理論的な基礎を精神分析に置こうとしても成功はしないだろう。フロイト自身も，しばしば不満げに，自らの思弁的な結論を省みている。とはいえ，フロイトの未完の探求は，弁証法的唯物論の有益な土壌の中で引き出し，育て上げるべき多くの価値ある思想と観点を孕んでいる」（原著1926, Быховский, 2008, c.27）。

ブィホーフスキーの最も初期の論文「フロイトの精神分析学説の方法論的基礎について」(Быховский, 1923) の中では，今日ではよく知られている，しかし，当時のソビエト連邦では奇抜なものとして受けとめられたであろう精神分析の基本的な内容が，かなり詳細に紹介されている。それらの要点だけを列挙すると，次のようである（同上, c.159-163）。

まず，「無意識」の定義的な説明がある。
1) フロイト学説の根本は無意識である。無意識は，意識には昇らずに，現実の現象を出現させ，はっきりとわかる結果を引き起こす何ものかである。
2) 無意識のシステムの核心部分は，自らのエネルギーの充足に努める本能的な「欲動」であるが，受け入れられないとして意識から追い出された子ども時代の観念や欲望も入り込んでいる。さらに，一時的に意識に昇ることができなかった無意識の行為も含まれている。

次に無意識の独自の運動法則が説明される。
3) 無意識は，論理以前の非言語的な表現方法を持つ。
4) 内的な欲動は，意識の領域へ移行するには「検閲」を受ける。検閲は，「自我」にとって許容できない欲動が意識へ侵入することから意識を保護する。
5) 自我にとって受け容れがたいことは，意識からの「抑圧」を受ける。検閲と抑圧の強化が自我の成長に一致している

第5章　革命後〜スターリン独裁の成立期の心理学の状況

次には，無意識の欲動と自我との葛藤，神経症のメカニズムが説明される。

6) 無意識的な欲動とそれを抑圧する自我との間の闘争に基づいて，葛藤が作り出される。葛藤は，幼児性への退行や歪曲を招く（無意識的な本能的欲動の勝利）か，感情を抑圧する自我の勝利か，両者の妥協に終わる。

7) 抑圧は欲動を根絶するわけではない。欲動は無意識的なものとして保存されるか，昇華されるか，神経症の形成原因となる。

次に，性的欲動（リビドー）とその発達について説明される。

8) 性的成熟以前にも人間に特有の性的欲動（リビドー）がある。

9) 個人の最初の性的発達の段階は，自体愛（器官の快楽・満足）であり，乳児期には，口唇部位，少し後には，肛門部位と自慰的である。

10) リビドーの最初の対象は近親相姦的で，両親に，後に兄弟に向けられる。これから先，成熟の時期までは，これら先行の段階は抑圧によって消失するが，ただ部分的に，生殖の受け入れに際しての準備的行為として保持される。

11) 正常な方法で性的欲望の満足ができないと，幼児性欲への退行やリビドーの前段階での固着を招くことになる。その結果，異常が生ずる。量的には少ない容量で，これらすべての現象は正常な人にも観察されうる。

最後に夢と錯誤行為ついて言及される。

12) 夢の材料は，ふだんは隠された無意識的な欲動と結びついている，睡眠によって完全には抑圧しきれないきわめて強力な昼間の経験である。睡眠中に自我のコントロールが弱まったことで，夢の振る舞いが起こる。それゆえ，「夢解釈」は，無意識的な欲動を解明する最も好都合な方法のひとつである。

13) 無意識的なものが深ければ深いほど，自我にとって許容できなければできないほど，それは夢の中でより歪曲されて表われ，より健忘症にさ

らされる。

14) 思考が関与してくると，思考による抑圧が視覚像を象徴化するので，夢解釈を複雑にする。ここに，精神分析の前に，言語-神話創造という領域が開かれる。夢想は，その本質に関して，夢と類似している。夢想は，主体の心に秘めた欲動を，幻覚という方法によって実現するのである。

15) 言い間違えなどの錯誤行為の背後には，無意識の隠された意味，無意識の振る舞いがある。これらは認められない欲動の妥協的な，部分的満足であり，強迫神経症の症状に対応している。

　これら一連の精神分析の原理の説明について，ブィホフスキーは別の論文「フロイトのメタ心理学」(原著1926年, Быховский, 2008) では，フロイトによる心理活動の二つの原則である「快楽原則」と「現実原則」のダイナミックな展開の姿であると捉え，ここに，精神分析の合理的な核心を見ようとしていた。なぜならば，これらの二つの原則による心理活動の説明は，生物学，進化論，反応学，反射学の命題により確認される唯物論的な行動の，まさに心理的調節のメカニズムを説明しようとしていると考えられるからだ。フロイトの用語の思弁的で主観主義的な「外皮」の背後には，反応学や反射学と一致する合理的な「種子」が隠れているというのである。快楽原則は身体的な反応エネルギーであり，現実原則は条件反射による適応的な行動形成のメカニズムに対応している，というわけである。

　　「条件反射の形成は，心理にとって大きな意義を持っているし，大きな結果をもたらす。フロイトは，〈心理活動の二つの原理に関する命題〉という断章の中で，心理生活の中に現実原則が現われることが，いかに感覚器官の改善や，感覚器官と結びついた意識の改善をもたらし，注意や記憶の機能を練り上げたかを，またそれによって，言語的表象と連結した運動の発現としての思考の抑制機能が可能になったことを，明

らかにしている」(Быховский, 2008, с.10-11)。

このように，精神分析の概念の中に，とりわけこの時期には唯物論的な学説の代表と考えられていたパーヴロフやベーフテレフの条件反射学説の概念との重なりを探り，それをもって精神分析の唯物論的根拠とする論理は，実はそこでは言及しなかったが，ルーリヤの場合にも共通に見られるのである。たとえば，ルーリヤは，パーヴロフの実験室で性的抑制を条件づけられた犬がまったく無気力で，活動的でなくなった事例を，精神分析が言うところの性的抑圧に起因する心理的状態に対応づけている (Luria,1926；国分・牛山, 2006)。

この点に関して，興味深いエピソードが知られている。まだこの時期にはソビエト政権の中枢にいたトローツキーが，1923年9月27日に，わざわざパーヴロフに手紙を書き，その中で，フロイトの精神分析学説と条件反射理論の関係について，両者は補完的である─同じ問題を，前者は上から下へ，後者は下から上へ研究している─という趣旨の見解を述べていたのである (Троцкий, 1927；Мокшанцев, 2014)。さらには，パーヴロフの条件反射理論とフロイトの精神分析を総合する事業を支援する，とまで申し出ているのである (Эткинд, 1994)。このような，政治的に有力であったトローツキーの動向も，大いに影響したものと考えられる。

しかし，先にも見たように，パーヴロフにしろ，ベーフテレフにしろ，その反射学説は，心理学の観点からすれば，明確に機械的唯物論であり，それとの関係づけによって，精神分析が弁証法的唯物論として根拠づけられるわけではない。また，精神分析の力動論や発達論も，運動と変化，そこに対立物の闘争を見るといった点では確かに弁証法的とは言えるが，そこに，心理的なものの弁証法と客観的世界の弁証法との関係において，反映論が明確に貫かれていない以上は，マルクス主義でいう弁証法的唯物論とは言えない。つまり，この時期の精神分析とマルクス主義の接合の論理は，そもそもの始めから，弁証法的唯物論の理解の不十分さを反映した限界を持っていたので

ある。

　ブィホーフスキーは，その内容からすると，「フロイトのメタ心理学」の発表のあとに書かれたと思われる同じ1926年の論文「フロイトの系統学的見解」(Быховский, 1926) の中で，フロイト主義が社会的現象を生物学に還元していることに関して，全面的に批判することになる。「系統学的見解」という規定そのものに，フロイトの精神分析が生物学的な性的関係によって社会の歴史を説明している，ということが含意されているのである。すなわち，

> 「フロイトの社会-心理学的見解の基礎には，脱社会化された社会概念がある。つまり，社会に現実の統一性と特殊性を与えている経済的な依存関係が捨象された社会である。フロイトにあっては，社会は，もっぱら性的な個人的欲動と経験を持つ生物学的個体の共同宿舎に転化している。そこでは，欲動が社会の原動力なのである」(同上, c.179),

> 「まさに，社会学の生物化の試みは……（略）……明らかに，現代の科学的（マルクス主義的）見解とは方法論的に相入れない」(同上, c.179)。

　この批判は，特に，マルクス主義の史的唯物論に根拠を置いたものであり，これまでのように生理学や生物学との親近性をいうだけでは，それは弁証法的唯物論でいうところの唯物論ではない，ということを意味している。この点は，フロイト主義への批判としてだけでなく，マルクス主義心理学の構築にとっても大きな前進であると評価できる。なぜならば，弁証法的唯物論による心理学の基礎づけには，自然科学だけでなく，社会と歴史に関する科学が不可欠だという認識が自覚され始めたからである。

　こうして，精神分析とマルクス主義を両立させ，マルクス主義心理学の構築において精神分析を接合したり，基礎づけようとする努力は，弁証法的唯物論それ自体への理解の深まりと共に，その論者自身に，フロイト学説そのもののいっそう批判的な分析をもたらすことになったわけである。精神分析

の長所や革新的な考え―トロツキーの表現によると,「自由奔放だけれども, 機知に富んだ洞察」(Мокшанцев, 2014, c.3 から重引) ―に注目しつつも, 彼らはフロイトの体系の中に, 同時に, 不整合, こじつけ, 誤った仮説を見出さざるをえなかったのである。

③ 精神分析への政治的断罪

一方, 精神分析とマルクス主義の接合の試みに対しては, 積極的な批判もおこなわれていたのである (Лейбин, 1991)。アストゥヴァツァトゥーロフ (Аствацатуров М. И., 1877-1936), ガッケブーシ (Гаккебуш В. М., 1881-1931), デボーリン, ユリニェーツ (Юринец В. А., 1891-1937), ヴォローシノフ (Волошинов В. Н., 1895-1936), ヴィゴーツキー, その他は, この種の試みに見られるマルクス主義の本質の無理解や, 二つの方法論的に相容れない体系の一部分を混ぜ合わせる不当性や, 精神分析の仮説的な理論構成への過度な信仰を批判していた。これらの批判は, 1927 年頃までには, 以下のような三つの命題に集約された (Петровский, 1967, c.91-92 / 邦訳, p.118)。すなわち,

1) 人間における無意識の内容は, 本当に心理的な擬古体 [本能的欲動―引用者] によって尽くされるのだろうか。フロイト主義は, 人格がその絡み合いの中で発達している現存の社会的諸力の実際の対立の反映を, 無意識的な欲動と意識の間の闘争にすり替えている。相続された材料 [本能的欲動―引用者] がなくとも, 心理的葛藤の, 内的闘争の土壌は存在するのである。それは, 実際に, 心理に反映された現存の外的環境の矛盾が存在する場合に発生するのである。
2) 無意識の優先性を主張することで, フロイト主義は, 時間と場所の条件から独立しているかのような, ある種の不変の形而上学的な原理を擁護している。実際には, 無意識が心理の支配者になれるのは, 稀な精神病理学的な異常の結果としてだけである。意識と無意識の関係のこのような変化は, 様々な心理状況の無限の系列の中の特殊な例にすぎないの

である。
3) フロイトによれば，すべての種類の心理活動が，変形された性的欲動にほかならない。フロイトの性欲説は，心理の実際の内容—特に，個人が多様な社会的活動（職業，学校，家庭，学問，政治などの活動）の過程で獲得する興味，欲求，意欲といったもの—の研究への道を遮断している。心理の具体的で歴史的な独自性は，完全に無視されている。フロイト主義者によって採用されている性欲説は，事実上，社会的影響を考慮していないのである。

このような批判的な命題は，それが科学的な論争の土俵の上でおこなわれるかぎりは，精神分析を支持したり，その可能性を探ろうとしていた論者たちから，それなりの反論が出されることで，論争はまだまだ続けられたはずであった。しかし，これらの命題がまとめられて以降の1927～30年代に入る頃には，科学的な批判に加えて，それ以上に，党派的な批判が強力に推し進められたのである。精神分析を認め，精神分析をマルクス主義と和解させていることそのものが，この時期には党派的批判の理由となった。
　たとえば，ヴァリヤーシは，精神分析の個々の要素をマルクス主義の中に取り込み，精神分析の命題をマルクス主義の概念の中で解釈し，他方で，マルクスとエンゲルスの主張をフロイトの概念の中で解釈する可能性を主張したのだが (Шилкина, 2009)，このことは，精神分析がマルクス主義の公式的イデオロギーへ侵入することを意味した。ヴァリヤーシの主張は，精神分析への直接の転落とか，マルクス主義の機械論的修正ということで，共産党の出版物の中で強く反撃を受けることとなった。また，ザールキントは，精神分析の概念を反射学の概念で読み替え，性的欲動の抑圧によるエネルギーを，社会主義建設に有益な形に「昇華」させたり「転移」させる，「集団的反射学」に基づく子ども（人間）の教育・改造を主張したが (Залкинд, 1930；岩本，2004)，「性的問題への階級的アプローチ」や「階級的観点からの性的行動の基準」などの提唱は，やはり，共産党の批判を呼びおこし，反動的な

フロイト学説への批判的暴露が不十分だとして批判された。同様に，1920年代を通してフロイト主義とマルクス主義との接近に積極的に反対したデボーリンやユリニェーツでさえ，1930年には，フロイト学説の「反革命的な本質」を暴き出すことができなかったとして，非難されている (Олейник, 1997)。

実は，科学的営みに対するこれらの迫害は，トローツキーが政権内でのスターリンとの権力闘争に敗れ，凋落していった時期に一致している。今日では，この時期におけるソビエト心理学での精神分析の消滅とトローツキーの政治的影響力の終焉—1925年に軍全権代表と外務人民委員解任，26年に政治局解任，27年に政府・党の全役職解任，28年に中央アジアのアルマ・アタへ流刑，29年に国外追放—との結びつきが指摘されている。

その公的な発言や著作の中で，トローツキーは，精神分析についてしばしば称賛をしていた。ロシア精神分析協会のメンバーの何人かは，トローツキーと親しかった。たとえば，作家のヴォローンスキー (Воронский А. К., 1884-1937) や，外交官で協会の副会長のコップ (Копп В. Л., 1880-1930) などである。多くの精神分析家が，マルクス主義心理学にとっての精神分析の意義を根拠づけるときに，トローツキーを引用し，その権威に訴えていたのである (Эткинд, 1994)。このような，トローツキーとの結びつきやその迫害は，当事者たちの精神分析に対する態度の変化に大きな作用を及ぼしたことは間違いない。

1931年の始めには，共産主義教育アカデミーの講座で一連の集会がおこなわれ，そこでは，精神分析とフロイト主義に対して十分な警戒心を見せなかったとして，ルーリヤ，ザールキント，そして，ヴィゴーツキーまでもが「イデオロギー的誤り」を批判された。精神分析の思想を意味づけることに取り組んだ学者は，誤りと罪を認めて自己批判することや，精神分析を，発達過程の階級性や教育の階級的課題とは相容れない「生物学主義的，反マルクス主義的，反動的」な理論と呼ぶことを強要された。こうした政治的断罪は，ソビエト連邦からの精神分析の追放によって完結を見た (Олейник,

1997)。

　なお，上で，「ヴィゴーツキーまでもが」という表現をしたのは次のような事情による。ヴィゴーツキーは，確かにある時期までは精神分析に関心を持っていた。それは，ヴィゴーツキーが故郷のゴーメリで中等学校や教育大学（師範学校）で教鞭をとっていた時期（1918～23年）の講義を基にして書かれた，先に見た『教育心理学』（原著1926年，Выготский，1991）の中で，精神分析の概念や理論の内容に基づいて教育を論じた章が見られるので，明らかである。たとえば，第5章「教育の対象，メカニズム，手段としての本能」の中では，無意識の本能的欲動の抑圧と，抑圧されたものの葛藤による神経症の発症メカニズムについて，次のように語られている。

　　「この葛藤の結果は，ときに，神経症疾患の明らかに病的な形態をとることがある。神経症は，本質的に，このような形の病気であり，そこでは，本能と環境の間の葛藤が本能の不満足を，無意識領域への欲動の抑圧を，心理生活の重篤な崩壊を，もたらしている。これらの葛藤がはっきりとした病的な形態をとらない場合でも，実際には，葛藤は異常なままに残っているのである。だから，率直に言って，本能の問題を解決しない教育システムは，神経症患者を作り出す工場だと言えるのである。神経症への逃避は，欲動の充足を得られずに放置された本能にとって，唯一の出口なのである」（Выготский，1991, c.106／邦訳，p.42）。

　さらに，性的本能に関して，小児性欲を全面的に肯定している次のような記述もある。

　　「何よりも，新しい観点によれば，私たちは，子ども時代を，性的成熟と呼ばれる時期までまったく性欲の無い状態として思い描いてはならない，と承知すべきなのである。それどころか，心理学の研究によれば，最も初期の授乳期においてさえ，私たちは，子どもの性欲と，その

様々な病理的および正常な現れと出会うのである。幼児期に，授乳期においてさえ見られるオナニーは，医療の実地経験で昔から確認されてきた現象である。精神分析の実践，大人の精神病患者の研究は，遠い昔の幼児期の性的体験がそこに内包された患者の葛藤を明らかにしている」（同上，c.107 / 邦訳，p.44）。

これらの引用から，さらにはこの先のところで，性的本能の教育について，「昇華」の概念でそのあるべき姿を語っていたりしていることから，ここには，フロイトの精神分析へのかなりの傾倒がはっきりと見られるのである。

しかし，ヴィゴーツキーは，早くも1927年には，『心理学の危機の歴史的意味』（出版は，Выготский，1982）を書き上げて，その中で，フロイト学説の観念論的，静的，保守的，反弁証法的，反歴史的な傾向を暴露すると同時に，ルーリヤのようなフロイト主義とマルクス主義の結合の試みや，ザールキントのような反射学的フロイト主義について，きわめて本質的な批判をしているのである。それにもかかわらず，30年代初めに至って「イデオロギー的誤り」を批判されたということは，それが科学的な批判ではなく，まさに政治的な断罪であったことがわかる。

1991年版の『教育心理学』の巻末の編集者のコメントにおいては，第19章でヴィゴーツキーが教育の目的を「人間の鋳造」にあるとしていることは，トローツキーの言う教育への「階級的アプローチ」のドグマを思わせると指摘されている。エートキント（Эткинд A. M.）はこの点について，1926年の原著では，明確な引用符によってトローツキーの言葉が引用されていた（1991年版では引用符が外され，トローツキーの名前も削除されている）ことを指摘している（エトキント，1997）。こうした事実からは，ヴィゴーツキーに対する批判も，トローツキーとの絡みが原因だったと考えられるのである。

〈ヴィゴーツキーの補助線…その２〉

　『心理学の危機の歴史的意味』は，ヴィゴーツキーが 1926〜27 年に，この時代の世界の心理学の現状を分析し，現況の中に見え隠れする心理学の危機の意味を探って，そこから新しい心理学，つまり，マルクス主義心理学の建設の道を確立していこうとする作業の軌跡と成果がまとめられている著作である。1927 年にはすでに書き上げられていたが，草稿のままに残され，公刊されたのは半世紀以上も後の 1982 年になってからであった。

(1) 精神分析への批判

　その草稿の中では，精神分析についても批判的に分析されていた。たとえば，この時期にフロイト理論は唯物論的一元論であると主張し，マルクス主義と重ねてその接合を試みていたルーリヤやザールキントを批判して，ヴィゴーツキーは次のように述べているのである。非常に長い引用になるが，決定的に大事な指摘なのでお許しを願いたい。

　「ザールキントの論文の中では，フロイトの中心的な思想は語られず，注目もされていない。それなのに，精神分析の一元論が語られるとは，フロイトはこれには抵抗するはずだ。フロイトは，どこで，どんな言葉で，何のために，ザールキントの論文の中で話題となっている哲学的一元論の立場へ移行したというのだろうか。ある種の事実群を経験的にひとつにまとめることは，はたして一元論なのだろうか。これに対して，フロイトは，一貫して，心理的なもの─何か別のものに還元できない特別な力としての無意識─を認める立場に立っている。さらには，なぜ，この一元論が哲学的な意味で唯物論だというの

か。心理の形成に及ぼす個々の器官の影響を認める医学的唯物論ですら,哲学的唯物論からはまだ遠くに位置しているというのに。マルクス主義哲学においては,一元論の概念は一定の,何よりも認識論的な意味を持っている。ところが,まさに認識論としては,フロイトは観念論哲学の立場に立っているのである。盲目的な欲動や意識の中に歪曲された形で反映された無意識の根本的な役割についてのフロイトの学説は,ショーペンハウエル〔(Schopenhauer, A., 1788-1860)〕の意志と表象の観念論的形而上学に直接起源を持つのであるが,実のところ,この事実は,〔フロイト主義とマルクス主義の〕〈一致〉を主張する論者たちによって反駁されてもいないし,検討もされていないのである。フロイト自身は,その過激な結論の中で,自分がショーペンハウエルの港の中にいることを述べている。すなわち,基本的な前提においても,また体系の本質的な路線においても,フロイトは,偉大な悲観主義者の哲学と結びついているのである。このことは,ちょっと分析をしてみればわかることである。

そして,その〈実務上の〉活動においては,精神分析は,動的ではなく,きわめて静的で,保守的で,反弁証法的で,反歴史的な傾向を露わにしている。精神分析は,個人的および集団的な高次の心理過程を,歴史をまったく無視して,原始的で,未開で,本質的に先史時代の,前人間的な根源へと直接に還元している。ドストエーフスキーの創作は,原始未開種族のトーテムとタブーといった鍵によって解明されるのである。キリスト教の教会,共産主義,原始人の群れ—これらすべてが,精神分析では,ひとつの起源から導き出される。こうした傾向が精神分析にあるということは,文化や社会学や歴史の問題を解釈しているこの学派のすべての仕事が証明している。ここでは,精神分析が,マルクス主義の方法論を継承するのではなく,否定していることは明らかである」(Выготский, 1982, c.331-332 / 邦訳, pp.144-145)。

マルクス主義に立脚して新しい心理学を創造しようとしていたヴィゴーツキーの精神分析に対するスタンスは，上の引用から過不足なく明白である。1927年の時点で，ヴィゴーツキーは，マルクス主義の方法論を否定するものとしての精神分析に対して，さらには，そのような精神分析とマルクス主義を接合しようとする主張に対して，明確に，本質的な批判をおこなっていたのである。先にも述べたように，1930年代始めに至って，フロイト主義に対する「イデオロギー的誤り」を批判されるいわれなど，ヴィゴーツキーにはなかったことは明白である。

(2) 新しい心理学の方法論

　『心理学の危機の歴史的意味』は，精神分析だけでなく，同時代の心理学の現状の批判的分析をおこなっているのだが，その作業を経て，では，ヴィゴーツキーは，新しい心理学（マルクス主義心理学，ヴィゴーツキーはこれを「心理学的唯物論」と呼んでいる）とはどのようなもので，それは，どのような方法論に基づいて創造されると考えていたのだろうか。そこが，この著作から学ぶべき最も肝心のところである。私は，すでに，この点の詳しい分析を別のところで述べている（中村，1998）ので，ここでも重なることになるが，必要な範囲で，できるかぎり簡潔に触れておきたい。

① 心理学的唯物論

　ヴィゴーツキーは，自らが創造すべきマルクス主義心理学の課題を次のように把握していた。それは，マルクス主義心理学は，自然科学的，唯物論的心理学の道を非妥協的に進んでいくことによってこそ開かれる，人間に固有の高次な心理機能（意識）の問題およびその発達を説明できる基本原理と方法論を持つものでなければならない，ということである。それでは，このような心理学はどうしたら可能なのであろうか。

科学としての心理学の可能性は弁証法の適用にある，とヴィゴーツキーは主張する。

> 「弁証法は，『あらゆる運動の最も一般的な法則に関する科学と見なされている。このことは，弁証法の法則が，自然の運動や人間の歴史の運動に対しても，思考の運動に対しても有効でありうるということである』（マルクス・エンゲルス著作集第 20 巻 582 ページ）……（略）……エンゲルスは，ヘーゲルにおける判断の純枠に論理的な分類でさえも，思考だけでなく自然の法則によって基礎づけられている，と見なしている。そこに，エンゲルスは，弁証法的論理学の特色を見ている。『ヘーゲルにあっては判断それ自体の思考形式の発展であるものが，ここで私たちに対しては，運動一般の本性に関する，経験的な基礎に立脚した，私たちの理論的知識の発展として登場している。このことは，実は，思考の法則と自然の法則とは，もしそれらが適切に認識されさえすれば，必然的に互いに一致する，ということを示している』（同前，539-540 ページ）。これらの言葉の中には，弁証法の一部としての一般心理学への鍵がある。科学における思考と存在のこの一致は，同時に，一般心理学の対象であり，高次な基準であり，方法でさえある。つまり，一般原理なのである」（Выготский，1982, c.322-323 / 邦訳，pp.132-133，強調は原文）。

新しい心理学を構築する基本原理は弁証法にある。これがヴィゴーツキーの結論である。しかし，弁証法の適用ということは，単に弁証法の諸命題をできあいの形で，外から心理学に導入することではない。物理的自然にも，人間の歴史にも，思考の運動にも弁証法の法則が貫かれているが，これらの領域に適用される弁証法的方法は同一であるはずはない。それぞれの領域に固有の弁証法の法則を発見しなければならないのである。そうであるにもかかわらず，弁証法をその一般的な命題のまま

に機械的に適用したところに，コルニーロフの反応学の誤りがあった。それゆえ，心理学にとって必要なことは，心理学の基準と尺度に合った，媒介的で具体的なカテゴリーや概念体系を発見（創造）することである。それはちょうど，経済学においてマルクスが『資本論』を創り上げる作業に対応している，とヴィゴーツキーは言う。すなわち，

> 「そのような媒介的理論—方法論，一般科学—の創造のためには，その領域の現象や現象の変化の法則の本質，質的かつ量的な特徴，因果関係を明らかにし，それらに固有のカテゴリーと概念を創り出さねばならない。つまり，<u>それ自身の『資本論』を創り出さなければならない</u>。どんなマルクス主義的科学でも，あたかも『資本論』を素通りして直接的に創り出すことができるかのように考えることの愚かさを知るためには，マルクスが，価値，階級，商品，資本，利子，生産力，下部構造，上部構造などといった抽象的かつ歴史的なカテゴリーなしで，量と質，[正・反・合の]三段階，普遍的連関，結節点，飛躍などといった弁証法の一般的原理とカテゴリーを使用していたとしたら[どうなっていたか]，と想像するだけで十分である。心理学は自分自身の『資本論』—階級，下部構造，価格などのような自分自身の概念—を必要としている。これらの概念の中で，心理学は自分の対象を表現し，記述し，研究することができるのである」（同上，c.420／邦訳，pp.260-261．強調は原文）。

マルクス主義にふさわしい心理学を創り出すということは，あたかも，マルクスとエンゲルスが弁証法的唯物論を社会と歴史の分野の研究の中で固有に仕上げていき，社会とその発展法則を明らかにする史的唯物論を創り上げたように，「心理学的唯物論」を創り出すことなのである。固有の概念とカテゴリーによる『資本論』の方法なくしては，新しい心理学への前進は望めないのである。

② 帰納 - 分析的方法

　心理学において自分自身の『資本論』―心理学的唯物論―を創り出すこと，心理学の法則の解明に必要な固有の概念やカテゴリーを発見すること，そのためには，さらに，分析的方法が徹底されなければならないとヴィゴーツキーは主張する。

　分析は現実を捉える自然科学的な方法である。分析は，事物を要素に分けると共に，個々のものの中に一般的なものを抽象する。たとえば，あるひとつのガスについて研究する場合，そこから，そのガスのみに特殊な性質が分離されるだけでなく，ガスの一般的な概念が作り上げられる。というのも，私たちは，個々のガスを個々のガスとして研究するのではなく，そのガスにおいて実現されているガスの一般的性質を研究しているからである。また，分析によってあるひとつのガスから得られた結論を，他のすべてのガスへと敷延することができるためには，帰納的な観察により，個々のガスの持つ一般的な性質や概念の内容を確認することが必要である。それゆえ，自然科学的研究においては，分析と帰納とはお互いに依拠し合っている。分析なき帰納は単に記録の羅列であり，帰納なき分析は超経験的な直観主義の産物である。分析は，帰納の本質（多回性・繰り返し）を否定するところに成り立つ，帰納の高次な形式なのである。このような自然科学的方法としての分析を，帰納なき直観主義の現象学的・先験的方法としての分析と区別するために，ヴィゴーツキーは「帰納 - 分析的方法」と呼んでいる。

　ヴィゴーツキーは，このような帰納 - 分析的方法の適用例をマルクスの『資本論』に見ている。ヴィゴーツキーは，マルクスは資本主義社会の研究にまさにこの方法を用い，『資本論』全体がこの方法によって書かれているという。確かに，マルクスが資本主義経済機構の分析によって抽象したのは，「商品」という固有の概念である。マルクスは，商品の持つ特に交換価値の分析から，商品に対象化された社会的労働を価値の実体として取り出すと共に，価値の量（大きさ）を決めるものとしての

社会的必要労働時間を抽象した。このことによって，商品生産の下では，商品は社会的必要労働時間を基準に交換される，という経済法則（価値法則）を明らかにした。この基本法則を資本主義経済機構全般に敷延し，商品生産の無政府性，労働者の労働力の商品化，賃金，剰余価値，搾取，資本の蓄積，労働者階級などといった固有の概念やカテゴリーを生み出し，資本主義経済の運動法則を解明し，資本主義社会のあらゆる現象を説明し，その発展方向を指し示したのである（マルクス，1968）。商品は，あたかも，資本主義経済全体の構造をそこに凝縮した「細胞」であった。このような方法が心理学にも求められているのである。

「もし心理学の細胞―ひとつの反応のメカニズム―を洞察した者は，心理学全体の鍵を発見したことになろう。それゆえ，方法論において，分析は強力な武器なのである」（同上，c.407／邦訳，p.244）。

このように分析的方法（帰納・分析的方法）は，科学を押し進める強力な武器なのである。この方法によって，心理学における「商品」（細胞）に相当するものを取り出すことが必要なのである。そこに見出される一般的原理に基づいて，人間の高次な意識活動を分析し，説明することが求められているのである。

心理学における「商品」（細胞）―それは，どのようなものなのであろうか。この草稿の段階では，まだ，それは「ひとつの反応のメカニズム」として言及されているだけで，反応のメカニズムそのもの，しかも，人間にのみ固有な反応のメカニズムそのものは，明らかにされていない。ヴィゴーツキーによってそれが具体的に取り出され，明らかにされるのは，この草稿のすぐ後に公刊された論文「子どもの文化的発達の問題」（Выготский，1928）まで待たねばならない。

その中で，ヴィゴーツキーは，子どもの文化的発達という新しいカテゴリーを提出し，それが補助的手段たる記号（言葉）の習得によっても

たらされることを解明している。また、文化的発達が自然的発達を基礎にしながら、外的補助手段の内的手段への転化（特に外言の内言への転化）によって進行していく筋道を素描している。そして、こうした子どもの文化的発達の特質を捉えるために、ヴィゴーツキーは、人間の行動の記号による被媒介性という三項構造を抽出し、これを基本単位——つまり、『資本論』における「商品」に相当するもの（心理学の細胞）——として、高次心理機能（意識）の発生と発達の問題を分析することを提案するに至るのである。

③「自然科学としての心理学」という表現の真意

この草稿の中で、ヴィゴーツキーが、マルクス主義心理学（心理学的唯物論）は自然科学的、唯物論的心理学の道を非妥協的に進んでいくところに開かれると考えるとき、ここでの「自然科学的」という用語の意味について、ひとつの確認をしておきたい。ヴィゴーツキーは、ここでは、通常の狭い意味での無機的、有機的自然を研究する学問としてだけでなく、社会的な自然、意識的な自然を含む広義の自然を対象とする科学として、自然科学という用語を使用しているのである。それゆえ、そこに込められている意味は、因果的な説明科学としての心理学ということであって、自然科学的心理学という用語を用いているからといっても、それは唯物論的科学としての性格を明確に示すためであって、それがそのまま「生物学的」とか「生理学的」とか「物理学的」とかを意味するものではないということなのである。ここの真意は、しっかりと確認しておきたい。

この時期、ヴィゴーツキーには、意識活動を歴史的、社会的な視点から把握しなければならないという考えが、しっかりと明確にされつつあり、経験科学が自然科学と社会科学とに区分されるとすると、たとえ広義な意味であるといっても、心理学を自然科学であると規定し切っていいものかどうか、という問題が生じてくる。ヴィゴーツキーは、この点

についてすでに気づいており，彼自身のその後の思想の展開を予定して，草稿の中で次のように述べている。

「その上，私たちはもうひとつの問題も未解決なままに残している。それは，本当に心理学は正確な意味で自然科学なのか，という問題である。この種の知識の唯物論的性格をよりはっきりと示すために，私たちはヨーロッパの著者たちに従って，この用語を用いている。西ヨーロッパの心理学は社会心理学の諸問題を知らなかったか，あるいはほとんど知らない以上は，この種の知識は，西ヨーロッパの心理学にとっては自然科学と一致することになる。しかし，心理学が唯物論的科学として可能であることを示すことは，いっそう特別の，きわめて深遠な問題である」（Выготский, 1982, с.384 / 邦訳, p.213）。

ここには，唯物論的科学としての心理学は，狭義の自然科学（生物学，生理学，物理学など）と同一視されるものではなく，人間の歴史的，社会的な存在という独自の特質を踏まえた科学として実現されるという，ヴィゴーツキーの方法論的な見通しが語られているのである。この見通しは，その後に発表される一連の著作，たとえば，『行動史試論』（Выготский и Лурия, 1930）や『子どもの発達における道具と記号』（書かれたのは 1930 年，Выготский, 1984a）や『高次心理機能の発達史』（書かれたのは 1931 年，Выготский, 1983b）などの中で，文化-歴史的理論として詳しく定式化されるのである。

④ 真理の基準としての実践

草稿の中では，科学的な心理学を求める声が，哲学者や理論心理学者からではなく，むしろ，実践に関わっている応用部門から出ていることに，特に注目していることが述べられている。ヴィゴーツキーは，応用心理学の量的な発展が心理学の危機の主たる原動力であると考えると共

に，応用心理学の中に，進歩的なものの未来の種子を見ている。それは応用心理学が実践との結びつきによって，方法論的な問題に応えることができるからである。精神工学，精神病理学，児童心理学，犯罪心理学などの応用心理学は，産業や軍事，教育や医療などの高度に組織された実践と直面し，衝突する。そのことによって，これらの心理学は，自分自身の原理を点検され，実践による試練に耐えることができるように，自らの原理を改変せざるをえなくされる。このように，実践は課題の立て方を提起し，理論を審判する最高法廷—真理の基準—の役割を務めるのである。実践は，概念を構成する方法や法則を定式化する方法—つまり，方法論—を提起するのである。

このように，ヴィゴーツキーが心理学の方法論的問題として，実践のモメントを取り出していることは，とても重要な意味を持っている。ヴィゴーツキーは，応用部門の個々の心理学の持つ特殊な方法とか成果が重要だ，と言っているのではない。ヴィゴーツキーが強調しているのは，実践を内に含むことで，これらの心理学が方法論を創出せざるをえないということ，心理の支配と行動の人為的管理といった実践の要求が，心理学を，観念論の圏外へ連れ出し，唯物論的科学として実現せざるをえないということである。ここに，実践を内に含んだ応用心理学の中に，危機の原動力と未来の心理学の種子を見る理由がある。

「私たちは，危機の原因を，危機の原動力として，それゆえ，歴史的関心だけでなく先導的—方法論的—意義を持つものとして理解している。というのも，それは危機を作り出しただけでなく，危機のその後の経過や運命を決定し続けているからである。この原因は，応用心理学の発展の中にある。応用心理学は，実践の原理に基づいて，科学の方法論全体の改変をもたらす。つまり，自らを自然科学（もちろん，唯物論的科学という広義の意味での自然科学—引用者）へと変える。実践の原理は，心理学に圧力を加え，心理学を二つの科学（観念論と唯物論—引

用者）に決裂するよう駆り立てる。実践の原理は，唯物論的心理学の正しい発展を将来において保証している。実践と哲学（ここでは方法論のこと—引用者）が最も重要になっている」（Выготский，1982, c.393 / 邦訳，p.224）。

客観的世界を認識する方法論そのものの中に実践が内包されていることが，弁証法的唯物論の認識論—反映論—の本質であり，そのことは，心理学的認識についても例外ではないことを，ヴィゴーツキーが明確に認識していたことが理解されるのである。

(2) 児童学の展開と断罪

10月革命後の時期に始まった産業の再編成，特に重工業化の推進，農業の集団化による改革の実現といった社会的要請は，それらに携わる人間の能力の開発，識字率の向上や教育システムの再編，プロレタリア文化や新しい社会主義的人間の形成などといった実践的課題の解決を心理学に要請した。このことが，この時代のソビエト心理学の応用心理学としての発展の方向や内容を規定していくのである。具体的には，とりわけ，社会主義の下での新しい学校づくり，教育内容や教育方法の改革といった大きな流れの中に，「児童学」も位置づけられていくのである。

児童学とは，ソビエト連邦においては，子どもに関する総合的な科学として特徴づけられる理論的および実践的な子ども研究の潮流のことである。特定の科学ではなく，様々な科学—医学，生物学，心理学，教育学，その他—の子ども研究のアプローチを統合することを目的とした科学運動として捉えられるものである。ロシアに先駆けて，19世紀末〜20世紀初頭にかけてのアメリカのホールやボールドウィン（Baldwin. J. M., 1861-1934），ドイツのモイマンなどの研究が児童学的な性格を持った最初の研究だとされる。そこに

は，応用心理学の展開が見られる。10月革命前の時期には，ロシアにおいても，反射学のベーフテレフ，神経病理学のロッソリーモ（Россолимо Г. И., 1860-1928），実験心理学のネチャーエフ，ラズールスキーなどが児童学の考えを受け入れて，発展させていた。

たとえば，ネチャーエフとラズールスキーの実験教育学については，すでに本書の第Ⅰ部で紹介している通りである。ロッソリーモは，自分で資金を出して，1911年にモスクワにロシアで最初の「子どもの心理学と神経学研究所」を設立した。この研究所では，子どもの人格が心理と行動の側面からも，また身体と神経組織の側面からも多面的に研究された。ロッソリーモは，子どもの人格の全体像を捉えることに努め，心理的な緊張，知覚や連想過程の強度と安定性といった子どもの心理的特性を数量的に評価するために，「心理学的プロフィール法」と名づけられた研究方法を工夫した（Даниличева, 1997）。この評価法は標準化されて，ソビエト連邦では，ビネーの知能検査と並んで，子どもの能力の測定に広く用いられることになる。ベーフテレフは，1907年には，サンクトペテルブルクの精神神経学研究所に児童学部門を作っている。この部門は，後に，児童学研究所に再編される。ベーフテレフは子どもの社会教育，労働教育，性教育に関心を持ち，また，特に幼児期の教育，児童画の発達や美的（情操）教育の意義について研究をしている（Марцинковская, 1990）。

① 政府の率先による児童学の展開

そもそも，外国で広まっていた児童学の運動の基礎には，子どもをそれ自身の固有な価値を持った存在として捉え，子どもの興味や関心を尊重し，子どもの自主性を最大限に引き出すことのできる教育という子ども観と教育観が据えられていた。いわゆる「新教育運動」の大きな影響の下に，児童中心主義，全人教育，活動主義，生活中心主義といった要素が重視されていたのである。そこでは，子どもは小さな大人，未完成の存在であり，教育は子どもをいかに早く大人に変えていくかがその使命であり，効率的に知識を子どもに

教え込んでいくという旧来の子ども観や教育観が批判されていたのである。

　10月革命後の1920年代には，新しい社会における新しい人間の形成という課題は，トローツキーやルナチャールスキーや，レーニンの妻であるクループスカヤなどのリーダーシップの下で進められ，学校教育システムの改革は，教育人民委員部国家学術会議（略称グース）の下に組織された教育科学部の主導によっておこなわれた。その代表者はクループスカヤが務め，そのスタッフには，心理学・教育学のブロンスキー（Блонский П. П., 1884-1941），教育学のシャーツキー（Шацкий С. Т., 1878-1934），科学教育学のカラーシニコフ（Калашников А. Г., 1893-1962），教育学のエーシポフ（Есипов Б. П., 1894-1967）などがいた（村山，1999）。

　国家学術会議の教育改革は，基本的に，1918年10月に出された「単一労働学校令」に基づいて進められた。そこでは，「学校コミューン」構想が唱えられ，民主主義原理による学校自治の導入や，労働と教育の結合原理に基づく労働学校が構想されていた。誰にも開かれた無償，共学，非宗教の単線型の労働学校制度が打ち出されて，詰め込み型の学校は否定され，この労働学校の下で総合技術教育（ポリテフニズム）が試みられ，教育と生産労働の結合を通して，全面的に発達した人間の育成が目指された。そこでは，教科別ではなく，生徒の生活上の興味や関心から出発し，身近な社会主義的生活の建設や，自然と人間との関係や，労働，世界観などを，社会的有用労働を通して総合的に学習するコンプレックス・システムと呼ばれる方法が採られたのである。このような国家学術会議の教育改革の試みは，学校現場における総合技術教育への理解の不足や，労働現場からの専門に特化した早期の職業教育を望む声の高まりなどの抵抗に合うなど，多くの困難に直面しながらも，クループスカヤをはじめとする指導者の熱心な活動に支えられて，1930年頃まで続けられた。

　こうした国家学術会議の教育改革の推進の流れの中で，児童学に，科学的に根拠づけられた新しい子どもの形成という課題が期待され，課せられたのである。このような国家的な要請に積極的に応えるべく，児童学の領域で活

動をおこなった心理学者や教育学者としては，ブローンスキー，バーソフ (Басов М.Я., 1892-1931)，モロジャーヴィ (Моложавый С.С., 1879-1937)，ザルージュヌイ (Залужный А.С., ?-1941)，ザールキント，ヴィゴーツキー，その他が挙げられる。なお，児童学の領域に含まれる学問的傾向は均質なものではなく，精神分析学あり，反射学あり，生物発生学あり，活動論的発生学あり，社会発生学あり，といった多彩なものであった (Олейник, 1997)。このことからも，児童学はきわめて複雑な学問領域であり，児童学について議論する場合には，何か特定の科学領域を念頭に置けば解決を得られるというものではないことが理解されよう。また，それだけに，児童学の共通の性格づけをめぐっては，きわめて激しい討論・論争が展開されることにもなるのである。

では，国家学術会議が児童学に課した課題とは，具体的にはどのようなものだったのか。ザールキントによれば，それは厳しいものであり，義務的なものであった。その要請を列挙すれば，次の通りである (Залкинд, 1929, c.23-24)。

1) 児童学は子どもにおける労働と集団をどのように理解するのか。児童学的な観点からすると，マルクス主義教育学の最も重要なこれら要素の構築方法は，どのようなものか。
2) 各年齢期の学習-訓育の容量はどれくらいか。それらの限度と可能性について。
3) 様々な年齢の子どもにおいて，また，子どもの社会的，階級的，民族的，個人的な特性が異なる場合に，子どもの精神物理学に新しい学習-訓育の材料を導入する最も生産的な方法は，児童学の見地から見て，どのようなものか。
4) 学習と訓育とを切り離した古い学校に反対して，児童学的には，どのようにして訓育と教授-学習を統一的な内容に結合するのか。
5) 子どもの健康の概念を児童学-教育学の言語にどのように翻訳するの

か。さらに，今日までお互いに切り離されていた子どもの衛生学と教育学を，どのようにして結びつけるのか。

6) どのようにして興味を創り出し，活用するのか。どのようにして疲労を明らかにし，予防するのか。

7) 児童学に照らすと，個人的な子どもの才能と成績を研究する方法はどのようなものか。

8) どのような児童学的な原理に基づいて，教育労働にまつわる環境を構成すべきか。

など，などである。国家学術会議は，これらに対して，理論的にも実践的にも明確な児童学的解答を要請したのである。はたして，1920年代の児童学は，このような国家学術会議の要請に応えることができたのであろうか。

② 第1回全ソ連邦児童学大会

1927年12月27日～28年1月4日にかけて，モスクワで第1回全ソ連邦児童学大会が開催される。これに先立つ25日付け共産党機関紙「プラウダ」に，クループスカヤがこの児童学大会に期待する論文を寄せる中で，大会には，およそ2,000人ほどの児童学の理論や実践に携わる人たちが参加している。この大会の様子を知ることで，10月革命後の10年間の児童学の活動の流れがどのようなものであったのかを窺い知ることができる。この時期の児童学の形成過程と第1回全ソ連邦児童学大会の内容については，幸いなことに，山口（1983）による先行研究があり，日本語で知ることができる。それに依拠して，大会の構成，課題，児童学のイデオロギー問題，方法論の問題，教育学・教育実践との関連の問題について要点を箇条書きにして示すことにしたい（以下，山口，1983，pp.137-142）。

大会の構成については，

1) 総会と七つの分科会という構成。総会では，四つの問題について，そ

れぞれ 2〜6 本の報告があった（なお，資料の不足もあって，3 本の報告の演題が不明とされている）。
2) 四つの問題と報告テーマの一例を挙げると，
「政治的・イデオロギー的問題（ブハーリン：児童学とマルクス主義 / ルナチャールスキー：全般的建設とそこにおける児童学の位置）」，
「児童学の一般的問題（ザールキント：ソ連邦における児童学）」，
「児童学研究の方法論の問題（イヴァノーフ・スモレンスキー：行動科学および児童学における心理学的かつ生理学的方法 / コルニーロフ：児童学における実験的方法 / バーソフ：子どもの行動の研究に際しての観察法）」，
「労働の児童学の問題（ヴァシーリエフ：学校へ適用するに際しての労働の反射学の基本的命題）」。
3) 七つの分科会とは，「方法論」「前就学前」「就学前」「第一学齢期」「第二学齢期」「困難児」「プログラム・組織」。

大会の課題については，
4) ザールキントによると，大会の課題は，これまでの活動をふり返ること，児童学者たちの傾向とグルーピング（分類）を決定すること，児童学と教育学を結合すること，児童学者たちを大きな集団に統一することにある。
5) ヴィゴーツキーによれば，多くの児童学者がおり，様々な児童学のグループ，学派，潮流，傾向，研究所が存在しているが，「単一のソビエト児童学」がまだ存在していない状況において，大会の第一の主要な課題は，単一のソビエト児童学の基礎を築くための敷居をまたぐことにあった。

児童学のイデオロギー問題については，
6) 唯物論の意義が強調されている。その場合，生命体と環境，生物学的なものと社会的なものといった二要因が設定されるが，それらの関係づ

けでは，生物学的要因に対する社会的環境の影響の支配的重要性が強調されている。

方法論の問題については，
7) パーヴロフ学派とベーフテレフ学派の間で論争が起こった。前者は，行動研究を生理学的方法による高次神経活動の法則の解明ということに限定し，主観的世界を扱う心理学的方法とは相容れないことを主張したが，後者は，人間の意識の内容，社会的・イデオロギー的傾向などの社会発生的性格を有するものの解明には，反射学的，心理学的，社会学的方法が必要だと主張した。
8) 観察法と実験法との比較が論じられた。観察法は事実の確認に有効であるが，行動の前途を予見するものではないという限界を持つとされ，科学的，客観的データを与えてくれる実験的方法を重視すべきであるという方向になった。
9) テスト法については，才能研究についてその診断的な意義を認めつつも，検証なしの機械的な導入は問題とされ，子どもの編入学に際して，テストだけで子どもの処遇を決めることは有害だと自重が求められた。だが，その一方で，学業成績の計測については，実験法による検証と改善の必要性を指摘しつつも，現段階では一定部分において，十分客観的ないしは比較的厳密な計測法だという評価がなされた。

教育学・教育実践との関連の問題については，
10) 教育学との結合が強固になることは，児童学そのものの発展に寄与するし，教育実践にとって児童学は不可欠の学問であるという考えが顕著に表明されたが，他方で，児童学が教育実践の要請する問題に対して十分に取り組んでいない，という実践からの遊離への危惧が表明された。

以上である。ここで，7番目の項目のパーヴロフ学派とベーフテレフ学派

の論争については、山口のまとめ方に違和感が残る。少し寄り道をすることになるが、私なりに言葉を足しておきたい。パーヴロフが自らの条件反射の学説を、あくまでも生理学の範囲に限定することに厳格であったことはよく知られているので、パーヴロフ学派の主張についてはその通りで、まったく違和感はない。問題はベーフテレフ学派である。山口のまとめ方だと、ベーフテレフ学派が「動物とは違った<u>人間</u>における反射、<u>社会環境の中でおこる反射</u>との見方を重視する」（山口, 1983, p.138, 強調は原文）とされているように、私の誤読でなければ、一見すると、この文脈ではベーフテレフ学派に正当性があるかのように読めてしまうのである。しかし、この論争をそのように理解するとしたら、それは、ベーフテレフ学派の主張に対して過大評価をしてしまうことになるだろう。

　一見もっともらしく見える、上で示されたようなベーフテレフ学派の主張は、実は、〈ヴィゴーツキーの補助線…その1〉の中で引用した「反射学的研究と心理学的研究の方法論」（報告は1924年, Выготский, 1926）と「行動の心理学の問題としての意識」（Выготский, 1925）の中で、ヴィゴーツキーが暴露していたベーフテレフの反射学の自己撞着・自己矛盾の姿が、1928年のこの時点では、この学派の中でますます増幅されていることを示すものにほかならないのである（なお、ベーフテレフは大会直前の1927年12月24日に亡くなっている）。ちなみに、ヴィゴーツキーは、1927年に書き上げた『心理学の危機の歴史的意味』の中で、ベーフテレフの反射学について次のように断じている。

　「条件反射の思想が犬の心理的な唾液分泌の研究から生まれたことは、周知の通りである。しかし、なんとまあ、条件反射の思想は一連の他の現象にも拡大されていった。すると、それは動物心理学を征服した。ベーフテレフの体系においては、あろうことか、条件反射の思想は、心理学のあらゆる領域に応用され、適合され、これらの領域を自分の支配下に置くことに奔走している。すべてが―夢も、思考も、労働

も，創造も一反射なのである。そして，ついには，条件反射の思想は，心理学のあらゆる学問分野を—芸術の集団心理学，精神工学と<u>児童学</u>，精神病理学，<u>主観的心理学</u>さえも—自分の支配下に置いた。いまや，反射学は，普遍的原理や世界法則や力学の基本原理とだけ仲良くしている。精神分析が生物学を経てメタ心理学に転化したように，反射学も生物学を経てエネルギー論的世界観に転化している。反射学の教科書の目次—これは世界法則の普遍的なカタログとなっている」（Выготский, 1982, с.307／邦訳, p.113, 強調は引用者）。

ベーフテレフ学派が「人間の意識の内容，社会的・イデオロギー的傾向などの社会発生的性格を有するものの解明には，反射学的，心理学的，社会学的方法が必要だと主張した」その視点はよいとしても，その方法論があらゆる領域へ反射学を敷衍することであるならば，それはまったくの誤りなのである。

本筋に戻ろう。大会での上述のような論議を分析して，山口（1983）は，その特徴として，イデオロギーの問題と方法の問題の間に二極分解を起こしていて，前者の論議が後者に反映していないと評価している。それはどのようなことだろうか。イデオロギー面では，唯物論が共通の言語とされているわけだが，その内容が，社会環境による生物学的なものの被制約性として理解されているので，社会環境を改造すれば，生物学的なものを変えられると理解されることになる。これは，一見すると，子どもを改造する教育学・教育実践と児童学との結合を導くように思われるが，実は，社会的なものと生物学的なもののこのような関係のさせ方は，単に生命体（子ども）と環境の二要因の相関関係を指摘しただけにすぎないのものである。ここから，山口は，児童学が発達主体としての子どもの目的志向性への視点と，それを生み出す教育の力（その方法）への視点を欠くことになったのではないか，との問題を指摘するのである。

私は，別の角度から見て，この山口の指摘はきわめて重要だと考える。児

童学における,社会環境と子どもの発達との関係づけは,社会的要因と生物学的要因のどちらを重視する立場に立ったとしても,きわめて平面的な視点から二要因の相関関係を見ているだけなのである。どちらが相対的あるいは絶対的に重要かとか,どちらの規定性が大きいのか,などといった問題設定や議論は本質から外れた形式論理である。子ども(人間)の発達のメカニズムとダイナミズムは,平面的な相関関係のパラダイムを脱して,より構造的な視点からの両要因の質的な関係づけという,まったく新たなパラダイムの導入によって初めて解明されるものである。

この大会では,ヴィゴーツキーも重要な役割を果たしているが,ヴィゴーツキーは,この1928年には,この大会での論議において大多数の児童学者が陥っている形式的で平面的な相関関係のパラダイムとは異なる,新しい構造的な関係づけのパラダイムに基づく子どもの発達心理学の構想を提出することになる。その嚆矢となる論文が,〈ヴィゴーツキーの補助線…その2〉で少しだけ言及した「子どもの文化的発達の問題」である。この論文は,この大会で刊行が決められたジャーナル「児童学」の第1巻に掲載されたものである。この論文およびそれに続く文化-歴史的発達についての一連の著作の内容については,後で,〈ヴィゴーツキーの補助線…その3〉で詳しく述べられることになる。

では,児童学を国家的な政策として推進してきた教育人民委員部は,この児童学大会をどのように見ていたのであろうか。大会の後,間もなくして,この第1回全ソ連邦児童学大会の総括に関する国家学術会議(グース)の報告を受けて,教育人民委員部参与会が開かれている。ザールキントの著書の付録に,その議事録の抜粋(1928年1月26日付)が提示されている。それによって,この段階での児童学に対する教育人民委員部の評価を知ることができるので,参照してみよう(Залкинд, 1929, c.76)。

「決定：2. 第1回児童学大会の総括に関する国家学術会議の報告を聴取した結果,教育人民委員部参与会は,大会では基本的に正しい路線が

とられたこと，大会は児童学の基本問題にマルクス主義的にアプローチしたことを確認する。

　教育人民委員部参与会は，次のことを決定する。
1) ロシアソビエト連邦社会主義共和国における児童学の研究活動の計画立案に関わる常任委員会の創設を，科学・博物館・科学 - 芸術機関管理総局に委任する。
　注釈：国家出版所は，児童学の文献の出版計画においては，大会で採択された原則的綱領を考慮すること，また，児童学の研究活動の計画立案に関して委員会によって表明される出版計画の理由も考慮すること。
2) 子どもの社会教育と総合技術教育管理総局および職業教育管理総局に対して，ひと月のうちに，各地域で，児童学的研究の組織的形成の問題について，さらに，社会教育と職業教育の大衆用施設の児童学的サービスに関する方策システムの展開計画について，徹底的に検討するように命じる。
3) 総合技術教育管理総局は，国家学術会議と共同で，児童学の担い手養成の改善に関する問題，および教育学と医学の高等教育機関，教育学と医学の中等専門学校における教育課程の教授法の改善に関する問題について，大会での意見や要望を考慮しつつ，徹底的に検討すること。
4) 児童学者とマルクス主義者の統一のための団体の組織化が不可欠であると考えるので，この統一の形態に関する問題を徹底的に検討することを，科学・博物館・科学 - 芸術機関管理総局に委任する。
5) 児童学ジャーナルの出版に関する科学・博物館・科学 - 芸術機関管理総局の決定を承認する。
6) 1928/29 年の予算編成に際して，児童学の研究活動の組織化のための資金の相当な増加を見越すことを，国家人民監督局に委任する。」

教育人民委員部のこれらの決定を見ると、第1回全ソ連邦児童学大会の総括を踏まえて、これまでの児童学の研究と実践は、基本的に正しく、マルクス主義に基づいていると評価されていることがわかる。その上で、さらに、これらの児童学の活動をいっそう強化するために、その検討のための常任委員会の創設や、しかるべき担当部局に新たな任務の割り当てをおこない、さらに、専門ジャーナルの刊行の承認をしている。こうした児童学の活動のために、予算の増額も提案されているのである。こうして、ここまでの時期において、児童学の発展経過は、政府の指導機関の率先と支援の下で順調に進んでいるように思われるのである。

　ここで参考までに、大会後に発行されたジャーナル「児童学」の1928年の第1巻の寄稿者と論文名について紹介しておこう（Оглавление：Педология, кн.1, 1928）。これを見るだけでも、この時期の児童学の動向が読み取れるだろう。なお、ジャーナル「児童学」はこの年から廃止される1932年まで発行が続けられることになる。

Ⅰ. 一般的部門
　編集部から
- ア・ベ・ザールキント：第1回児童学大会を終えて
- ヴェ・エヌ・オーシポヴァ：ベーフテレフ学派と児童学
- エス・エス・モロジャーヴィ：子どもに関する科学—その原理と方法—
- エム・ヤ・バーソフ：基本問題としての構造的行動分析と児童学的心理学の方法
- エリ・ピーサレヴァ：学校公衆衛生を媒介にして治療医学から児童学へ
- イェ・カ・セップ：神経病理学と児童学
- エリ・エス・ヴィゴーツキー：子どもの文化的発達の問題

Ⅱ. 専門的部門
　a）集団

- ア・エス・ザルージュヌイ：子ども集団の児童学の基本問題
  - ペ・イ・リュブリーンスキー：子どもの社会集団参加の正常な方法と異常な方法

  b) 労働
  - イ・ゲ・ローザノフ：労働の児童学分野における研究活動

Ⅲ. 年齢的児童学とその方法論

  a) 就学前児童
  - エリ・エス・ゲシェーリナ：環境と今日の学童の社会-生物学的特徴
  - ア・ペ・ボルトゥノーフ：就学前児童に適用できる心理学実験

  b) 学童
  - エヌ・ア・ルィブニコフ：今日の学童の児童学

  c) 青少年
  - イ・ア・アリャーモフ：今日の青少年の行動特徴
  - ペ・ザゴローフスキー：青少年期のいわゆる否定的局面について

Ⅳ. 児童学施設の活動から
  - エヌ・ア・ルィブニコフ：共和国の児童学施設
  - エム・エス・ベルンシュテーイン：学校労働方法研究所児童学部門

Ⅴ. 記録
  - ア・デ・ペチャートニコフ：科学・博物館・科学-芸術機関管理総局児童学計画委員会

　こうして，児童学は，政府の指導機関―教育人民委員部国家学術会議―の率先と支援の下で順調に発展の道を進んでいるように見えるのである。1928年には，バーソフの大著『児童学の一般的基礎』（Басов，1928）が出版され，1929〜31年には，ヴィゴーツキーのこれも大著である『青少年の児童学』（Выготский，1929, 1931a）が出版されているし，1934年には児童学についての簡潔な講義集『児童学の基礎』（原著は1934年．Выготский，2001）も出版されている。また，1934年には，ブロンスキーのこれも大きな作品である

『児童学』（Блонский, 1934）が出版されている。まさに，児童学は盛んな様相を呈しているのである。

バーソフの著書『児童学の一般的基礎』は，著者のまえがきで表明されているように，きわめて体系的で全面的なものである。第1部では，遺伝と環境の問題，身体発達とその神経学的基礎の成長・発達の問題，第2部では，周囲の環境の中での能動的活動者としての人間の行動発達の問題，行動の構造的分析とその児童学における意義の問題，行動発達の内的メカニズムとしての特に情動的構えとその発達の問題，運動・知覚・記憶・言葉・思考の発達の問題，活動としての遊び・労働・描画の発達などが取り上げられて分析されている。バーソフは，人間の研究にとっては，環境との相互関係の確立に向かう活動者としての人間の活動全体を研究すべきという命題と，人間は発生的に低次でより単純な一連の存在と結びついた，長期間にわたる発達の複雑な所産であるという命題が，とても重要な意味を持っていると考える。前者の命題は，認識がおこなわれるしかるべき限界を決定するし，後者の命題は，一連のしかるべき現象の中に統一もたらし，それらをひとつの有機的全体へと結合し，それらを研究する方法を明らかにするからである。ここには，活動の原理と発達の原理が明確に語られている。

ヴィゴーツキーの『青少年の児童学』は，児童学の概念から始まり，児童学の方法，この著書で焦点が当てられている思春期についての主要な理論，青少年の身体-生理学的特徴，性的成熟とその心理学，思春期の葛藤と複雑性，思春期の興味の発達，青少年の思考の発達と概念形成，思春期の高次心理機能の発達，青少年の想像と創造の発達，思春期の職業選択，青少年の社会的行動，労働する青少年，青少年の人格の動態と構造という，やはり思春期の青少年の発達を体系的かつ全体的に，かつ詳細に論じている。特に，後半では，ヴィゴーツキー独自の文化-歴史的理論に立脚して，高次心理機能の発達と人格の発達について解明されていて，もはや，これまでの児童学の概念をはるかに超える独創的な内容となっている。教育学部の学生の通信教育用のテキストとして書かれたものなのだが，内容的にきわめて高度なもの

である。

　ブローンスキーの『児童学』は，前半で児童学の発展の歴史，児童学の対象と課題，児童学と他の科学との関係，児童学の方法，児童学における統計学の位置，児童学の基本概念などが解説されている。後半では，各年齢期による子どもの特徴が詳細に説明されている。たとえば，学童期では，その一般的な特徴の説明に続いて，低学年児童の知的機能の発達，教授 - 学習過程の分析，学業での進歩，読み書き能力の習熟，算数の習熟，労働と芸術，集団の中の子ども―学童の一日，学童の遊び，クラスの中の子ども，仲間の一員としての低学年児童―などといったトピックスが語られている。また，青少年では，一般的特徴として，性的成熟，集中的成長，知的および社会的発達，性的成熟期に関するブルジョワ理論などが取り上げられ，さらに学習における青少年，集団の中の青少年，社会的・政治的・職業的生活への参加といった話題が論じられている。この著作は，文字通りの児童学の概説書であり，簡潔な記述が特徴となっている。ブローンスキーらしく，教授 - 学習過程との密接な関係の中での発達の問題が取り上げられ，分析されている。また，図表や写真が添えられているのも特徴的である。

　こうして，次に児童学の問題点として指摘されることになる子どもの心理測定や学力形成の問題などの教育実践上のことがらを脇に置くならば，この間に，児童学は，ヴィゴーツキーがその本質的な特徴として挙げている「発達の一連の側面がひとつの統一的な過程に結合することから生ずる新しい質・独自の特徴の研究や，全体として捉えられる子どもの発達―個体発生―の基礎にある過程の内的な構造の解明」（1930年の講演，Выготский，2010, c.107）を目指した科学として，着実にその成果を積み上げてきたと評価できるのである。しかしながら，児童学の運命は，その科学的な前進の道に沿って歩みを進めることはできなかったのである。

③ 児童学の終わりの始まり─共産党中央委員会の決定「教育人民委員部系統の児童学的歪曲について」

1936年7月4日付全ソ連邦共産党中央委員会の決定「教育人民委員部系統の児童学的歪曲について」(Постановление ЦК ВКП (Б) от 04.07.1936, 以下,「36決定」と記述) が出され，何と，政府機関の教育人民委員部がこれまで進めてきた児童学の理論と実践が弾劾され，児童学の終わりが宣告されたのである。「36決定」の中では8項目の決議がおこなわれているが，その中で児童学の運命にとって決定的な決議は次の項目である。

1) 教育学と教師を完全に復権させる。
2) 学校における児童学者の班を解消し，児童学の教科書を没収する。
3) ロシアソビエト連邦社会主義共和国教育人民委員部と他の連邦共和国教育人民委員部に対して，教育困難児のための学校を再点検し，子どもたちの大半を普通学校に移すように命じる。
4) 児童学の活動に関するロシアソビエト連邦社会主義共和国教育人民委員部の諸決定と，ロシアソビエト連邦社会主義共和国ソビエト人民委員会の1931年3月7日付の決定「共和国における児童学の活動の組織化について」は，誤っていると認定する。
5) 高等師範学校と中等師範学校における独自の学問としての児童学の教育を廃止する。
6) これまでに出版された現在の児童学者の理論書のすべてを，出版物の中で徹底的に批判する。

第4項において誤っていると認定されている1931年3月7日付の決定とは，「様々な官庁によっておこなわれる，共和国における児童学の活動の組織化について」のことである。このロシア共和国 (ロシアソビエト連邦社会主義共和国) の決定の中では，教育人民委員部によって，教育過程の組織と合理化の問題を児童学で基礎づけるべき活動範囲が具体的に示されている。すなわ

ち，「総合技術教育，社会・政治教育，教科活動の方法，児童の定員充足と学級編成に際しての児童学的検査の指導，落ちこぼれと成績の児童学的問題，職業指導と職業相談の仕事の指導，職業選択の仕事への参加，教育困難児の判定，精神異常児の判定への参加，生産環境と文化・生活環境の検査の指導，教員の児童学的訓練と再訓練および大衆的児童学プロパガンダのすべての問題」（所，1994, p.63 より重引）であり，きわめて広範囲の教育活動が児童学に基礎づけられるべきだとされていることがわかる。しかし，「36 決定」によって，このような児童学への役割回しが誤っていると断じられたわけである。

　スターリンが独裁体制を強固にしていた共産党中央委員会によって，まさに上から，児童学の糾弾にとどまらず，その一掃が決定されたわけである。この決定が出されて 6 か月の間に，児童学をブルジョワ的，反マルクス主義的，反動的な偽科学として摘発する 100 以上のパンフレットや論文が出版されたという（Емельянов и Ионайтис, 2013）。では，児童学一掃の根拠は何だったのであろうか。「36 決定」では，大きく分けて，学校でおこなわれている「児童学の性格の問題」と「児童学の具体的な方法の問題」が指摘されている。

　まず，児童学の性格の問題としては，「全ソ連邦共産党中央委員会は，いわゆる児童学の理論も実践も，偽科学的な，反マルクス主義的命題に基づいていると考える。このような命題に属しているは，何よりもまず，今日の児童学の主要な〈法則〉—子どもの運命は生物学的要因と社会的要因によって，遺伝と何らかの不変な環境の影響によって，宿命的に制約されているという〈法則〉である」ということが挙げられている。

　次に，児童学の具体的な方法の問題としては，「児童学者の実践は，教師や学校の課題とは完全に切り離されて経過しており，基本的に，偽科学の実験や，党によって以前から非難されていた無意味で有害なアンケートやテストといった種類の無数の検査を学童とその両親に実施することに終始していた」とか，これらの知能発達や才能の検査は「ブルジョワ階級の児童学からソビエトの土壌に無批判に移入され，生徒に対するまぎれもない嘲笑であり，ソビエト学校の課題と健全な目的とは対立する」とか，「6-7 歳の子ども

に標準的なこじつけ問題が与えられ，その後で子どものいわゆる〈児童学的〉年齢と知的能力の段階が決定された。これらのことすべてによって，ますます多くの子どもたちが知的遅滞や障害や〈困難な〉子どもの範疇に入れられた」，などと指摘されている。

児童学に対するこのような「36決定」をめぐる政治的，イデオロギー的，教育学的な意味については，幸いなことに，日本の教育学者による相当精緻な研究と分析が積み上げられており，日本語でその概略について知ることができる（たとえば，渡辺，1984，1996；所，1994；駒林，1998；福田，1999）。また，ソビエト連邦の崩壊時からは，ロシアにおいても，児童学の歴史と「36決定」に言及した研究が少なからず見られる（たとえば，Баранов，1991；Пископпель и Щедровицкий，1991；Родин，1998；Курек，2004；Пископпель，2006；Малофеев，2011；Емельянов и Ионайтис，2013；Шалаева，2014；Ясницкий，2015）。これらを参考にしつつ，「36決定」について考察してみよう。

● 「児童学の性格の問題」について

まずは，「36決定」が指摘している児童学の性格について。本当に，この時期の児童学が指摘されているような単純な〈法則〉に基づいていたのか，私には，「36決定」の指摘はまったく正しくない，不当な言いがかりだと思われる。確かに，1920年代にかけては，一方では，アールキン（Аркин Е. А., 1873-1948），アリャーモフ（Арямов И. А., 1884-1958），ブローンスキーなど生物発生説の立場からの遺伝要因の過大な評価の流れがあり，他方で，ザールキント，モロジャーヴィ，ザルージュヌイなどの社会発生説による環境決定論的な流れがあって，激しく批判を交わし合っていた（Петровский，1967）。しかし，1930年代の前半には，たとえば，前述の②項の最後のところに挙げたブローンスキーの『児童学』（Блонский，1934）の内容を見れば，単純な生物発生学はブローンスキー自身によって克服されており，子どもの発達については，歴史的，社会的な環境条件（つまり，不変な環境ではなく，歴史的，社会的に変化する環境）との弁証法的，一元論的な理解がなされているこ

とがわかる。ブロンスキーの言葉を参照してみよう。

「わが国での社会建設がどのように進んでいるのか，私たちの生活がどのように新しく創られているのかを知ることによってのみ，なぜわが国の子どもたちは，他でもない，まさにこのように発達しているのかを理解できるのである。子どもの発達研究は，現代の枠内にのみとどまるものではない。言うまでもなく，現代は歴史的観点からのみ，史的唯物論に照らしてのみ理解することができるのである。……（略）……歴史的観点に立ち，確固たる歴史的知識を得て初めて，児童学は子どもの発達の歴史をしかるべく理解できるのである。

こうして，児童学における生物学主義，つまり，唯一の最も重要な基礎として，生物学の上に児童学を構築しようとする試みは，断固として拒否しなければならない。しかし，このことは，児童学にとって生物学が意味がないということではない。『心と身体の二元論の一掃（つまり，唯物論的一元論）とは，心は身体とは独立には存在しないということ，心は二次的なもの，脳の機能，外界の反映だということである』（レーニン：唯物論と経験批判論）。神経系の活動についての知識は，児童学に不可欠である。子どもの身体の特徴に関する知識は，総じて，児童学にとって不可欠なのである」（Блонский, 1934, c.12）。

このような考え方のどこに，相変わらず宿命論的な子どもの捉え方や発達観が示されているというのだろうか。この上に，やはり先に言及したヴィゴーツキーの著書『青少年の児童学』（Выготский, 1929, 1931a）を挙げるまでもなく，「36決定」の指摘はまったく根拠がないと言わざるをえない。この点については，バラーノフ（Баранов, 1991）も駒林（1998）も，「36決定」にある「……今日の児童学の主要な〈法則〉—子どもの運命は生物学的要因と社会的要因によって，遺伝と何らかの不変な環境の影響によって，宿命的に制約されているという〈法則〉である」という批判については，すでに

1930年代前半にあっては,真実からはほど遠いものであることを指摘している。この時期の児童学には,ヴィゴーツキー自身の著作と共に,ヴィゴーツキーの理論が大きな影響を及ぼしており,高次心理機能の社会的,歴史的な被制約性—社会的,歴史的に変化する環境による被制約性—の思想は,かつては生物発生説の代表と呼ばれたブロンスキーにあっても,この時期には集約的に練り上げられていたからである。

こうして,科学の発展という論理からすれば,児童学は上から廃止されるべきではなく,引き続きその研究活動と実践の中で,科学的な議論を通して洗練されていくべき存在だったと考えられるのである。

● 「児童学の具体的な方法の問題」について

次に,「36決定」が批判する「児童学の具体的な方法」について。児童学が学校現場に無批判に持ち込んだテストやアンケートといった検査法は,結果として,教育困難ではあるが真性の知的障害を持たない多数の正常な子どもを補助学校や補助学級に移してしまい,彼らに本当に必要な矯正教育が放置されたというのである。また,その結果,補助学校や補助学級の数が肥大したというのである。これらのことは,児童学が最も鋭く批判された点でもある。

バラーノフ(Баранов, 1991)は,児童の成績不良や落第を克服する課題や,遅れている児童の選択や教授 - 学習のための特別の補償条件の創造などが補助学校や補助学級に割り当てられ,1930年代前半には大都市の補助学校の数が急激に増大したが,現実には,教授 - 学習のための必要な教材や十分な教育条件が作られなかったために,補助学校や補助学級の多くは設定された課題を解決できず,これが児童学廃止の主たる原因のひとつだったと述べている。つまり,児童学に基礎づけられた教育実践や教育行政上の効果が十分でなかった点を認めている。

ちなみに,「36決定」が出された時期には,モスクワでは51の補助学校(知的遅滞児のため42校,精神神経症児のため6校,教育困難児のため3校)に,全部

で約18,000人が学んでおり,レニングラードでは37の補助学校（知的遅滞児のため33校,精神神経症児のため4校）と135の補助学級,さらに教育困難児のための16施設に,15,500人を上回る児童が存在していたとされる（Малофеев, 2011）。渡辺（1984）によると,1926年の時点での―明示されていないが,おそらくはソビエト連邦全体ではなく,ロシア共和国での―「子どもの家」等の教育困難児童数は,16,597人とされている。教育困難児の定義とか,時期による教育制度や教育施設の違いとかがあって単純に比較はできないけれど,1936年時点でのモスクワとレニングラードの補助学校や補助学級等の教育困難児童数だけでも,約33,500人となり,10年間で二倍になっている。「36決定」では,このような状況をもたらした要因が知能テストなどの検査の無批判で一面的な利用であった,と批判されているわけである。

　児童学の実践でのテストの利用に関しては,1930年に教育人民委員部参与会と保健人民委員部参与会の合同決定において,児童学に対して,大量の労働者と農民の子どもを系統的な児童学的調査の対象とすることが要請されたが,その場合にヨーロッパやアメリカの子どもに関する科学データや成果は,そのままではソビエトの労働者と農民の子どもの教育の構築に役立たないので,児童学は,学校で用いられている知能テスト―主にビネー・シモンテスト,ビネー・バートテスト,ビネー・ターマンテスト―などは方法を改善して,判定や教育活動に貢献できるようにせよと注文されていたのである（所,1994）。つまり,知能テストなどの活用それ自体は,工夫の上で,むしろ奨励されていたことがわかる。

　テストの利用が典型的におこなわれたのは,農村と都市の労働者と事務職員の子ども間や,少数民族の子どもとスラブ民族の子ども間の比較研究である。これらの研究では,社会的・経済的条件,衛生条件,家族の関係,学校や文化施設の状況などもあわせて調査されているが,子どもの知的能力の測定には主としてビネーテストやロッソリーモテストが用いられている。これらの比較研究の結果として,農民の子どもの知能指数の低さや,事務職員の子どもとの比較での労働者の子どもの知能指数の低さが確認されている（駒

林，1998；Курек，2004；Емельянов и Ионайтис，2013）。また，少数民族の子どもの場合，そうではないケースもあったが，全体としては，知能指数の低さと，さらには年齢が進むにつれて知能指数が低下していく事実が確認されている（福田，1999）。このように，テストやアンケートによる検査法を利用した児童学的研究は確かに広く実践されていたのであり，その測定の結果として，教育困難な子どもが補助学校や補助学級に多く振り分けられたのは事実として認められる。

　しかし，同時に，すべての児童学者が無批判にこうした方法を肯定していたわけではないことも事実である。たとえば，第１回全ソ連邦児童学大会（1927年末〜28年始め）でテストをめぐって討論がおこなわれ，先に見たように，検証なしの機械的な導入は問題とされ，子どもの編入学に際して，テストだけで子どもの処遇を決めることは有害だと自重が求められてもいるのである。とりわけ，ヴィゴーツキーは，テストに対してきわめて慎重な，一貫した批判的な見方を保持していたことはよく知られている（渡辺，1996；Выготский，1983a）。渡辺も紹介しているヴィゴーツキーの言葉を引用しよう。

　　「ビネーの尺度やロッソリーモのプロフィール法などのような伝統的な研究方法は，子どもの発達の純粋に<u>量的</u>な概念に基づいている。つまり，本質的に，これらの方法は，子どもの<u>否定的</u>な特徴づけにとどまっている。これら［量的概念および否定的特徴づけという］二つの要因が，実践的には，普通学校からそこにふさわしくない子どもを選び出すという純粋に否定的な課題に呼応しているのである。あるタイプの子どもの肯定的な特徴づけをおこなったり，その子の<u>質的</u>な独自性を把握したりできない以上は，これらの方法は，子どもの発達過程に対する今日の科学的な見方とも，異常な子どもの特別教育の要請とも，まさに対立しているのである」（原著は1928年，Выготский，1983a, c.325，強調は原文）。

　ヴィゴーツキーは，児童学に固有な方法として，「子どもの発達を統一的

に研究する方法（要素に分解するのではなく単位に分解する方法）」「各年齢の徴候の背後にある発達過程を研究する臨床的な方法」「各年齢段階での子どもの特徴を研究する比較-発生論的な方法」（原著は1934年，Выготский，2001，c.32-52）という三つの基本的方法を提示している。ヴィゴーツキーにとって，テストという方法とそこから得られる情報が，児童学のこれらの基本的方法に適うものとは考えられなかったことは，明らかである。

● 「36決定」の意味

以上のように，児童学に対する「36決定」の批判が的外れであったり，部分的な事実を捉えてのものだったりしたとすると，「36決定」の意味は何だったのだろうか。それは，ひと言で言えば，これまで反射学や反応学，精神分析のたどった運命で見てきたように，科学的な批判や論争というものではなく，政治的，イデオロギー的な上からの弾圧と言えるものであった。反射学や反応学，精神分析の終焉と比べると，児童学の終焉は1936年にずれ込んでいるので，それだけスターリンの独裁体制が強固になった段階での出来事であった。それは，児童学への支援が，ソビエト連邦の中軸であるロシア共和国の教育人民委員部の教育政策として推進されてきたという経緯によって，その時その時で，共産党中央委員会の政策との複雑な関係を呈したこともあって，スターリンの決断に時間がかかったのかもしれない。

駒林は，きわめてはっきりと，「スターリン主義的政治・文化路線貫徹の『政治的便宜』のために，スターリン主義的形態の『マルクス-レーニン主義』的フレーズを使って児童学の理論と実践の全てを否定したのが，『決定：児童学的歪曲』である」（駒林，1998，pp.117-118）と断定している。福田は，児童学のもたらした正確な現状認識—子どもの能力発達の遅れの認識から，その原因としての教育条件や保健衛生条件の改善や整備の遅れ，さらにそれを支える経済状態の悪さへの認識—こそが，共産党中央による弾圧をもたらしたとして次のように述べている。

「筆者（福田のこと―引用者）は，共産党中央委員会の児童学決定は，『児童学の理論と実践についての<u>正確な現状認識に基づいていたものである</u>』と考える。すなわち，児童学のもたらした正確な現状認識は政治批判に行き着いてしまうものであるという（論理必然性）が，1936年時点で共産党中央に認識されたのである。……（略）……この政治的問題を何らかの形で葬り去る必要が出てきた。すなわち，『<u>非学問的問題の学問的問題へのスリ替えである</u>』」（福田，1999，p.118，強調は原文）。

ピスコーペリとシェドロヴィーツキー（Пископпель и Щедровицкий, 1991）は，児童学は理論的にも実践的にも破綻したわけではないという認識を前提に，では，「36決定」による児童学の完全かつ最終的一掃の意図とはどのようなものなのかを問うている。そして，広範な大衆に「36決定」の意味がわかるように，国家の文書類に通常用いられる文語調の高度な文体ではなく，いかなる倫理的な配慮もなしに通俗的に編集された「36決定」の表現の中にこそ，意図がはっきり現れていると述べている。その文書の中では，児童学に代わって教育学を復権することが謳われる一方で，児童学に対しては，いわば罵詈雑言―たとえば，「悪意を持った」「児童学者の性悪な活動」「犯罪的な無責任」「無知から出た理論」「偽科学の児童学」「児童学的な戯れ言」「児童学の無学な指導者」などといった―浴びせられているわけだが，こうした過度な罵詈雑言の中に，ピスコーペリとシェドロヴィーツキーは，ソビエト学校のすべての過ちと，国家の国民教育分野での欠陥や落ち度の責任のすべてを児童学に負わせる「36決定」の政治的な意図を読み取っているのである。このような，国家の教育政策の不振の責任をすべて児童学に転嫁したとする「児童学スケープゴート説」は，渡辺（1984）や所（1994）も指摘しているところである。

さらには，こうしたスケープゴート説の背後に，共産党の指導部の中でのスターリンの権力闘争の最後の仕上げがおこなわれたという指摘もある。ルナチャールスキー，クループスカヤ，ブハーリン，ブーブノフ（Бубнов А.

С., 1884-1938) など，いわゆるレーニン親衛隊のボリシェヴィキの精神的および肉体的駆逐である (Олейник, 1997)。ルナチャールスキーは1933年には他界しているが，クループスカヤと共にその思想の駆逐であり，ブハーリンとブーブノフは1938年に銃殺され，肉体的に駆逐されるのである。

④ 児童学の残したもの

政治的に児童学が葬られたことによって，その後のソビエト連邦における子ども研究は，いわば自由な展開の見られない窮屈で，教条的なものになってしまった。子どもの独自の特性を研究することや，教育学や教育実践との関係で子ども研究の必要性を主張することすら「児童学的である」とのレッテルを恐れて，おおっぴらな表明が憚られたのである。このような「子どものいない教育学」と言われる状況が，スターリンの死後に，1956年のスターリン批判がおこなわれるまで続くのである (駒林, 1975, 1998)。「36決定」による児童学の一掃は，もちろん教育学だけでなく，心理科学の様々な分野——児童心理学，教育心理学，労働心理学，社会心理学など——の発展に否定的な影響を及ぼさざるをえなかった。

以上が，ソビエト連邦における児童学の運命ではあったが，10月革命後の約20年間に積み上げられてきたものは何だったのであろうか。簡単にではあるが，児童学の展開によってソビエト心理学の理論的な財産として残されたものについて，オレーイニクの見解 (Олейник, 1997, c.98-99) を参考にしつつ，さらに，私なりの必要な補足説明を加えながら，そのいくつかを確認しておこう。

●心理発達の進化 - 段階的性格の追究

ブローンスキーは，どの心理現象もその動態と発達の見地から研究すべきとして，心理活動の経過の動態の考慮と分析なしには，心理的現実の本質を見抜くことはできないことを明らかにした。また，外的環境との相互作用の中でのみ，心理に特有の発達の潜在能力が内的に実現されること，心理発達は質的に異なる局面の交代として，また異なる段階の相互連関として理解さ

れることを定式化した（Блонский , 1964）。

　この点は、ヴィゴーツキーの発達理論とも完全に一致している。ヴィゴーツキーは、児童学的な発達研究の統一的な方法を提唱しているが、これは、子どもの人格における何かひとつの側面（＝心理機能）の把握ではなく、人格のすべての側面を全体として把握する方法である。全体としての統一的方法とは、個々の側面を順番に把握していくという意味での全面的な方法ということではない。それは、システム的アプローチということであり、すべての側面（＝心理機能）の相互連関・相互作用の動態の中に現れる全体としての機能とその変化を捉える方法のことである（Выготский , 2001）。

●自らを取り巻く環境の中で能動的に活動する存在としての人間の承認

　バーソフは、具体的な生活状況における活動の過程において人間を研究することだけが、人間に生じている心理的な特質と状態の複雑な色調を説明できるとして、能動的な活動的アプローチを提唱した。バーソフは、人間活動の構造-分析的方法によって、人間の環境への能動的な適応過程における活動の構成要素と、それら要素の相互関係の様相を解明することに努めた（Басов, 1928。なお、この点は、ブローンスキーともヴィゴーツキーとも重なっている）。バーソフによって強調された、人間の発達における、人間自身によって形成される社会的環境の役割という考えは、その後の活動的アプローチのパイオニアとなった。

　この「人間の発達における、人間自身によって形成される社会的環境の役割」という視点は、外界の変革を介しての人間の発達という活動論的アプローチにとっても重要だが、次に見るヴィゴーツキーに代表される「文化-歴史的アプローチ」にとっても重要である。人間が歴史的、社会的に形成する社会的環境とは物質的環境だけではなく、まさに、言葉を媒介にして人類が歴史的、社会的に構築してきた文化的環境でもあるからだ。このような人間自らが歴史的、社会的に形成してきた、また形成している文化的環境との出会いによってこそ、言語媒介理論としての文化-歴史的アプローチが成立

するからである（Выготский, 1983b）。

● **心理発達過程の文化 - 歴史的被制約性の承認**

ヴィゴーツキーは，系統発生ではそれぞれ独立した路線として順次に出現した二つの過程——ホモ・サピエンスの発生をもたらした生物学的進化の過程と，原始人を文化人に変えた歴史的発達の過程——は，個体発生においては融合し，複雑な統一的過程を形成しているとして，ここに子どもの発達の独自の難しさがあると指摘している。その上で，子どもの発達において，この融合を分離して考えてみると，歴史的発達において原始人から文化人への発達が身体器官の変化によってではなく，記号とその利用の進歩に基づいておこなわれたように，子どもの発達においても，記号に媒介されて発達する行動を取り出すことができるのである。このように，子どもの発達の中に，自然的発達の路線と区別して，文化的発達の路線を独自に取り出すことによって，ヴィゴーツキーは，言葉の発達とその媒介による高次心理機能の発達のメカニズムの解明に迫ることができたのである（Выготский, 1983b）。

人間の心理発達の社会的被制約性という，この時代の児童学に確立された一般的な命題の理解にとどまらず，言葉の意味を媒介にした人間の意識の具体的な発達のメカニズムの解明に迫りえているところに（Выготский, 1934），その後のソビエト心理学の展開の中に占めるヴィゴーツキーの独自の位置がある。

● **学校における教授 - 学習過程との関係での子どもの発達の解明**

特にブローンスキーに顕著な特徴であるが，常に学校での教育カリキュラムと子どもの知覚，注意，記憶，表象，思考，読み書き，生活，労働，遊び，描画，社会 - 政治的態度などといった多面的，複合的な子どもの発達との関係が問題とされ，解明されている。ブローンスキーは，国家学術会議（グース）における労働教育や総合技術教育の支持者であったが，古い旧来の学校の抽象的知識の教え込みを批判するあまり，新しい学校がコンプレックス・システムの下に，教育外の政治的内容の教材を多く持ち込んで反対の極端にぶれ

て，学校生活が子どもに抽象的思考を発達させることに失敗していることを批判している（所，2003）。ブロンスキーは，子どもの教授 - 学習過程へのアプローチに際しては，単線的にではなく，子どもが大人へと発達していく過程の弁証法を考慮しなければならないと述べている（Блонский, 1961）。

この点について，教授 - 学習過程と子どもの概念発達との弁証法的な関係を解明しているのがヴィゴーツキーである。ヴィゴーツキーの有名な「最近接発達の領域」概念は，学校での教授 - 学習過程と子どもの概念発達および子どもの心理過程の自覚性と随意性の発達の関係を説明し，理解するために固有に導入された概念である（Выготский, 1934, 1935）。この時期，ヨーロッパではピアジェ（Piaget, J., 1896-1980）の知能の発達理論が注目を集めていたが，この発達理論は，その内容として必ずしも教授 - 学習過程との関係を含んでいないものであった。ピアジェは，その発達理論の構築においては，子どもへの意図的な教育的はたらきかけを排除し，あくまでも，子どもが日常的な具体的生活経験の中で環境との相互作用により自発的に構成していく知能の発達に焦点を当てているのである。それゆえに，結局，子どもの科学的概念の発達のメカニズムを説明できないのである。それに対して，ヴィゴーツキーは次のように問題を設定している。すなわち，

「学校教育を受けている子どもの頭の中で，科学的概念はどのように発達するのだろうか。その際には，ほかならぬ知識の教授と学習の過程と，子どもの意識の中での科学的概念の内面的発達過程とは，どのような関係にあるのだろうか」（Выготский, 1934, c.165 / 邦訳，p.228）。

こうした，学校教育での教授 - 学習過程と子どもの行動やその内面的発達との関係を独自のテーマとしてきた児童学の理論的成果は，スターリン批判後に展開されることになった「発達と教育の関係」をめぐる論争において，あらためて議論の際の出発点・基礎となったのである（たとえば，Костюк, 1956；Занков, 1958 を参照のこと）。

―〈ヴィゴーツキーの補助線…その3〉

(1)「文化的(文化‐歴史的)発達」ということの意味

　1928年に創刊されたジャーナル「児童学」の第1巻に，ヴィゴーツキーが「子どもの文化的発達」という論文を寄稿していることは，先に触れたとおりである。それゆえ，ヴィゴーツキーは，この論文を，児童学の研究に属するものとして書いたということが理解される。この中で，ヴィゴーツキーは「文化的発達」という新しいカテゴリーを提出し，それが，補助的手段たる言葉（記号）の媒介による心理機能の再編成であり，新たに発生する構造的変化であることを解明している。つまり，社会的，文化的な要因（言葉の媒介とはその最たるものである）と子どもの自然的な要因とが相関しているとか，両要因は不可分であるとか―このような指摘それ自体は間違いではないが―といった平面的な理解にとどまらず，両要因の結合のあり方の発達的な変化と，それによる心理機能の構造的，質的変化―高次心理機能の発達―のメカニズムの基本路線を明らかにしているのである。

　この論文で提示された文化的発達の基本路線は，引き続く一連の著作『行動史試論』(Выготский и Лурия，1930)，『子どもの発達における道具と記号』（書かれたのは1930年，Выготский，1984a)，『高次心理機能の発達史』（書かれたのは1931年，Выготский，1983b）などの中でいっそう体系的に，詳細に説明されることになるのである。ここでは，これら一連の著作の中で語られている，ヴィゴーツキーの提起する文化的発達（文化‐歴史的発達）について，児童学の研究におけるその意味を確認していきたい。

① 「原始性」の概念

　文化的発達について語るとき，まず重要な概念として，「原始性」について説明することが必要である。原始性とは，子どもの発達のある段階での心理的特質を示すものであるが，それは，「文化的発達を遂げていない子ども，あるいは文化的発達の相対的に低い段階にいる子ども」に見られる心理的特質であり，それは，「子どもが外的または内的な何かの原因によって，行動の文化的手段――多くの場合，言語――を習得していないことと大いに関連している」（Выготский，1928, c.59／邦訳，p.24）。それゆえ，この原始性は，子どもの個体発生での文化的発達において，言葉の発達史と高次心理機能の発達史との結びつきを解明する出発点となるものなのである。というのも，原始性は，子どもの言葉と思考の相互結合の発達過程において，自然的で要素的な心理機能から高次心理機能への移行的な形式の中に特徴的に見出されるものだからである。

　ヴィゴーツキーの挙げている9歳の女の子の例を引用しよう（同上，c.60／邦訳，p.25，強調は原文）。この女の子は健康な，まったく正常な子どもであるが，原始性が見られる。

　女の子に質問をする。
1) ある学校では，上手に字を書く子もいれば，上手に絵を描く子もいます。この学校では，全部の子どもが上手に字を書き，絵を描くのでしょうか？
　　回答：そんなことわからないわ。<u>自分の目で見ていないもの</u>を説明できないわ。もし，自分の目で見たならば，［わかるけど……］。
2) 私の息子のおもちゃはみんな木でできています。木でできたものは水に沈みません。息子のおもちゃは沈むでしょうか，それとも沈みませんか？
　　回答：沈まないわ。――〈なぜ？〉――だって木は絶対に沈まないけど，石は沈むわ。<u>自分で見たことあるもの</u>。

3) 私の兄弟はみんな海辺に住んでいました。それで，彼らはみんな上手に泳げます。海辺に住んでいる人はみんな上手に泳ぐことができますか，それとも，みんなとは限りませんか？
　回答：上手に泳ぐ人もいるし，まったく泳げない人もいるわ。<u>自分で見たことあるもの</u>。私にはいとこがいるけど，彼女は泳げないわ。
4) ほとんどすべての男の人は女の人よりも背が高い。私の伯父さんはその奥さんよりも背が高いでしょうか，それとも高くないでしょうか？
　回答：わからないわ。もし見たことがあれば，答えられるけど。もし，あなたの伯父さんが背が高いか低いかを私が見たことがあれば，答えられるわ。
5) うちの中庭は庭園よりも小さく，庭園は菜園よりも小さい。中庭は菜園よりも小さいでしょうか，それとも小さくないでしょうか？
　回答：やっぱり，わからないわ。あなたはどう思うの？　見たことがないのに，あなたに説明できると思う？　<u>もし大きな菜園だと言っても，もしそうでなかったら？</u>

　この女の子の場合は，タタール語がまだしっかり習得されていないのに，ロシア語に切り替えたケースなのだが，「そのために，思考の道具として言語を利用する能力を完全には習得していなかった。彼女は，しゃべる―つまり，伝達手段として言語を利用することならできる―のだが，<u>言葉を利用する能力が不十分なことを示している</u>。彼女は，自分の目で見たことに基づくのではなく，<u>言葉に基づいてどのように判断できるかを理解していないのである</u>」（同上，c.61／邦訳，p.25，強調は引用者）。このような原始性は，ある場合には，大人の言葉と思考の結合形式にも現れる。そのような例は，ヴィゴーツキーの発意により計画され，実際には，1931〜32年にルーリヤらによって実行された調査研究（Лурия, 1974）の中に示されている。

調査は，社会主義革命後の変化が急速に進みつつあった中央アジアのウズベキスタンでおこなわれた。この地域の住民は大半が天然綿栽培に従事しており，革命前まではイスラム教の伝統的因習の下で，その大部分は読み書きができなかった。しかし，革命後の階級構造の根本的変化は，著しい社会的・経済的変化，文化の向上をもたらした。「文盲」撲滅講習会が組織され，中等学校や技術学校などが作られ，特に若者たちは読み書きと科学の基礎を習得していった。こうして，社会の変化の過渡期という条件の中で，この地域の住民には，読み書きができず新しい社会生活の形態にも参加していない者と，学校や講習会で読み書きを学んだ者，その後に教育技術学校に入学した者を並存させた。

　これらの住民を被験者にして，知覚，抽象的概念，推論，自己意識などについて実験的な調査がおこなわれた。読み書きのできない被験者に，特徴的に原始性が見られたのである。たとえば，

　分類課題（以下，Лурия，1974，c.72-73 / 邦訳，pp.90-92）

　「ハンマー，のこぎり，丸太，なた」のうちどの三つが似ているか，それらをひとつの一般的な単語で呼ぶように，という課題が出された。

　カール・ファルフ（読み書きのできない25歳の農民）の回答：〈　〉内は実験者の問い。

　「これらはみんなお互いに似ている。のこぎりは丸太を切れるし，なたはそれを小さな部分に砕けるから。もし取り除かなくちゃならないのなら，なたを取り除くさ。なたはのこぎりほど能率が上がらないから。」

　「ハンマーが合わないな。ハンマーじゃたいして仕事もはかどらないし，なたを使えばいつだって仕事はできるが，ハンマーのほうはそうはいかんからな。」

　▶〈ある人は，丸太を除外して，ハンマー，のこぎり，なたは似ているが，丸太は似ていないと言っているんですが〉

「ペチカ用の薪を準備するのならハンマーはいらないし，板を作ろうとするのなら，なたは余分だ。」
▶ 〈順番に並べるとすれば，そこから丸太を取り去ることができるでしょうか？〉
「とんでもない。もし丸太を取り去ってしまったら，ほかのものはどうなるの？！」
▶ 〈でも，3つの品物はみな道具じゃないですか〉
「うん，それらは道具だな。」
▶ 〈じゃ丸太は？〉
「丸太もそれに入る。それから何でも作れるからな。把手でもドアでも。ほら，これら道具の把手も木でできているよ。」

推論（三段論法）（同上，c.112／邦訳，pp.156-157）
　三段論法「綿は暑くて乾燥した場所にだけ育つことができる。イギリスは寒くて湿気が多い。綿はそこで育つことができるか？」という問いが出された。
　アブドゥラフム（辺境のカシュガル出身の読み書きのできない37歳）の回答：〈　〉内は実験者の問い。
「わからんよ。」
▶ 〈考えてみてください〉
「わしはカシュガルにしか行ったことがないから，それ以上のことはわからんよ……。」
▶ 〈私があなたにお話ししたことからすると，イギリスでは綿は育つでしょうか？〉
「もし土地が良ければ綿は育つさ。でも，もし湿気が多くて土地が痩せているならば綿は育たんよ。もしカシュガルに似たところならば，そこでも綿は育つさ。もしそこの土地が柔らかければ，もちろん，綿は育つさ。」

第5章　革命後～スターリン独裁の成立期の心理学の状況

三段論法の問題が繰り返される。

▶〈私の言ったことから,どのような結論になりますか？〉

「もし,そこが寒ければ,育たないし,柔らかくて良い土地ならば,育つさ。」

▶〈私の言ったことからすると,どうなりますか？〉

「わしらイスラム教徒のカシュガル人は無学な民だし,わしらはどこにも行ったことがないから,そこが寒いのか暑いのかもわからんよ。」

これらの例に見られる特徴は,思考が実際の個人的で具体的な経験の文脈を離れることができず,直観-行為的な次元にとどまっているということである。事物はひとつの共通場面（木材の加工場面）に関わっているということで同類にまとめられたり,自分の目で見たことがないからわからないと判断されたり,大前提と小前提といった関係がまったく無視されて（理解されずに）,推論が自分の経験だけの範囲でなされているのである。つまり,先に見た女の子と同様に,彼らは,しゃべる―つまり,伝達手段として言語を利用すること―ならできるが,自分の目で見たことに基づくのではなく,言葉に基づいてどのように判断できるかを理解していないのである。読み書きを習得していない（あるいはそれが不十分な）場合には,概念による分類や概念レベルでの論理的判断が成立していないのである。ヴィゴーツキーは,「概念的思考」以前の,このような原始性を特徴とする思考のことを「複合的思考」と呼んでいる。ここでは,子どもの言葉と思考の相互結合の発達過程（つまり,言語的思考の発達過程）に,このような複合的思考の段階が存在することを確認しておきたい。

② 記号の媒介による高次な記憶機能の発達

子どもの文化的発達を説明する場合,あらゆる心理機能の文化的発達

のモデルとして，ヴィゴーツキーが好んで例に挙げるのが，レオーンチェフらとの共同研究による記憶の文化的発達についての実験的研究である。年少から学齢期にわたる子どもに，直接的な機械的記銘—つまり，要素的で自然的な記憶機能—では処理できない量の一連の単語を記銘する課題が与えられた。その際，記銘のための補助的手段としての絵カードが同時に与えられた。単語の記銘のために，子どもが媒介手段（記号）としてこれらの絵カードをどのように利用するかが観察された。ここでは，いくつかの著作に引用されている説明を総合して紹介しよう（Выготский ,1928, 1983b, 1984；Выготский и Лурия , 1930）。次のような発達図式が取り出された。なお，子どもの年齢幅は，文献によってズレがあるし，明記されていないものもあるので，およその年齢として理解すべきものと思われる。

第1段階
　子どもは，絵カードを利用しようとする目的志向性を持っていない。子どもは，提示される材料（記銘すべき単語）を自分の興味のままに，自然的・機械的・直接的に記銘しようとする。この場合，子どもがどのくらい記銘するのかは，彼の注意の度合い，個人的記憶力の度合い，興味の度合いによって決定されている。この段階では，絵カードは子どもの記銘を助けるよりも，むしろ妨害し，混乱させる。この段階では，記憶機能は純粋に要素的で自然的な特徴を有している（年齢は，文献により，年少児，4〜5歳児と記載されている）。

第2段階
　子どもは提示される単語と絵の利用との間に外的な結びつきを捉えるが，ここでは，子どもが絵カードを単語の記銘に利用できるのは，記銘すべき単語と補助的手段としての絵カードが，子どもの知っている複合—身近な具体的な結びつき—に含まれる場合だけである。絵に「牛」が

描かれていれば「牛乳」という単語を，飛行機の絵があれば「鳥」という単語を，「ナイフ」の絵があれば「スイカ」を記銘する，などである。つまり，ある単語を記銘するために用いることのできる絵カードは，単語と絵カードの間に類似や機能的関連（ナイフでスイカを切るといった）などの結びつき（複合）を発見できる場合だけであり，その場合，子どもは絵カードの直観的形象によって，あたかも写真を見てその被写体の名を呼ぶように，単語を想起するのである。つまり，媒介手段としての記号（絵カード）は，まだ完全には記銘対象（単語）から分離されておらず，記号と対象はある種の混同心性的な複合的構造の中に入り込んでいるわけである。

それゆえに，この段階では，子どもは，任意の絵カードを記号として利用する方法そのものを理解しているわけではない。この段階は，子どもの記号操作の発達の自然的要素と文化的要素が結合している移行的・混合的な形式が存在する<u>原始性の段階</u>として特徴づけられるのである。ここではまだ，記号の利用と結びついて生ずる記憶の文化的発達は原始性を内包しており，十分には成立していないのである（年齢は，文献により，4〜6歳児とも6〜7歳児とも記載されている）。

第3段階

子どもは，絵カードを単語の記銘のための媒介手段として利用する方法それ自体を理解している。つまり，任意の絵カードを自分の記憶過程を支配する手段として利用できるのである。子どもは，絵と単語の間に何らの結びつきが存在しなくとも，そこに新しい結びつきを自分で能動的に創造し，絵と単語の間に，記銘のためのまったく新しい構造を作り出すのである。たとえば，「劇場」という単語の記銘のために，子どもは「海辺の蟹」が描かれた絵カードを選び，それを利用して正しく単語を再生する。その場合，子どもは，「蟹は海辺にいて，水中の小石を見ている。それはとても美しく，まさに，蟹にとっては劇場なのだ」

（Выготский и Лурия , 1930, с.172 / 邦訳， p.176；Выготский , 1983b, с. 242），と
いう物語（単語と絵とのまったく任意の結びつき）を自ら創造するのである。

　ここでは，子どもは，絵カードと単語との間に新しい任意の意味的な
結合を意識的に—自覚的・随意的に—創造するために，言葉をやはり意
識的に用いているのである。このような言語的な過程に支えられて，任
意の絵カードが単語の記憶過程を支配する外的な媒介手段として利用可
能になるのである。この新しいメカニズムの成立こそは，子どもに記憶
の文化的発達—高次な記憶機能—への移行が確立されたことを意味する
（この実験の例では，10歳の学齢児である）。

　さらに，並べられた絵カードを利用しての単語の記銘が何度か繰り返
されると，やがて子どもは，絵カードに頼る必要がなくなる。子どもは
一連の絵そのものを覚えてしまい，もはや単語と絵を結びつけるのでは
なく，単語と絵の名称とを結びつけるようになる。外的な媒介手段だっ
た絵カードは，言葉による内的なシェマへと移行し，いまや外的な記号
を媒介にした記銘は，内的な記号を媒介にした記銘へと転換したのであ
る。この段階の記憶を，ヴィゴーツキーは随意的記憶とか，論理的記憶
と呼んでいる。外見的には，子どもは直接的な記銘での記憶力を向上さ
せたように見えるが，もちろん，そこでは，内的な言葉の媒介による記
憶過程の随意的支配が成立するという，心理的操作の構造そのものが根
本的に変化しているのである。

③ 原始性の存在の発達的意味

　子どもの思考や記憶の文化的発達の途上に，上で見てきたような原始
性を特徴とする段階が存在することには，どのような発達的な意味があ
るのだろうか。ヴィゴーツキーは，その意味を次のように捉えている。
長くなるが，重要なところなので引用する。

　「実際，高次心理機能の歴史を心理発達の一般的文脈の中に含め，

高次心理機能の発生を心理発達の法則から理解しようとするならば，私たちは，必ずや，心理発達の過程と心理発達の法則そのものの通常の理解を変更しなければならない。すでに，一般的な発達過程の内部では，質的に独自の二つの基本路線―要素的過程の生物学的形成の路線と高次心理機能の社会 - 文化的形成の路線―が，はっきりと区別されていて，子どもの行動の実際の歴史は，これら両路線の組み合わせから生ずるわけである。

　私たちは，これまでの観察の経過全体から上述の二つの路線の区別に慣らされてきたわけだが，しかし，私たちは，子どもの個体発生での記号的機能の発生の問題に光を当ててくれる，私たちを驚かせた事実を目の当たりにしたのだ。一連の研究の中で，二つの路線の間の発生的結合の存在が，まさにそれゆえ，要素的心理機能と高次心理機能の間の過渡的形式の存在が，実験的に確認されたのである。きわめて複雑な記号操作の最も初期の醸成が，純粋に自然的な行動形式のシステムの中ですらおこなわれているということ，それゆえ，高次な機能にはそれ自身の『胎内発育期』があり，その時期には高次な機能と子どもの心理の自然的基礎とが結びついている，ということがわかったのである。客観的観察によって，心理過程の要素的はたらきの純粋に自然的な層と媒介的な行動形式の高次な層との間には，過渡的な心理システムの広大な領域が横たわっている，ということが明らかになった。すなわち，行動の歴史における自然的なものと文化的なものの間には，原始的なものの領域が横たわっているのである」（Выготский, 1984a, c.66-67 / 邦訳，pp.222-223）。

　こうして，原始性は，子どもの文化的発達における自然的なものと社会 - 文化的なものの絡み合う姿であり，原始性の存在は，発達過程での両者の不可分な内的結合とその絡み合いの構造を表現しているのである。すなわち，文化的発達は，一方で，自然的な過程の直接の延長では

ありえないが，同時に，他方で，自然的なものとの内的な結合なしにはありえないのである。最も複雑な心理的形成物といえども，発達によって，低次の心理的形成物から発生するのであり，もし，文化的発達において，高次心理機能があたかも1階の上に2階を建て増しするように，自然的な基礎の上にただ外から積み上げられただけのものであるならば，そこには，あれほどまでに長期間にわたって—子どもに言葉が発生した時期から学校に入学した初期の時期まで，あるいは，学校教育を受けず読み書きのできない場合には大人になっても—原始性の段階（「胎内発育期」）が存在するはずがない。原始性を特徴とする心理機能の過渡的形式の存在は，子どもの文化的発達が自然的な要素を排除したところに成立しているのではなく，反対に，自然的なものとの内的結合の上に成立していることを物語っているのである。文化的発達とは，外からの一方的な侵入ではなく，両者の内的結合のあり方の構造的，質的な変化なのである。

　ここで，高次心理機能の発達について，さらに，そのシステム的理解を明確にしているヴィゴーツキーの見解を引用しておこう。

　「研究が示しているように，子どもの心理的発達の過程においては，個々の機能の内的再編と改善だけが生ずるのではなく，機能間の結合と関係が根本的に変化するのである。結果として，一連の個々の要素的機能を複雑な共同に統合する新しい心理的システムが発生する。均質で個別的な要素的機能に取って代わるこれらの心理的システムを，高次な秩序のこれらの統一を，私たちは仮に<u>高次心理機能</u>と呼んでいる」（同上，c.81／邦訳，p.234，強調は原文）。

　以上のように，ヴィゴーツキーは，この時代の大多数の児童学者が陥っていた生物学的要因と社会的要因の形式的で平面的な相関関係のパラダイムとは次元の異なる，新しい構造的・システム的な関係づけのパ

ラダイムに基づいて，子ども（人間）に独自の高次心理機能の発達論の構想を提出していたのである。さらに，ヴィゴーツキーの提起する高次心理機能の文化‐歴史的発達の内容について，理解を深めていこう。

(2) 複合的思考から概念的思考へ―自覚性と随意性の発達―

前項で，読み書きの習得と原始性の関係について言及したが，ここでは，この関係の問題について，より詳細に見ていこう。取り上げるヴィゴーツキーの著作は，『教授‐学習過程における子どもの知的発達』（Выготский，1935）に収録されている論文「教育過程の児童学的分析について」（初出は1933年3月の講演）と，『思考と言葉』（Выготский，1934）の第6章「児童期における科学的概念の発達の研究」である。なお，この第6章は初めて公刊されると『思考と言葉』の序文にあるが，その内容の概略は，やはり上記の『教授‐学習過程における子どもの知的発達』に収録されている「学齢期における生活的概念と科学的概念の発達」（初出は1933年5月の講演）と重なっている。それゆえ，ここで取り上げる二つの著作の内容は，ほぼ同時期のものであり，どちらも，ヴィゴーツキーが児童学として認識しているものの範疇に属している。

さて，「教育過程の児童学的分析について」の中で，ヴィゴーツキーは次のように述べている。

「読み書きのできる生徒と読み書きのできない生徒との違いは，前者は書くことができるが後者は書くことができないという点にあるのではなく，前者は後者とは別の知識構造の中を進んでいるという点にある。読み書きのできる生徒は，自分自身の言葉に対して，それゆえ，思考形成の基本的手段―言葉がそうである―に対して，まったく別の関係を持っているのである」（Выготский，1935, c.134／邦訳，p.33）。

では，読み書きができないことは，自分自身の言葉に対してどのような関係にあるのであろうか。また，読み書きができることは，自分自身の言葉に対してどのような関係にあるのだろうか。また，前者と後者では，別の知識構造の中を進んでいるとはどのようなことなのだろうか。この問題を解く鍵は，ヴィゴーツキーによる言語的思考の分析と，「生活的概念」と「科学的概念」の違いについての分析にある。なお，私は，これらの点については，すでに別のところで詳しく述べているので（中村，2004，2014），ここでは，できるかぎり簡潔に示すことにしたい。

　言語的思考とは，内言に媒介された思考のことをいうが，それは思考と言葉の不可分の統一体を成している。このような言語的思考を分析する場合，その単位となるのは，「言葉の意味」である。言葉の意味を単位として言語的思考を分析する場合，ヴィゴーツキーが最初におこなったのは，言語的思考を媒介する言葉の意味の一般化・体系化の発達と，意識における自覚性と随意性の発達との関係を明らかにすることであった。ヴィゴーツキーによれば，言語的思考は，自らを媒介している言葉の意味の一般化と体系化の水準に対応して，複合的思考から概念的思考へと発達していくのである。

① 複合的思考

　複合的思考とは，いわゆる生活的概念に媒介された言語的思考のことである。生活的概念を構成する言葉の意味とは，人が日常生活の個人的経験の中で身につけた言葉の意味のことである。日常生活での個人的経験という文脈に規定されているがゆえに，その言葉の意味は，個々の具体的な事物の間に実際に存在する客観的な事実に基づいて結合されており，言葉は脈絡のある明確な意味を持っている。しかし，具体的事物間の結合は，様々な事実的関係により様々に一般化されるために，そこには階層性や体系性がなく，その一般化の水準が低いのが特徴である。このような，具体的文脈に縛られ，一般化の水準が低く，体系性を欠く生

活的概念に媒介された複合的思考は，思考過程それ自身を自覚し，随意的にはたらかせることができない。つまり，自らの思考過程そのものをモニターすることができないのである。上で見てきた，原始性を特徴とする子どもの複合的思考や読み書きのできない大人の複合的思考は，それが，次に述べる科学的概念ではなく，こうした生活的概念によって媒介されているからなのである。

② **概念的思考**

これに対して，概念的思考とは科学的概念に媒介された言語的思考のことである。科学的概念を構成する言葉の意味は，対象間に存在する単一の，本質的な特徴の抽出に基づいて結合されており，この本質的な特徴は，階層的な体系における他の概念との関係によって規定されている。このような科学的概念を構成する言葉の意味は，人が学校で科学的知識の体系（教科）を習得することによって初めて身につけることができる。それは抽象的だが，階層化された体系性を持っているので，科学的概念に媒介された概念的思考は，自らの思考過程を自覚し，メタ思考が可能になり，思考過程をモニターし，随意的に制御できることを特徴としている。

そして，このような科学的概念の習得に起因する自覚性と随意性は，概念的思考においてひとたび発生するや，思考と概念のすべての領域——つまり，概念的思考とのシステムを構成するすべての高次な心理機能——へ転移していくのである。ヴィゴーツキーの言葉を引用しておこう。

「対象とのまったく別の関係を持ち，他の概念によって媒介され，それら自身の中に内的な階層的な相互関係の体系を持った科学的概念は，概念の自覚，つまり，概念の一般化と概念の自由な支配が，おそらくは最初に発生する領域なのである。こうして思考のある領域でひとたび発生した一般化の新しい構造は，その後は，あらゆる構造と同

様に，一定の活動原理と同様に，何の訓練もなしに，思考と概念の他のすべての領域にも転移していく。こうして，自覚は科学的概念の門を通ってやってくるのである」(Выготский, 1934, c.194 / 邦訳, p.266)。

　ヴィゴーツキー理論では，様々な高次心理機能の発達の中心に位置しているものは概念的思考である。言語的思考が複合的思考から概念的思考と発達し，概念的思考に基づいて他のすべての心理機能が再編成され，高次な心理機能のシステムへと転換していくのである。それゆえ，概念的思考の発達と共に，概念的思考を中心に構造化された高次な心理機能のシステムそのものの自覚と自由な支配（随意性）の発達がもたらされるのである。
　こうして，読み書きができるということは，単に文字が読めるとか書けるということではなく，言葉そのものを自覚し，言葉の規則（文法）を自覚し，個々の単語の意味だけでなく文や文章の構造と論理とその文意を自覚し，読み書きの過程を随意的に支配できるようになることを意味する。つまり，子どもが読み書きの言語操作に関して，必要な科学的概念を媒介にした概念的思考を駆使できるということなのである。そして，読み書きができないということは，もっぱら，話し言葉の特徴である自然発生的な生活的概念に媒介された複合的思考の中を歩んでいる，ということなのである。

(3) 人格の発達理論としての文化 - 歴史的理論

　ここでは，ヴィゴーツキーの文化 - 歴史的理論は，人間の心理発達を，ここまでで見てきたような言語的思考が複合的思考から概念的思考へと発達していく局面からのみ捉えるものではない，ということを示したいと思う。もし，この局面からのみ人間の心理発達を説明するだけのものだとすると，それは，知的発達に偏ったいかにも主知主義的な理論だと

いうことになってしまう。確かに、ヴィゴーツキーが残した基本的な著作は、その多くが言語的思考に媒介された思考の発達と高次心理機能のシステムの問題を論じているので、全体として見れば、主知主義的な傾きを特徴としていると言わざるをえない。

しかし、晩年—といっても若くして早逝したので 1930 年代に入ってから—になって、ヴィゴーツキーは感情の問題について研究し、未完の草稿『情動に関する学説―歴史 - 心理学的研究―』（書かれたのは 1931～33 年, Выготский, 1984b）を残している。この直接的な成果が反映されているとは必ずしも言えないが、この時期には、ヴィゴーツキーは、最後の著作となった『思考と言葉』（Выготский, 1934）の第 7 章において、言語的思考の分析単位である「言葉の意味」の一般化や体系化の問題だけでなく、言葉の意味における意義（語義）と「意味」の関係の問題に考察を進めるのである。そこで、ヴィゴーツキーは、内言の意味論の分析を通して、言語的思考の中に「感情過程と知的過程の統一である力動的な意味のシステムの存在」（Выготский, 1934, с.14 / 邦訳, p.26）を確認し、私たちの意識を構成する内的な意味のシステムが知性と感情の統一体であることを解明しているのである。このように、ヴィゴーツキー理論は、知性と感情の統一的発達の中に、全体としての人格の発達を捉えるところまで深まりつつあったのである。では、『思考と言葉』の第 7 章の内容を見ていこう。

この第 7 章では、言葉の意味論がその一般化や体系化の発達ではなく、内言の意味における意義と「意味」の関係といった問題の分析に焦点が当てられている。実は、この第 7 章で展開されている内容は、ヴィゴーツキーにおいて、最晩年のこの時期に初めて本格的に登場したものなのである。

① 言葉の意味における意義と「意味」

言葉の意味には、一方では、状況や文脈によって規定された—それゆ

え，状況や文脈が異なれば容易に変化する—意味の領域があり，この領域を構成する意味のことを「意味」と呼ぶ（いわゆる一般的な意味と区別するために「意味」と記述しておく）。他方では，状況や文脈が異なっても不動不変の，きわめて安定した意味の領域があり，この領域を構成する意味のことを意義と呼ぶ。意義と「意味」の違いについて，ヴィゴーツキーの挙げている例で簡単に説明しよう。

　クルィローフ（Крылов И. А., 1769-1844）の寓話「こおろぎと蟻」の中の末尾の，蟻がこおろぎに言い放った「だったら出て行って，踊ればいいでしょう」という台詞の中の「踊れ」という言葉は，一方で，完全に定まった不変の意味である，字義通りに「踊りを踊れ」ということを表している。これは言葉の意義である。しかし，他方で，この言葉は，この寓話全体の文脈の中では，はるかに広範な知的および感情的な内容を獲得して，それは「はしゃぎまわれ」とか，さらには「くたばれ（死んでしまえ）」という意味を表している。これは，独自の文脈の中で「踊れ」という言葉が，その意義を超えて新たに獲得した「意味」である。

　このように，言葉の「意味」には，状況や文脈に規定された，そこでの主体の経験を通じた知的な理解と感情的な態度が映し出されている。それゆえに，同じ言葉が人により，状況により多様な「意味」を持つことができるわけである。こうして，言葉は，辞書に定義されたような，客観的で固定された意味の領域としての意義を持つだけでなく，それが織り込まれた文脈から様々な知的および感情的な内容を取り込んだ，より多くの自由な「意味」を持つようになる。言葉の「意味」は状況と共に絶えず変化し，意味に多彩な彩りを付与しつつ，意義をはるかに越えて，いわば無尽蔵の豊かさを持つわけである。こうして，ヴィゴーツキーは，意識の中に，「知性と感情の統一である力動的な意味のシステム」の存在を確認しているのである。

②〈主観的な「意味」―間主観的な意味―客観的な意義〉の系列

　ここから先の論述は，必ずしもヴィゴーツキー自身が明示しているものではない。『思考と言葉』の第7章での議論を踏まえて，その先行きを私なりに読み取ったものである。また，私はすでに別のところで，この見解を示していることを断っておきたい（中村，2014）。

　さて，意義の典型は辞書に定義された語義や科学的概念である。これは，一般性や客観性という点で言葉の意味の「最右翼」に位置する。それに対して，ある特定の人にのみ通用する「意味」（妄想，独善など）は，その特殊性や主観性という点で言葉の意味の「最左翼」に位置する。これら最右翼の客観的意義と最左翼の主観的「意味」の間に，一定の範囲内の人々の間でのみ共有された言葉の意味が，意義と「意味」のグラデーションをもって，多様に，膨大に存在している。なぜならば，言葉の意味を共有している人々の範囲は，家族のような数人の小集団からある地域全体や，さらには，国や地球規模の集団に至るまで様々なものがありうるからである。今，このような一定の範囲内の人々の間でのみ共有されている言葉の意味のことを，仮に「間主観的な意味」と呼んでおこう。

　間主観的な意味は，その意味を共有している集団内では一定の客観性を持つ安定した意義に相当する。しかし，その集団とは無関係な人々から見れば，それは特定の集団の文脈に規定された「意味」にすぎない。このように，間主観的な意味とは，相対的な意味において，「意味」であると同時に意義でもあることになる。それゆえ，私たちが日常生活や学校教育システムや職業生活などでの経験を通して実際に身につける言葉の意味のシステムは，〈主観的な「意味」―間主観的な意味―客観的な意義〉の系列上のどこかに位置づくものの複雑な組合せであり，統一体なのである。これらの意味のシステムを内言の意味として内面化することによって，私たち個人の具体的な意識の内容が構成され，発達していくのである。

③ 意味の源泉としての発達の社会的状況

ヴィゴーツキーは，別の文献（Выготский，1984c）の中ではあるが，子どもと周囲の社会的現実との間に，その年齢段階に固有のまったく独自な，唯一無二の独特な関係が作り出されることを指摘している。そして，子どもと社会的現実とのこのような唯一無二の独特な関係のことを，「発達の社会的状況」と呼んでいる。この発達の社会的状況が，常に子どものすべての生活様式や存在様式を決定しているのである。

ヴィゴーツキーの提起する発達の社会的状況の概念は，各発達段階に主導的な子どもの社会的経験を中心に捉えて，その分析を試みるものだが，今，人間をとり巻く文化-歴史的環境を，ブロンフェンブレンナー（Bronfenbrenner, U.）に倣って生態学的環境として，〈マイクロシステム―メゾシステム―エクソシステム―マクロシステム〉からなる重層的な構造を持つものとして理解するならば（ブロンフェンブレンナー，1996），発達の社会的状況の概念はいっそう豊かになる。なぜならば，それによって，子どもと環境との相互作用の実際のあり様が，全体として，構造的に見通せるからである。

つまり，1) 家庭や学校での身近な人々との具体的な対面的行動場面での直接的経験（マイクロシステム），2) これら複数の行動場面間の相互連携による多面的な経験（メゾシステム），3) 前二者を包摂しつつこれらと相互影響を及ぼし合う行動場面での間接的な経験（エクソシステム），4) 以上の下位システムすべてに一貫性を保障している科学や芸術，規範やイデオロギーといった文化全体の間接的経験（マクロシステム）のすべてを，統一的に，一貫して，重層的な構造の中で捉えることができるのである。

重層的な構造を持つこのような環境の中で，マイクロシステムからマクロシステムまで幾重にも重なり合った，しかも濃淡や凹凸のある，直接的経験や間接的経験の複雑な組み合わせは，一定の共有部分を持ちつつも，どの個人にとっても無二であり，他人とは異なったものとなる。

誰一人として完全に同一の経験を生きることはない。こうして，このような重層的な経験を通して紡ぎ出される言葉の〈主観的な「意味」—間主観的な意味—客観的な意義〉の系列の複雑なシステムこそは，それぞれの個人の意識の具体的内容を構成していく源泉なのである。これらの源泉を内言の意味として内面化しつつ，個人の意識が具体的に多様化・豊富化していく局面は，意識のヨコへの発達と呼ぶことができよう。

④ 言語的思考を意識の発達の中心に置くことの意義

『思考と言葉』全体を貫いているテーマは，その第1章で繰り返し述べられているように，思考だけでなく，また言葉だけでなく，まさに「思考と言葉の関係の問題」の解明である。この問題の解明こそが，人間に独自の意識が発達する姿を明らかにしてくれるからである。「思考と言葉は人間の意識の本性を理解するための鍵なのである」(Выготский, 1934, c.318 / 邦訳, p.433)。『思考と言葉』の全編を通じて，この認識こそが，実験的にも理論的にも検証されているのである。これまで見てきたように，ヴィゴーツキー理論では，人間の意識の発達を導く中心的な心理機能は，思考と言葉の統一的な機能としての「言語的思考」である。繰り返しとなるが，言語的思考とは内言に媒介された思考のことであり，その言語的思考の分析単位—つまりは，意識の分析単位—は「言葉の意味」である。

では，なぜ言葉の意味が言語的思考の分析単位となるのだろうか。もし言葉に意味がなければ，それは空虚な音にすぎない。それゆえ，意味は言葉の不可欠な基本要素であり，言語現象そのものである。同時に，言葉の意味は一般化であり，あらゆる一般化は思考の最も固有なはたらきであるから，言葉の意味は思考現象にほかならない。こうして，言葉の意味は，言語現象でもあり思考現象でもあるがゆえに，言語的思考に固有な特質をそのままに保持しながら分析しうる単位となるのである。

実は，この〈ヴィゴーツキーの補助線…その3〉の (1) と (2) で

見てきた内容は，言語的思考をもっぱら思考現象としての側面から分析して，概念的思考の発達と意識の発達との関係を解明したものであり，『思考と言葉』の第6章の中で，その詳細が論じられているのである。これに対して，ここでの（3）で見てきた内容は，言語的思考のもっぱら言語現象としての側面に焦点を当て，内言の意味論と意識の発達との関係を解明したものであり，『思考と言葉』の第7章の中で，その詳細が論じられているのである。このような，『思考と言葉』において展開されている言語的思考の発達を軸にして，これまでの議論をまとめてみると，言語的思考と意識の発達との関係は，それを媒介する内言の意味論の観点からは，次の二つの局面においてその関係の特質を捉えることができるのである。すなわち，

1) 内言の意味の一般化と体系化の水準に基づいて，言語的思考が複合的思考から概念的思考へと発達していく高次化の局面。つまり，言語的思考が意識の高次化—タテへの発達—を保障する局面。
2) 言葉の意味における意義と「意味」の関係から，言語的思考が内言の意味（内面的な意味）を多様に，豊かにしていく局面。つまり，言語的思考が意識の多様化・豊富化—ヨコへの発達—を保障する局面。

　こうして，意識の発達とは，言語的思考の発達における内言の意味のこれら両局面の統一的な発達過程として捉えられるのであり，それはまた，意識における知性と感情の統一的な発達過程でもある。ヴィゴーツキーは，このような統一的な意識の発達過程の中に人格の発達を捉えているのである。このような人格の発達論を展望した発達心理学の構想こそが，ヴィゴーツキーの文化-歴史的理論の内実を構成しているのである。ヴィゴーツキーの考える児童学とは，このようなものだったのである。

(3) 精神工学の展開と断罪

　この時代における精神工学の展開とその運命については，これまで反射学，反応学，精神分析，児童学について述べてきた経過とほぼ共通である。特に，児童学の経過とはまったく重なっていると言ってよい（Мунипов, 2006；Пископпель, 2006）。したがって，精神工学の展開と運命の背景となっている共通の政治的，イデオロギー的な文脈についても，ここで，必要な範囲で述べられることになる。

　精神工学とは，精神技術学とか適性測定心理学とも訳される学問分野である。精神工学の名づけ親はドイツのシュテルン（Stern, W., 1871-1938）とされているが，19世紀末にはアメリカで活動していたやはりドイツ人のミュンスターベルク（Münsterberg, H., 1863-1916）によって，科学としての精神工学の方法と内容が仕上げられた。精神工学は，労働に関わる心理学の応用部門であり，その理論的基礎には，個人間の差異や個人内の特性間の差異や，また集団間の差異を研究する差異心理学がある。具体的な応用部門としては，職業指導，職業選択，職業相談，労働の合理化，疲労や労働災害からの防衛，人と機械や道具との適正な関係の構成，精神衛生，心理療法，さらには，広告やプラカードや映画などによって人々に効果的な影響を及ぼすための感化心理学などが含まれている。第一次世界大戦時には，軍隊や軍事産業における上記の諸問題の解決のために，精神工学は世界的に集約的な発展を見た。

　10月革命後に，急速な近代的工業化を推進することが喫緊の課題であったソビエト国家にあっては，精神工学への期待と要請はとりわけ大きなものであった。

① 国家的な労働の科学化をめざす運動と精神工学への要請

　10月革命後のソビエト連邦では，精神工学は1920年代の初めから展開された（以下，Олейник, 1997；Мунипов, 2006；Носкова, 2006）。この時期には，

トローツキー，経済学者で党と国家の活動家のクルジジャノーフスキー（Кржижановский Г．М．, 1872-1959），軍の司令官のフルーンゼ（Фрунзе М．В．, 1885-1925），医者で党と国家の活動家のセマーシコ（Семашко Н．А．, 1874-1949），クループスカヤ，その他の多くの指導者たちが労働の科学的組織化の問題に取り組んでおり，その運動の中で労働や生産の問題に関する多くの学術機関が出現している（たとえば，モスクワでは中央労働研究所，カザンでは労働の科学的組織化研究所，ハリコフでは全ウクライナ労働研究所，ペトログラードでは脳と心理活動研究所の中央労働実験室など）。1923年には，労働の科学的組織化運動の思想と宣伝のための機関である「時間」連盟が創設されている。

　この「時間」連盟の指導者は，ケールジェンツェフ（Керженцев П．М．, 1881-1940），シュピリレーイン（Шпильрейн И．Н．, 1891-1937），ガースチェフ（Гастев А．К．, 1882-1939），メイエルホーリド（Мейерхольд В．Э．, 1874-1940）であり，名誉代表はレーニンとトローツキーであった。ケールジェンツェフは国家の活動家で，経済学者でジャーナリストでもある。ガースチェフは，プロレタリア文化運動の創始者のひとりであるが，労働組合の活動家であり，中央労働研究所の創設者で所長を務め，労働の科学的組織化運動の理論家である。メイエルホーリドは，舞台演劇の演出家で俳優でもあるが，この人事は，彼の提唱する「ビオメハニカ（身体力学）」という俳優の身体訓練法による舞台動作の制御と熟練工の労働動作の制御の共通性という考えが，考慮されたものだろう。シュピリレーインは心理学者で，言語学者でもあり，ソビエト連邦での精神工学のリーダーとなる人物である。

　シュピリレーインは10月革命前にドイツに留学し，ハイデルベルク大学とライプチヒ大学に学んでいたときに，ドイツでの精神工学の発展について知ることになる。10月革命後に帰国し，1922年には，モスクワの中央労働研究所の精神工学実験室で活動を始める。しかし，労働の科学的組織化の課題や生産教育の方法をめぐって，所長を務めていたガースチェフと原則的なところで意見が合わず，翌23年には，労働人民委員部附属精神工学実験室を組織している。この実験室は，1925年には，労働心理学部門としてモス

クワ労働保護研究所の構成部分となる。シュピリレーインは，1929 年に同僚のゲレルシュテーイン（Геллерштейн С. Г., 1896-1967）と交替するまで，この実験室の責任者を務めている。また，1925 年に，モスクワ大学附属心理学研究所に精神工学のセクションを創設したのもシュピリレーインであった。

ムニーポフ（Мунипов, 2006）によると，シュピリレーインはこの時代のソビエト連邦の精神工学の発展を三つの時期に分けている。

第一の 1920 年代の前半の時期（1921 〜 24 年）は，労働の諸問題が中心的な位置を占めており，どのように労働生産性を高めるか，いかにして 1920 〜 21 年に見られた壊滅的な生産力の低下を一掃するかが議論された。この時期には，「労働と生産の科学的組織化に関する第 1 回全ロシア率先会議」が開催されている（1921 年）。そこでは，精神工学と労働心理学に関していくつかの報告がおこなわれているが，この学問の外国での状況が紹介される—その紹介者のひとりは，当時のモスクワ大学附属心理学研究所長のチェルパーノフであった—と共に，労働における人間を複合的に研究するという課題と，その目的のために新しい学問—労働学（エルゴローギア）—を創造する必要性が語られている。ちなみに，この労働学の提唱者はミャーシシェフ（Мясищев В. Н., 1893-1973）であり，労働学とは人間の労働に関してその原理，方法，法則を明らかにする学問であり，労働の合理的な組織化のための前提となる科学とされている（Носкова, 1997）。

1920 年代半ばの第二の時期（1924 〜 26 年）には，24 年に「労働と生産の科学的組織化に関する第 2 回全ソ連邦会議」がおこなわれている。この時期の精神工学の研究としては，工場での労働の集約化と労働者の積極的な参加を目指した，合理化に関する実践的研究がおこなわれた。しかし，現実には，労働者の労賃は最低生活費より著しく低かったため，これらの研究はアカデミックなものにとどまっていた。1925 年に，党と国家の指導部は加速的な工業化の方針を最終決定した。新経済政策（ネップ）の導入から 3 年後にして，ようやく精神工学の集中的な発展が始まったのである。労働の科学

的組織化については，これまで，中央労働研究所は，もっぱら個人労働の研究に従事していたのだが，個人労働の問題から工業にとって必要な組織的な労働の問題へと重点を置くことが求められた。この時期には，労働の集約化が進み，それに応じるように，労働者とその選択への要請が高まった。ソビエト連邦における精神工学は，この時期には，西欧においてそれが有している問題設定と方法という点で，ほぼ同じ活動形態を採るようになった。

　第三の時期（1926～36年）には，工業生産が基本的に復活をして，1928年からはスターリンによる「国民経済発展の第一次五カ年計画」が展開された。これにより，工業生産は新たな段階に入り，この時期には，精神工学は労働と生産の合理化の要請に応えつつ，20年代末には発展の最盛期を迎える。1927年には「全ロシア（のちに全ソ連邦）精神工学と応用精神生理学会」が創設され，シュピリレーインがその代表となった。1928年には専門ジャーナル「労働の精神生理学と精神工学」（のちに「精神工学と労働の精神生理学」，さらに「ソビエト精神工学」と改名。1934年まで発行）が発刊されている。

　精神工学運動は，そのまわりに多くの有能な研究者を集め，10年ほどの短期間に，工業生産，運輸，軍隊などの部門で研究機関と実践機関のネットワークをモスクワ，レニングラードだけでなく，スヴェルドロフスク，ペルミ，エヌ・ノヴゴロド，サラトフ，ウクライナ，中央アジアにも作り上げていった。1931年5月には，レニングラードで第1回「全ソ連邦精神工学と応用精神生理学会」大会が開かれているが，その報告集の目次は次の通りである（На психотехническом фронте，1931, c.2）。これを見るだけでも，精神工学が取り組んでいた問題がどのようなものだったのかがわかる。また，職業との直接的関連という側面を除くと，内容的に児童学と重なっているところが多いことも理解できる。

1. シュピリレーイン・イ・エヌ（モスクワ）：精神工学戦線の状況
2. カプルーン・エス・イ（モスクワ）：労働の生理学の現状と社会主義建設の現時点における精神工学の当面の課題

3. シィールキン・エム・イ（ハリコフ）：知能テストにおける階級差と民族差およびその解釈
4. マンドリィーカ・ア・エム（モスクワ）：ソビエト連邦における職業相談活動の方法論について
5. ボルトゥノーフ・ア・ペ（レニングラード）：学校精神工学の諸問題とその解決方法
6. ローザノフ・イ・ゲ（モスクワ）：子どもの労働の再編に関連した，労働の精神工学と精神生理学の新しい課題に関する問題について
7. ヴィゴーツキー・エリ・エス，ゲレルシュテーイン・エス・ゲ（モスクワ）：総合技術教育の問題の児童学-精神工学的研究に関する問題について
8. カールポフ・イ・ヴェ（キエフ）：工場附属少年職業訓練所の総合技術教育化のための，総合技術教育の生産的要素の具体的内容の決定基準と方法について
9. ガイヴォローフスキー・ア・ア，アンドレーエヴァ・ヴェ・エヌ（クラスノダール）：総合技術教育の精神工学の諸問題
10. レヴィートフ・エヌ・デ（モスクワ）：精神工学的な職業適性試験の学習効果と生産効果の基準
11. ロプーヒン・デ・エス（ハリコフ）：テストのための課題の構成と選択の方法
12. イブラギムベーコフ・エフ（バクー）：民族テストの問題について
13. ロゼンブリューム・ア（ハリコフ）：技能熟練度の測定の方法論と方法
14. カールポフ・イ・ヴェ（キエフ）：現代の精神工学における技術的知能の問題

巻頭のシュピリレーインの報告「精神工学戦線の状況」（Шпильрейн, 1931）は，最初の部分で，次のようなスターリンの言葉を引用することから始まっている。すなわち，

「理論的労働は実践的労働の後をついて行くだけでなく,社会主義の勝利のための戦いにおいて,わが国の実践家たちを武装することによって実践労働を追い越すことが不可欠である」,なぜならば,「実践が,もしそれが革命的理論によって自らに道を照らし出さなければ,盲目になるのとまったく同じように,理論は,もしそれが革命的実践と結びつかなければ,空疎なものになるからである。だが,理論は,もしそれが革命的実践との不可分の結合の中で形成されるならば,労働運動の最大の力になることができるのである。なぜならば,理論が,理論だけが,運動に対して,目標設定の力と周囲の出来事の内的連関の理解を与えることができるからだ。なぜならば,理論が,理論だけが,実践に対して,現在のところ階級がどのように,またどこに向かって動いているかだけでなく,近い将来に階級がどのように,どこに向かって動くべきかをも,理解させてくれるからである」(Шпильрейн, 1931, с.3)。

このようなスターリンの言葉の引用からは,生産と労働の科学化運動において,シュピリレーインが精神工学の位置や役割についてどのように考えていたのかが,きわめて明瞭にうかがい知ることができるように思われる。シュピリレーインは,精神工学を個々の実践それ自体と同一視するのではなく,生産労働という実践に道を拓き,実践を武装する理論的な学問と考えていたのである。精神工学は,新しい社会主義社会建設の経済的土台となる生産と労働の科学の一部門だからこそ,理論的な牽引力が不可欠であり,その理論は空疎なものであってはならないからこそ,実践的で具体的なものでなければならないと考えられていたのである。シュピリレーインの報告の中で言及されている精神工学の課題と状況について,そのいくつかを箇条書きにして示しておこう(同上,с.6-7)。

1) 理論面での基本的課題は,精神工学に関する理論的研究と実践的研究のすべてにマルクス-レーニン主義の原理を導入することである。これ

らの原理に依拠することによって、資本主義的な精神工学の方法のわが国への無批判な導入と戦うべきである。

2) わが国の職業選択は、今日までのところ、工業がまるでまだマニファクチュアの段階にあるかのようなやり方でおこなわれている。つまり、一方では、個人の労働者が一面的な機能に順応しており、他方では、多様な労働操作が自然的能力と獲得された能力の階層的構造に対して、同じように順応している。

3) 今日、職業選択は職業指導や職業相談の最優先の課題である。どの場合にも、職業志願者の調査は、学校での養成とは切り離されて、集団的に、通常は一回かぎりでおこなわれている。このようなやり方は、資本主義社会に典型的な無計画なものである。

4) 職業選択の強調は、型にはまった労働分配という思想にではなく、総合技術教育の目的にとって不可欠なのである。つまり、知的労働と肉体労働、また都市労働と農業労働といった働き手の階級に分けられていない総合技術教育的人間によって担われる、共産主義社会の理想にとって不可欠なのである。

5) 学校での総合技術教育化に際しては、ますますそれは生産と近似してきている。これによって、職業振り分けの無計画性が解消している。

6) こうした学校では、資本主義社会では切り離されている職業診断と職業養成が、統一されている。試験を削って、職業選択の教育的要素がとても強化されている。いわゆる能力テストは、その現在の普及をすみやかに停止すべきである。

7) ソビエト連邦における専門労働の今日の発展段階では、職業選択の前には、次のような課題が設定される。冬の予約買い付けによる農産物調達に際してのコルホーズ員の職業相談や、社会主義的兼務や肉体労働と知的労働との新たな形の組み合わせに際しての選択、などといった課題である。

8) 他の研究活動や実践活動と同様に、職業選択に際しては、労働の性格

が変化するのに対応して，再編が不可欠である。たとえば，労働の社会主義的な組織形態が普及する度合いや，都市や農村での技術的な基盤の再編の度合いなどといった変化に対応してである。

9) 社会主義的進撃に際しては，精神工学は，生産と反宗教の宣伝のための最良の技術として，今日よりもきわめて大きな度合いで活用されるはずである。

ここには，抽象度の高い課題と具体的な課題，抽象度の高い現状記述と具体的な現状記述が混在している感は否めないが，では，精神工学の成果はどのようであったのだろうか。この点については，この第1回「全ソ連邦精神工学と応用精神生理学会」大会を総括したまとめの中に記された，精神工学運動の参加者のひとりによる次のような見解が参考になるだろう。

「発足以来10年を数えるソビエト精神工学は，自らの歩んだ後に，いくつもの成果を有している。比較的短期間の間に，私たちは，工業，運輸，赤軍の中に，科学 - 研究の機関と科学 - 実践の機関とのネットワークを大きく包含することになる。ソビエトの精神工学者は，ソビエトの工業の必要性を反映する一連の問題を設定し，研究した。こうして，たとえば，ブルジョワ学者にはほとんど研究されていない職業学の分野が，一連のわが国の精神工学者によって，研究方法に関しても，また研究内容に関してもはるかに前進を遂げたのである。この職業学の研究によって，労働者の選択方法が改善された。いくつかの労働における疲労研究の問題の中では，疲労の社会的要因と，このような状況を考慮に入れた研究の重要性が，正しく明確にされていた。ソビエトの精神工学者によって，家具労働者その他に関して一連の興味深い合理化労働がおこなわれている。また，ソビエトの組み立てラインの合理化と研究の分野，労働条件の合理化の分野，その他において成果が存在している」
(Олейник , 1997, c.55 より重引)。

このような論述からは，精神工学の研究が，労働現場との結びつきにおいて，着実に成果をあげつつあったことが読み取れる。

　この同じ1931年の9月には，モスクワで，シュピリレーインの指導の下に，国際精神工学協会—シュピリレーインはこの協会の常任委員会のメンバーであった—主催の第7回国際精神工学大会が開催された。この成果を受けて，「モスクワ産業精神工学学校」が設立され，そこが国家の精神工学運動の理論-方法論の中心となった。この学校のおかげで，シュピリレーインの指導の下で遂行されていたアカデミックな研究と，モスクワ労働保護研究所の労働心理学部門でおこなわれていた実践的研究とを，組織的に結合することが可能になった (Носкова, 2006)。こうして，1930年代には，精神工学の理論的研究と実践的研究とが両輪となった，より強固な産業と労働の科学化運動が展開されるはずであった。しかし，1934年の末になると，展開されていた精神工学諸機関のネットワークが根底から切断されたのである。

② 精神工学の一掃とシュピリレーインへの弾圧

　1934年の末には，政府の人民委員会議の命令によって，29の研究所が解体され，ジャーナル「ソビエト精神工学」が廃刊にされた。1936年秋には，共産党モスクワ市委員会は，精神工学による青少年のための職業選択と職業相談の一掃を決定した。また，ロシアソビエト連邦社会主義共和国 (ロシア共和国) 教育人民委員部は，命令「学校における職業選択と職業相談の廃止」を公布し，これによって，有害とされた職業相談と職業選択の研究や実践を学校に持ち込むことが禁じられた。精神工学の機関や施設は完全に廃止され，精神工学運動の指導者たちは弾圧されたのである (Пископпель, 2006)。

　シュピリレーインその人に関しては，1935年1月に反ソビエト活動の罪で逮捕され，1920年以来の党員だった共産党から除名され，5年間の矯正-労働収容所行きの判決を受けた。言語学者でもあるシュピリレーインと共同研究者が1928年に出版した，兵士の言葉の特徴を記録した社会言語学的な研究書『赤軍兵士の言語』がイデオロギー的破壊工作だという口実であっ

た。この研究では，モスクワ守備隊の兵士の手紙の言語や話し言葉の文法カテゴリーの特徴が調査されたり，語彙テストを用いた意味理解が調べられたりしている。兵士の話し言葉は，動詞が豊富で名詞と形容詞が少ないという点で新聞の言語とはとても異なっているのに，兵士の手紙の言語の文法構造は，新聞の言語の文法構造に近いものであることや，兵士の言語と政治委員の言語の間には本質的な違いはないこと，などが示されている（Шпирьрейн, Рейтынбарг и Нецкий, 1928）。

　このような研究のどこが破壊工作とされるのか理解できないが，アルチェーミエヴァ（Артемьева, 2014）によれば，シュピリレーンらの研究が，ソビエトの労働者と農民の言語能力の低さ（単純な単語，語彙の貧弱さ，書き言葉での短い断片的な文）や知能の低さ（具体的な場面に縛られた思考）を明らかにしたことや，兵士に知識を問う問題で，レーニンについては高い熟知水準だったのに，スターリンについては低水準だったことが，スターリンに敵対するトロツキー的攻撃と評価されたりしたのが原因だというのである。というのも，シュピリレーンはトロツキーの永続的世界革命の理論を支持していて，精神工学の課題についてもその命題を利用していたというからである。また，この著書の最初の部分で，同様のテーマの欧米の研究者の先行研究に少なからず言及している点も，外国の研究の無批判な導入として指弾されたのかもしれない。その後，さらに，シュピリレーンは，1937年12月には，スパイ活動と反革命テロ組織への参加の罪で死刑判決を受け，即日に銃殺されたのである（スターリン批判後の1957年には名誉を回復された）。

　シュピリレーンその人への弾圧の口実は反ソビエト活動ということであるが，その前段の文脈の中で考えるならば，精神工学を襲った悲劇は，反射学や反応学や児童学の運命に見られた1929年のスターリンによる「大転換」を契機とした一連の政治的弾圧であることは明らかであろう。この動向の中で，では具体的には，精神工学の何が問題とされたのだろうか。ペトロフスキーの『ソビエト心理学史』（Петровский, 1967）では，かなりのスペースを割いて，1920年代～30年代半ばに至る精神工学の展開について述べられ

ている。その論述を見ると，精神工学の科学的な展開という文脈で考えるかぎりは，1930年代半ばに，突然のように精神工学への弾圧をおこなう理由も必然性も存在しないことが明らかである。ことの経過は，科学上の問題ではなく，まさに，スターリン独裁の最後の仕上げとしての政治的，イデオロギー的弾圧の一環だったことが窺われる。『ソビエト心理学史』の中では，まず，1930年代初めまでの精神工学について次のような問題点が指摘されている（Петровский, 1967, c.274-276 / 邦訳，pp.340-342）。要点をまとめてみよう。

1) 純理論の一般心理学と純実践の応用心理学（精神工学はここに含まれる）との原理的区別の承認。これによって，理論も実践も武装解除され，理論と実践の不可分な統一というマルクス主義の命題が無視された。
2) 精神工学は，技術の完成を目指すものだから，方法論や哲学とは最初から無縁であり，党派性や階級性の外側に位置する中立の科学だという考え。
3) このような考えからは，ソビエト精神工学とブルジョワ精神工学との違いが取り除かれ，両者間の原理的な対立が解消されてしまう。したがって，ブルジョワ精神工学の観念論的理論と方法を無批判に取り入れることになった。
4) たとえば，シュテルンの観念論的な人格主義に基づく個人差の問題への着目や，職業選択問題への知能検査などのテストの無批判な導入がおこなわれた。

このような指摘に続いて，後段では，こうした誤りや弱点は，マルクス主義による武装水準の高まりや，五カ年計画に基づく社会主義経済の基盤の確立という任務の自覚や，精神工学の全国的な大会や国際大会などの経験によって，1931年以降には，克服される方向に進んでいったことが述べられている（同上，c. 276-281 / 邦訳，pp.342-347）。たとえば，

1) 精神工学の基礎にある差異心理学の問題の分析には，具体的な経済条件や生産関係の具体的な技術的基盤に対応して補正を加える必要があるということの理解。
2) 新たに創り出された経済発展（近代的工業化，農業の集団化）による社会的要請から，精神工学の研究の重心が職業選択から，急速に変化していく生産課題に応えられる中堅労働者の養成へと移行したこと。
3) これらの課題の具体化のために，職業教育の方法の合理化，農民への新しい経営方法の理解を進める精神工学および社会教育の方法の考案，学校における労働過程の全体的な合理化，生徒の生産活動の合理的な教育，宣伝過程の合理化とその基準の発見などが追求されたこと。
4) 精神工学の実践は，精神工学の理論的基礎づけを不可欠の前提とすることの理解。
5) ブルジョワ精神工学の階級的目的の理解と，ソビエトの条件下でのその利用についての再検討。そこには，シュテルンの観念論的体系への批判も，知能テストの使用への批判も含まれていること。

などが指摘されている。1931年からの精神工学のこのような変化は，前項で紹介したシュピリレーインの報告「精神工学戦線の状況」（Шпильрейн, 1931）の内容と照らし合わせて見れば，十分に首肯できるものである。

『ソビエト心理学史』では，さらに続けて，「彼ら（ソビエト心理学者と精神工学者―引用者）は，国内に広く展開された第二次五カ年計画の論議との関連で，心理学の応用部門をさらに発展させるための今後の計画を立案し，その実現のための作業を開始している」（Петровский, 1967, c.281 / 邦訳, p.348）と結ばれている。第二次五カ年計画は1933～37年であるから，精神工学は20年代の問題点を克服しつつ，まさに，ここからは，より適切にマルクス主義に裏づけられた応用科学，応用心理学として発展していくところだったのである。このような科学的な展開という文脈の中のどこに，精神工学が廃止され，弾圧されなければならない理由があるというのだろうか。精神工学

のこうむった悲劇は，その時期的な重なりを見ても，児童学の悲劇と共通の根を持ったスターリンによる弾圧だったことは明らかである。

　この点について，ピスコーペリは，ナチスドイツの精神工学とソビエト連邦の精神工学の運命に類似性を見て，痛烈な指摘をしている。すなわち，共産党員に対してもナチ党員に対しても，党や国家への忠誠心と帰属する階級や人種への忠誠心に基づいた政治的育種（＝人間改造）のためには，知的特性や性格的特徴による選択などはもはや役に立たなくなったことが，妨害物と化した精神工学の理論と方法へのイデオロギー的攻撃となったというのである（Пископпель, 2006）。そうだとすれば，科学的論争などとはまったく無縁の政治的弾圧の極みである。

③ 精神工学の残したもの

　精神工学が残したものは何だったのだろうか。それを考える場合，ソビエト連邦における精神工学のわずか15年ほどの歴史の中では，マルクス主義による哲学‐方法論的要請と心理学の応用による精神工学的実践の実際のあり様との間には，簡単には埋められない乖離とズレがあったことを念頭に置くことが必要に思われる。

　たとえば，オレーニクは，今日に精神工学の成果を評価する際に，シュピリレーインが科学の（精神工学の）中立性を主張していた―少なくとも1920年代にはそうであった―点について，実証主義的な色合いを持つこのような考えは，理論的な意味では論争の余地があることを指摘しつつも，シュピリレーインの科学の中立性の考えが，「探索的展開にとって，また，ソビエト心理学と外国の科学的な心理学派や潮流との相互作用の根拠づけに対して，若干の間口を広げたのである」（Олейник, 1997, c.58）と評価し，それによって，「経済建設の実践的課題の解決のために，外国の精神工学で蓄積された成果の意味づけと活用の試みがおこなわれた」（同上, c.58）と述べている。そして，シュピリレーインのこの思想は，今日において，再び，特別な現実性を獲得していると肯定的に指摘している。このようなオレーニクによる科

学の中立性への肯定的な評価は，応用科学の実践的性格はそこに科学的な予測と建設的で目的指向的な変革という方向性が明確である場合には，それが研究の真理の基準となるという点を意識したものであるが，真理の基準となることのできる実践的研究が，果たして，科学の中立性と常に整合性を持つものかという点は，まさに今日でも争点となっている問題でもある（特に，軍事利用の科学技術についてはそうである）。

　また，ノスコーヴァ（Носкова О. Г.）は，精神工学が欧米の機能心理学の要素を多分に持っていたことを積極的に評価している。ソビエト心理学史の中では，機能心理学は実証主義とプラグマティズムの哲学を基盤としているということで，批判の対象であった（Ярошевский, 1976）。しかし，ノスコーヴァは，今日では，機能心理学の再評価が必要だと述べた上で，シュピリレーインとゲレルシュテーインとその同僚たちは，彼らにとっては現代的な機能心理学の鍵となる諸命題に，完全に意識的に立脚していたのだと指摘している。この意味で，彼らの精神工学は，心理学思想の世界水準に完全に一致していて，機能心理学の思想を利用していたからこそ，労働という特殊な形態の研究と具体的な課題の解決が可能になったのだ，と述べている（Носкова, 2006）。このノスコーヴァの見解も，精神工学の実証主義とプラグマティズムの観点を積極的に評価するものである。

　以上のような，精神工学に対するマルクス主義の哲学-方法論的要請と精神工学的実践の実際のあり様との間に，一定の乖離とズレを認めた上で，ここでは，精神工学の残したものについて，ノスコーヴァに従って列挙しておこう（Носкова, 2006, c.41-42）。きわめて細かな点において，実践的な成果が確認されていることが理解されよう。

1) 活動の心理学理論の創造への貢献（職業活動の具体的様相を研究する原理と方法や，高次心理機能の活動による媒介という構想の類似形が練り上げられている）。職業の類型学への貢献。職業研究のアプローチと方法への貢献（行為の自然的および人為的脱自動化の概念や，職業研究における「労働に基づく」方法が練り上

げられている)。

2) 働き手の人格の個人間変異という概念や,職業選択と職業相談に関わる活動の成功の診断と予測の方法が練り上げられている。
3) 労働過程における心理の個人内変異の概念や,人間の労働能力の動態における心理と意識の役割や,労働における主観的および客観的要素の役割を考慮に入れる考え方が,提案されている。
4) 訓練過程における働き手の職業的に重要な資質の個人内変異（心理の機能的発達の概念）について,研究がおこなわれている。要請される職業に重要な資質の形成技術が作り出されている。
5) 上肢の損傷で破壊された心理機能を,リハビリ労働療法に基づいて回復を誘導するという構想が練り上げられている。労働療法の原理が練り上げられ,神経 - 精神病による病人の再適応を目的とした労働療法の活用の理論的根拠が与えられている。
6) 産業傷害や産業事故,軍用機パイロット学校での事故の,研究と予防の方法論および技術が練り上げられている。
7) 労働とその手段や条件の精神工学的な合理化の原理と技術,および労働の適正基準が作り出されている。
8) 大量の情報手段による人々への心理的作用の合理化の思想と技術が発展させられている。労働における社会 - 心理的現象の研究と,労働の適正化の目的でのそれら現象の活用が始められている。
9) 産業精神工学,労働心理学の理論と方法論と歴史の問題が指摘されている。職業精神工学協会の組織化や,産業精神工学者の人材養成の問題が指摘されている。

ここで,1) の項目にある「人為的脱自動化」ということについて,説明を補足しておきたい。通常,自動化とは,高次な中枢の調整機能の活性化がなくとも（つまり,無意識のうちに）,労働の動作が遂行され,協応され,まとめられる状態をいう。専門労働者が慣れた労働動作を遂行している活動がそ

れに相当する。疲労が蓄積したり，健康が阻害されていたりすると，労働動作の自動化が妨げられたり，ブレーキをかけられたりする。これは自然的な脱自動化である。ところで，ある種の職業の労働動作の構造やその遂行活動の困難さなどを解明するためには，自動化された（習慣化された）活動をそのままに分析しても何もわからないし，適切な方法ではない。そこで，これらの活動を，新規の，それゆえに自動化されない（意識せざるをえない）素材の中で，形の上では同質の労働をおこなわせることによって，脱自動化して研究するという方法が採られたのである。これが，人為的脱自動化で，この方法はシュピリレーインによって考案されたものである。

　こうした成果を内に含みつつも，精神工学は精神工学として残ることはできなかった。その他の応用心理学と同様に，一般的な心理学研究の姿をとって，影をひそめて継続されることになる。

④ 大祖国戦争下での応用心理学全体の再編

　しかしながら，1941年に対ドイツ戦争が始まり，大祖国戦争としての戦時体制の下での実践労働—前線および後方における—の局面の増大と共に，すべての科学と同様に，心理学も戦争の需要に，戦争の軌道に再編されていくことになるのである。1930年代までに悲劇的に葬られた応用的心理学は，戦争の実践的要請の中で，どのような形に再編されていったのだろうか。トゥガイバーエヴァ（Тугайбаева Б. Н.）によれば，それは次のような応用領域であった（Тугайбаева, 1997, с.112-113）。箇条書きにまとめてみよう。

1) 戦争による外傷の治療。銃弾による頭や脳や末梢神経の損傷の診断や，手術的処置の必要性の評価など。ここには心理学者が担う重要な役割がある。
2) 戦争による負傷者の戦闘能力と労働能力の回復。ここでは，心理学 - 精神医学，精神神経学，心理学 - 教育学，病理心理学などに心理学者が直接参加している。具体的には，外傷や感染や毒による中枢神経と末梢神

経の病気，戦時の精神状態，神経症や心の病気などの診断・鑑別と治療，戦争での身体障害者や神経障害者への治療的支援，労働教育，就職あっせんなど。
3) 防衛上の課題として，兵士の「人格の能動性，意志の教育」「死に対する恐れ知らず，死をものともしない教育」「ヒロイズムの教育」「勇気の教育」「軍人らしい率先性と機転の教育」「決断力の教育」など（ここには指摘されていないが，当然に国民の戦意や祖国防衛意識の高揚，戦争遂行のプロパガンダの課題も含まれよう）。
4) これらの応用分野で働く人員の養成。1936年以降は（児童学批判を代表とする心理学の応用諸分野への弾圧によって），国家による心理学者の養成が著しく縮小されていたことへの見直し。

　これら戦時における課題遂行への再編の特徴は，抽象的な定式といった前提がなくなり，具体的で直接的で経験的な性格を持つ研究が最優先となっていることである。学問としての哲学的な前提を問題とすることよりも，現実的な効果や成果が求められているということである。もちろん，実践的なイデオロギーとしての「祖国防衛」や「社会主義 - 共産主義防衛」という意識の高揚は図られたであろうが，科学に求められたのは，どこまでも具体的な実効的成果であった。そうだとすると，ゼロからは何も生まれないことは明らかである。この時点でのこれまでの到達点から出発するほかはない。
　戦争による身体的，精神的外傷の治療や回復に，実験心理学や反射学や反応学で蓄積された生理心理学，神経生理学，条件反射学の知識と技術は有益であっただろう。戦時の精神状態，神経症や心の病気などの診断と治療には，精神分析の知見と技法が（「精神分析」という言葉は使わずに）用いられたであろう。戦争での身体障害者や神経障害者への治療的支援，労働能力回復，労働教育，就職あっせんや，兵士や国民の戦意高揚の方法には，何よりも精神工学の知識と技術が（やはり「精神工学」という言葉を使わずに）役立ったであろう。子どもや青少年の戦時教育や労働教育には，児童学での知見や技術が

(これも「児童学」という言葉は使わずに）活用されたであろう。こうして，応用心理学に関するかぎりは，10月革命後のおよそ20年間のその蓄積は，大祖国戦争の遂行という緊急事態の中で再編され，表向きは姿を隠して，継承されていったのだと思われる。

─〈ヴィゴーツキーの補助線…その4〉─

　先に「(3) 精神工学の展開と断罪」の節において，1931年5月にレニングラードでおこなわれた第1回「全ソ連邦精神工学と応用精神生理学会」大会での報告集の目次を示しておいたが，その中に，ヴィゴーツキーとゲレルシュテーインの連名で「総合技術教育の問題の児童学-精神工学的研究に関する問題について」という表題の報告が載せられている。しかし，実は，本文を見ると，これは連名の報告ではなく，それぞれが独立に報告をおこなっているものなのである。すなわち，ゲレルシュテーイン「精神工学的研究における総合技術教育の問題の曲解」，ヴィゴーツキー「総合技術教育の問題との関連での子どもの発達における実践的活動と思考」である。どちらも総合技術教育について論じているので，同じ掲載欄にまとめられたのであろう。

　ここでは，〈ヴィゴーツキーの補助線…その4〉として，まずは，ヴィゴーツキーのこの報告について，その内容を見ていくことにする。これにより，ヴィゴーツキーが，精神工学の研究運動にどのような立ち位置で関与していたのかを明らかにしたいからである。短い報告なので，以下，全文を邦訳したものを提示しておく（Выготский, 1931b, c.38-40）。

(1) 報告「総合技術教育の問題との関連での子どもの発達における実践的活動と思考」

　Ⅰ．労働は人間の歴史的発達の基礎である。それゆえ，労働活動と結

びついた心理機能も歴史的に形成された行動形式であると仮定せざるをえない。労働は，あらゆる高次な心理機能の，人間に特有なあらゆる高次な行動形式の揺りかごなのである。エンゲルスの表現によれば，「労働が人間そのものを創造したのである」。労働活動の発達は，人間の思考の発達―その内容面，つまり，新しい認識による思考の充実や経験の拡大といった側面の発達―だけでなく，人間の行動と思考の新しい形式の発生とも結びついている。労働は，必然的に，人間の行動それ自身の過程の支配を前提としている。

Ⅱ．労働と高次な知的機能との親和性に関するこの命題は，社会主義的労働の問題との関連で特別な意義を持っている。生産労働と教授-学習との結合は，全面的に発達した人間を創造する唯一の方法なのである。マルクスの表現によれば，知的労働と肉体労働の間の対立の克服は，あれこれの種類の労働活動を高度な基礎の上に再統合することを必要とするのである。なぜならば「労働の分割によって人間自身も分割された」からである。

Ⅲ．特に，社会主義的労働の中心的な問題のひとつは，「生産過程全体の共通の科学的原理について知識を得させ，同時に，子どもと青少年に生産全体の初歩的な道具の扱い方の実践的経験を与える」（マルクス）総合技術教育の問題であるが，そこには，それ自身の中心的で本質的な内的要素のひとつとして，つぎのような問題が含まれている。すなわち，子どもの発達における実践的活動と思考の間の結びつきの問題，年齢的動態の中での子どもの思考と行動の間の構造的および機能的関係の問題，質的に独自の心理的統一体・高次な秩序へと向かう子どもの発達の各段階における思考と行為とを結びつける基本法則の問題―つまり，こうした結びつきの発達の問題である。

Ⅳ. 現代のブルジョワ的児童学と精神工学には，子どもの実践的活動と思考の間の結びつきの問題に関して三つの基本理論が存在している。
1) 子どもの実践的活動の発達を，自律的に起こる思考の発達過程から導き出す理論（シュテルンなど）。
2) 子どもの思考を，その外的な表出が省略され，圧縮され，抑制された行動過程として，子どもの活動から機械的に派生したものとして見なす理論（ワトソンなど）。
3) 子どもの発達において，理性的で合理的な行為能力や思考能力の機能的および構造的な独立性を認める理論。実践的知能と認識的知能の理論（リップマンなど）。

これら三つの理論はすべて，方法論的批判や実験的批判の観点からは根拠が薄弱であり，現実に合致しておらず，それ自身の中に，ブルジョワ教育学の階級的傾向をその異なる発展形態において反映したものとして，否定されるべきものである。

Ⅴ. 子どもの発達における実践的活動と思考の間の構造的および機能的関係の解明に捧げられ，著者とその協力者（ア・エル・ルーリヤ，ア・エヌ・レオーンチェフ，エル・イェ・リョーヴィナ，エリ・イ・ボクソヴィチ，その他）との共同によっておこなわれた実験的研究は，次のことを確認した。すなわち，子どもの思考と行為とが切り離された発達は現実には存在しないこと，私たちは，実際には，いたるところで，子どもの実践と思考との緊密な結びつき，緊密な絡み合いの驚嘆すべき例に出会うということである。子どもの実践的知能と言語的思考のこのような結合は，子どもの発達の全期間にわたって変化しないままの定数ではない。この結合は，子どもがある年齢期から別の年齢期へ移行すると共に変化する。構造それ自体が，この複雑な，新しい段階ごとに発生する重要な新形成物の構成要素の相互関係が，変化するのである。しかし，これによって事情が変化するわけではない。なぜならば，事態は基本的に常に同一のま

まだからである。つまり，実践的活動と思考は，子どもの発達においてひとつに結合し，それぞれの年齢段階で新しいタイプの結びつき，新しい構造的・機能的・発生的な統一体を形成しているのである。研究によって，子どもの思考と行動の間のこのような結びつきや関係の発達の道筋と，両者の動態におけるこれら新しい構造の年齢ごとの概略について，素描することが可能となっている。

Ⅵ．この研究および同じ方法でおこなったその後の研究の結果の理論的意義と実践的活用は，基本的に，次の三つの契機によって明確になる。すなわち，
1) 発達の異なる年齢期の子どもと青少年の特徴に，総合技術教育の基本要素のひとつ（理論と実践の結合，知的労働と肉体労働の結合）を適用する場合の心理学的な根拠づけ。
2) 子どもの様々な年齢期における総合技術教育（主として，上で言及した要素についての）の方法の心理学的および児童学的な根拠づけ。
3) 子どもの全面的発達の要素としての総合技術教育の有効性についての児童学的考察。

Ⅶ．今後の研究は，問題をきわめて高度化して，子どもの人格と世界観の発達の観点から総合技術教育の問題を解明すべきである。現在のところ，私たちは，この方向での最初の歩みを始めたばかりである。

この報告から読み取れることは，ヴィゴーツキーは，労働や職業に直結する文脈で精神工学の研究運動に関与していないということである。確かに労働について言及しているが，それは，子ども（人間）の発達における原理的要素としての労働活動の位置づけであって，具体的労働や職業を問題にしたものではない。ヴィゴーツキーがここで中心的な問題としていることは，実践的活動と思考との不可分の発達的関係の構造的

および機能的変化の問題であり，特に，年齢の変化に対応した子どもと青少年における新形成物の発生と発達の問題である。この発達の問題を中心に置きながら，子どもの労働と教授-学習の関係を考えるところに，総合技術教育が位置づけられているのである。注目すべきことには，この総合技術教育の問題は，やはり，具体的な労働や職業に直結するものとしてではなく，「子どもの人格と世界観の発達の観点から……解明すべきである」とされているのである。

　実は，『高次心理機能の発達史』（書かれたのは上の報告と同じ 1931 年，Выготский, 1983b）の最終章で，前章までに高次心理機能の文化的（文化-歴史的）発達について全面的に検討してきた総括として，「子どもの人格と世界観の発達」について言及されており，そこでは，文化的発達の過程は，子どもの人格と世界観の発達として特徴づけられると規定されているのである。つまり，ヴィゴーツキーは，精神工学の研究運動に，総合技術教育を媒介にして，自らの文化-歴史的な発達心理学の原則的な見地から関与していたことが理解されるのである。あくまでも，子どもと青少年の発達の問題が中心に存在しているのである。子どもの発達心理学は，この時代には，児童学の範疇で論じられていたので，総合技術教育の問題は，精神工学の問題というよりは，本質的には，むしろ児童学の問題として位置づけられていたことが理解される。

(2) 精神工学と児童学の関係についてのヴィゴーツキーの考え

　上で紹介した報告の前年（1930 年）の 11 月に，共産主義アカデミー精神工学部門と精神工学会の共催の会議において，ヴィゴーツキーは「児童学と精神工学」（書かれたのは 1930 年，Выготский, 2010）と題する講演をおこなっている。その内容を見ると，翌年の報告で，ヴィゴーツキーが総合技術教育の問題を精神工学の問題としてよりも，児童学の問

題として捉えようとしていた理由がよくわかる。この講演では，児童学と精神工学との関係づけの問題についてのヴィゴーツキーの考えが簡潔に述べられている。

まず，ヴィゴーツキーの関心は，シュピリレーインやゲレルシュテーインにより推進されていた大人を対象とした精神工学ではなく，発達心理学を基本にした，子どもと青少年の精神工学のあり方にあったのである。ヴィゴーツキーの主張によれば，子どもと青少年の精神工学の問題として，総合技術教育の問題や，才能の予測や職業指導などの問題をテーマとするとき，精神工学は，これまで築いてきた自らの学科の基本的な概念体系を再検討し，再編しなければならないのである。なぜならば，これらの基本的な概念体系は，子どもの外側で構成されたものであり，同じ現象を大人に見出される安定した形式の中で研究して構成されたものであり，しかも，「労働力の選択」という一定の実践的課題の観点から構成されたものだからである。ヴィゴーツキーは次のように述べている。

「子どもと青少年の精神工学は，自らを児童学の学科のひとつとして自覚し，精神工学が研究している行動形式の形成過程に対して，発達と教育と感化の見地から，大人の精神工学の概念体系をすべて再編しなければならない。簡潔に言うならば，私が思うには，児童心理学が児童学の学科のひとつとして発展することができるのと同様に，子どもと青少年の精神工学も，児童学の学科のひとつとして発展できるし，発展すべきなのである。すなわち，精神工学は，全体としてはその専門領域の一部を成すが子どもに関連した，全体として子どもの発達過程に関連したどのような現象にでもアプローチするやいなや，ただちに，その基本的な概念体系を児童学的に構成しなければならないのである。つまり，精神工学は，児童学の学科のひとつになるのである。その際には，この児童学に依拠して，自らの基本的な概念体系を

再編しなければならないのである」(同上, c.112)。

　ヴィゴーツキーの主張は，きわめて明瞭である。子どもと青少年を対象とする精神工学は，大人の精神工学とは明確に区別され，児童学の一部門として再編される必要があると言うのである。労働や職業と直結した形で構築されている大人の精神工学と区別される，子どもと青少年のための精神工学の実践領域や実践的活動を固有に指し示す意味で，ヴィゴーツキーは，それは「児童学的精神工学」または「教育学的精神工学」と呼ばれるべきである，と指摘している。
　こうして，精神工学に関与する場合のヴィゴーツキーの立ち位置とは，以上のようなものであったことが確認できる。

第6章
同時代の日本での受けとめ

　10月革命後～1930年代に至るソビエト心理学の動向について，同時代の日本の心理学者たちは関心を寄せたのだろうか。調べてみると，意外に関心をもたれていたことに驚かされる。革命前の時期については，本書の第3章の（3）で，「もし情報を得る機会があれば，それは知っておきたいという興味は……持っていたように思われる」といった程度のものだったのと比べると，その関心度は思いのほか大きかったと思われる。それは，やはり，世界史の中に，社会主義革命によってまったく日本や欧米とは異質の国が成立し，そこで遂行されている心理学研究とはどんなものなのか，興味をかきたてられるものがあったからであろうか。あるいは，現実にソビエト連邦が形を成し，社会主義思想や社会主義国家というものに興味や共感（あるいは反感）を抱いた研究者がいたからかもしれない。

　この時代（10月革命後～1930年代まで）の日本での主たる心理学専門ジャーナル「心理研究」とその継続誌「心理學研究」を見ると，ソビエト心理学に関する論文，ボリシェヴィズムに関する評論，そしてソビエト心理学関連の文献紹介（「解説」欄のちに「文献」欄で）に取り上げられているものなど，全部で21編にも上っている。ただ，論文や評論で参照されている文献も，文献紹介で取り上げられている文献も，すべてロシア語の原著からのものではなく，ほとんどすべてはドイツ語の文献，いくつかは英語の文献を介しての紹介であった。なお，ロシア人の論文であっても，それがドイツの心理学のも

のであった2編は，数に入れずに除外した。

　以下，ソビエト心理学についての同時代の日本での関心と受けとめについて，その概略を紹介しよう。順番は，まずは，独立した論文と評論を紹介する。次に，文献紹介欄において紹介されている文献を取り上げる。

(1) 論文・評論

　論文欄に掲載されたものには，齋藤茂三郎（1881-?）の「ボルシェビズムの心理（上）—どんな人が過激派になるか—」（齋藤，1920），上野陽一の「條件反射と兒童研究」（上野，1920），評論として増田幸一（1898-1982）の「勞農ロシアに於ける勞働科學的殊に精神工學的研究」（増田，1927）がある。

① 齋藤茂三郎の「ボルシェビズムの心理（上）—どんな人が過激派になるか—」

　これは論文欄に掲載されているが，齋藤の書き下ろした論文ではない。1919年に刊行されたジョン・スパーゴ（Spargo, J., 1876-1966）の原著 "The Psychology of Bolshevism" の内容の，スパーゴ自身による要約を齋藤が紹介しているもので，特に齋藤自身の見解は示されていない。内容は，一読して明らかなように，10月革命を主導したボリシェヴィキの指導者レーニンやトローツキーの行動を過激主義として論難するものである。そして，この論難の根拠が，きわめて心理主義的な説明に終始していることに大きな特徴がある。

　論文の前半では，過激主義に走る人の心理の現象論的（＝表面的）な解説がなされている。論文の後半になると，アメリカで世界産業労働組合（I. W. W.）が結成され，そこにボリシェヴィズムの運動が勢力を持った理由として，資本家と労働者の階級対立や，浮浪労働者の生活状態や移民労働者の無教育状態などに触れられてはいるが，その原因分析は，やはり，きわめて心理主義的なものにとどまっている。どのように表面的な心理主義的説明であるのだ

ろうか。たとえば，前半で述べられている，過激主義に染まる人の特徴については，次のよう説明されているのである。要約しつつ，箇条書きにして引用しよう（齋藤，1920, pp.610-614）。

1) 資本組織およびそれに胚胎して起こる各種の不正に憎悪するあまりに，争議に関し，理性の上でも道徳の上でも差別を立てえないほどに憤怒を感じる人がいるが，彼らは，被支配者階級の不正には無頓着であったり，これを是認したりする。このような偏頗で不真面目なところは，彼らが病的な状態―精神的神経病の一種―にあることを明示している。
2) 次に挙げるべきは，ヒステリー性の過敏を帯びた人たちである。彼らの考え方は突飛で，非常に感情的で，感情に根差した観念に固執している。宗教的熱愛者のそれと同様である。感情で考える人である。
3) 他人の知識を卑しみ，自分を絶対とする人である。一足飛びに結論に至り，実行不可能な困難なことがらを容易に信じてしまう。どんなことでも白か黒かであって，中間色がない。正義は正義，不正は不正と思っている。
4) この種の精神異常に伴う特色はほかにも存在していて，それはみな過激派の精神に著しく現れている。そのひとつは，度し難い頑固さである。また，自分の承認しえない意見をいう者に対する妨害行為は，ヒステリー的である。
5) さらに，この精神的神経病の症状に罹っている人の行為は，閧の声やスローガンなどによって規定される。
6) この種の精神病者は，たちまち有頂天になって精神を錯乱し，つまらないことをも美妙甚深（言いようもなく優れていて意味が深い）の真理と見なしてしまう。
7) ボルシェヴィズムに賛同する人たちのうちには，冒険者がいることがあるが，その人たちの多くは博徒であって，どんな騒ぎにも飛び出して行って，ぶち壊すことを常に望んでいる。

8) 裕福な婦人の中に過激派に資金提供をする人がいるが，唯一の例外を除いて，彼女らに共通の性質は感覚過敏である。唯一の例外で過激派に資金提供する婦人の特徴は，純粋に理性的な人であるが，彼女らは一般に粗大な唯物論者である。また，彼女らの性的生活は抑圧されているか，あるいは異常である。彼女らは恋に破れ，その正常な性欲を満足させえないので，独身で通したか，結婚しても子どもを産まない人たちである。この種の人たちは冷淡で，残酷で，非常に分析的である。絶えず社会の制度，法律，習慣を批判して，その不完全の箇所を披歴して，完全なものに置き代えようとする。
9) 裕福な人たちのうち，キリスト教の禁欲主義を信ずる人たちは，特に貧乏の存在に対して強い責任を感じ，キリスト教の理想とする，各人の機会均等を可能ならしめる社会の改革を望んでいる。
10) 単純な浪漫主義者もいて，彼らは常に，自分自身の夢の世界に住んで，現実を忘れ，空な理想によって支配されている。また，ここには，反抗精神を生まれながらに持っている本能的無政府主義者や，絶えず新しい刺激を必要とする精神を持った精神衰弱者がいる。

終始このような内容と論調の論文であり，今日ではほとんど是認できない内容のものである。このようなスパーゴの論文を紹介している齋藤がその内容に賛同しているのかどうかは，この論文にそのような注釈がないので定かではない。ただ，少なくとも10月革命やその後のソビエト連邦に対して共感するのではなく，反感の立場から，スパーゴの論文を紹介する気持ちになったのだろうことは推察できる。齋藤のような受けとめ方をした心理学者がいたという点で，興味深いものと言えよう。なお，この論文の続編となるはずの（下）については，見当たらないので，書かれなかったものと推測される。

② 上野陽一の「條件反射と兒童研究」

　上野のこの論文では，パーヴロフの条件反射の実験についての説明もなされているが，論文の目的は，「條件反射法を兒童研究上に利用することについて，近頃の研究を紹介しよう」(上野，1920，p.409) ということにある。パーヴロフの実験方法は，分泌反射に集中していて，唾液腺や胃液腺に管を繋ぐ手術などの処置が必要で，そのままに人間に適用するには困難が伴う。そこで，パーヴロフの方法の拡張によって，人間における条件反射の形成を確認する研究が，欧米やロシアで工夫されてきた。論文では，そのいくつかの事例が簡単に紹介されている。

　たとえば，食道と胃に瘻管を着けた大人や，胃瘻管を着けた小児に条件反射の成立を確認した研究，唾液の嚥下反応を精密に観察することで，14か月の嬰児に条件反射の成立を見た研究などである。それらのうち，ソビエト心理学に関連したものとして，上野の論文の中で言及されているのはベーフテレフの研究である。ベーフテレフは，児童の行動を研究する科学的方法として条件反射の方法を拡張しているのだが，そこでは，分泌反射ではなく運動反射を行動の単位として捉え，無条件刺激に電流，条件刺激に電気の光やベルの音や色の形を用いるという方法が工夫されている。すなわち，

　　「パヴロフの研究は分泌反射に集中してゐたが，ベヒテレフ (ベーフテレフのこと―引用者) は運動反射を研究した。例えば，電流の刺戟を受けて金属の電極から足を引込めるという反射運動がある。この刺激を與へると同時に，電球をともすとか，ベルをならすとか，色の形を見せるとかいふ風に，他の刺激を同時に與へるのである。これを幾度か繰返してゐると，電流の刺激を與へなくとも，ただ電球をともすといふやうな他の任意の刺激だけで，足を引込めるやうになる」(同上，p.412)。

　このように紹介した上で，引き続いて，上野は，アメリカの行動主義心理学のワトソンが，このようなベーフテレフの電流刺激法を用いて，児童に条

件反射の形成実験をおこなったこと，さらに，こうした方法に幾分の変更を加えて，学習の研究に応用していることについて紹介している。そして，行動主義の児童研究はきわめて少ないこと，パーヴロフやベーフテレフなどの研究は条件反射の理論的応用を発展せしめたもので，その他，フェルヴォルン（Verworn, M., 1863-1921），シェリントン（Sherrington, Ch. S., 1857-1952），ロエブ（Loeb, J., 1859-1924）などの研究によって，児童研究に新機軸がもたらされていると述べている。上野いわく，「兒童研究はこれ等の新しい研究によって，将に一生面を開かんとしつつあるのである」（同上，p.416）と。

この上野の論文は，1920年に発表されているということで，10月革命後のパーヴロフやベーフテレフの研究ではなく，それ以前の彼らの研究に基づいて論じられているものである（ベーフテレフの『客観的心理学』のドイツ語版とフランス語版が出されたのは1913年）。しかし，興味深いことには，ここでの上野の関心は，本書の第3章の（3）で紹介した，革命前の時期に黒田源次が「パヴロフの條件反射研究法に就て」（黒田，1916）の中でパーヴロフの条件反射の実験方法に対して向けている関心事とは，大きく異なっていることである。そこでは，黒田は，あくまでも動物心理学の枠内における動物の知覚測定法として，条件反射の方法に注目をしていたわけであるが，上野は，動物心理学の動物実験の方法としてではなく，人間の子どもの行動研究の科学的研究法への応用として，「将に一生面を開かんとしつつある」方法として，条件反射法の拡張に注目をしているのである。両者にこのような違いをもたらした原因は，おそらく，黒田がもっぱらパーヴロフの研究にのみ注意を向けていたのに対して，上野は，それと同時に，ベーフテレフの研究にも知見を得ていたからだと思われる。

③ 増田幸一の「勞農ロシアに於ける勞働科学的殊に精神工學的研究」

この増田の評論は，ソビエト連邦における精神工学の歴史の一定時期の現況を知ることができるという点で，今日においてもきわめて注目すべきものである。1926年（大正15年）8月30日に脱稿のこの評論は，主として，1924

年に公刊されたスイスのバウムガルテン (Baumgarten, F., 1883-1970) の著書『ロシアにおける労働科学と精神工学』の内容に基づいているが，そのほかにも，ソビエト連邦の経済政策や労働法制に関するドイツ語，英語，日本語の関連論文も少なからず参照している。まさに，1920年代半ばの，新経済政策（ネップ）下のソビエト連邦での労働の科学，精神工学の集中的な研究状況が紹介され，評論されているのである。

　増田がソビエト連邦の労働科学，特に精神工学の研究についてその概要を知ろうと思ったのは，増田の勤務する研究所に，突然に，モスクワの中央労働研究所からロシア語のジャーナル「労働の組織化」と英文の「中央労働研究所の仕事とその研究法の概況」という小冊子が送られてきたことをきっかけとしている。増田の勤務する研究所というのは，それについての記載がないが，おそらくは，1925年に上野陽一によって設立された「日本産業能率研究所」であろう。こうしたきっかけから，職業指導論や職業適性検査に関する研究を専門としていた増田は，労農ロシア（ソビエト連邦）においても，資本主義国家と同様の能率増進研究や労働の科学的研究がおこなわれていることに興味をそそられ，資料を発掘し，この評論をまとめることになったのである。

　ここでの増田の関心事は，ひとつは，私的経済産業組織（資本主義経済体制）の中で育まれた能率増進とか労働の科学的管理ということが，まったく経済組織を異にするソビエト連邦では，どのようなものなのか，欧米や日本におけるものと同じ意義を有しているのか，それとも違っているのだろうかということである。二つには，生理学や心理学やその他の科学の発展に俟つところが多い，まだ若くて発達途上にある労働の科学が，経済的逼迫にあるソビエト連邦で具体的にどんな風に，どの程度におこなわれているのか，どんな研究者がおり，どんな設備があるのか，などを知るということであった。

　評論では，まずは「序説　勞働科學的研究の背景」において，10月革命後のソビエト連邦の一連の経済事情や労働事情，これらを背景として，国家的要請の中で，労働の科学的管理の問題が喫緊の課題として登場している経

緯などが概観されている。また、労働の科学的管理をめぐるソビエト連邦での各種会議での議論や、さらには、新労働法の規定にも触れられている。引き続く「本論 勞働科學的研究の狀況」においては、主として、モスクワの中央労働研究所の組織、専門的研究の内容、研究方針などが紹介され、さらにソビエト連邦での精神工学の特徴や、モスクワの労働人民委員部附属精神工学実験室の活動やモスクワ大学の精神工学セクションでの研究活動などが紹介されている。その中で、シュピリレーインの実験や、コルニーロフの反応学による作業方法の転移の実験にも言及されている。

それらのうち、ここでは、まずは、モスクワの中央労働研究所の組織の概要について紹介したい。次に、コルニーロフとシュピリレーインの実験について紹介することにしたい。これらについての説明は、本書の第5章第3節の「(3) 精神工学の展開と断罪」においても、私がまったく言及していないことなので、そこを補充してくれる意味があると思われるからである。

● モスクワの中央労働研究所の組織の概要

研究所は以下の七つの実験室に分かれている（増田，1927，pp.108-112）。

1) 身体力学実験室（Bio-mechanical Laboratory）：ここでは、作業の動作を研究して、ある作業に最も有利な標準動作を発見する、という研究をしている。そのために、「サイクログラム法」という方法が用いられている。これは、カメラの前に隙間の入った回転盤を装置し、これを通して作業者の動作（動かす四肢に豆電球を付してある）を撮影すると、そこに動作の経路が白い点線となって現れる—これをサイクログラムと呼ぶ—というものである。また、この実験室では、外筋肉のはたらきを精密に記録するための筋運動描録器も考案されている。

2) 生理学実験室（Physiological Laboratory）：ここでは、作業者が作業、エネルギー消費、疲労のためにどのような生理的変化を示すかを研究している。たとえば、エネルギー代謝作用を検査するのに酸素の消費量を測定

する。疲労を調べるのに呼吸，脈拍，血圧の変化を自動的に記録する。これらの測定を仕事の前，仕事の後，あるいは休憩の前後におこなうなど，種々の研究結果から，ある作業に最も有利な作業時間と休憩時間の配合を見出すのである。

3) 精神工学実験室（Psycho-technical Laboratory）：ここでは，作業過程中に見られる作業者の心理的現象を研究する。リズムや注意が作業に及ぼす影響や，単一動作の練習効果などといった問題が研究されている。

4) 精神生理学外来室（Psycho-physiological Ambulatory）：ここでは，研究所に附属する学校で学んでいる生徒の検査をおこなっている。ある個人がどのような基礎的動作に対して適性を有しているか，訓練に対する一般的な受容力はどのようであるかなどを検定する方法や，職業適性検査などを研究している。

5) 工学実験室（Technical Laboratory）：ここでは，工具を研究して，それを標準化している。たとえば，錠類工場で使うハンマーの頭の高さと取っ手の長さと形状を標準化し，わずか4種類のハンマーで，これまでのすべての作業に用いることができるようにしているなど。

6) 教育実験室（Pedagogical Laboratory）：ここでは，「基本動作を十分に会得しておけば，いかなる難しい仕事を覚える場合にも楽である」，という原則に照らして，単一の基本作業を教え込む方法を研究している。単一の作業を構成する要素として，「動作の構造」「リズム」「標準の正確さ」「力の度合い」「両手動作の協応」を取り出し，それらの訓練を順序・方法を定めておこなっている。

7) 社会工学実験室（Social-engineering Laboratory）：ここでは，作業場所や作業時間の問題を研究し，その結果に基づいて，工場内での資材や製品の運搬の問題を研究し，さらには，作業系統の立案という問題について研究をしている。つまり，これらの研究結果の，機械の発達に対応した生産集合体への応用を研究しているのである。

以上の各実験室での研究は，一定のエネルギー消費により最大効果を生み出すために労働者にどのように作業を教えたらよいかという教育の問題と，労働者が実力を発揮し，生産目的を達成するためにはどのように生産過程全体を系統化したらよいかという社会工学の問題に集約される，と考えられている。

● コルニーロフの実験例

　コルニーロフは，これまでの運動反応の研究が反応時間を測定するだけであったのに対して，人間の運動反応の力学的な側面（力の強度）と運動的な側面（運動の形式）を測定する「ダイナモスコープ」という器械を工夫した。この器械は，反応キーを押すと，それに連結したゴム製の密閉ボンベと水銀圧力計が作動して，その動きがペンに伝えられ，運動反応の強弱と緩急がミリグラム単位・ミリメートル単位で記録できるようになっている。実験の方法は次の通りである（増田，1927，pp.123-125）。

　まず最初に，被験者をダイナモスコープの反応結果から，以下の四型に分ける。
　(a) 運動反応が緩やかで力が弱い者：感覚的受動型
　(b) 運動反応が緩やかで力が強い者：感覚的能動型
　(c) 運動反応が速くて力が弱い者：運動的受動型
　(d) 運動反応が速くて力が強い者：運動的能動型
　実験では，被験者に，これら被験者の型と正反対のやり方で反応をさせる。結果は，運動の形式については，運動反応が緩やかな型の者は速やかにも反応できるが，速やかな型の者は緩やかに反応することができない。つまり，緩型の者の運動形式は流動的だが，速型の者のそれは固定していることがわかった。力の強度については，力が弱い型の者が強く反応するときには，エネルギー消費量が低いところから高いところへと増加する（つまり，流動性があって，エネルギーの調整がうまくできる）のに対して，力が強い型の者が

弱く反応するときには，エネルギー消費量は高いままで変化しなかった（つまり，流動性がなく，固定的でエネルギーの調整がうまくできない）。

以上の結果から，合理的な作業組織では，労働者をその運動反応の自然的な型に対応するように作業に振り向けることが能率的となる。つまり，(a)の型の者には緩やかで弱い反応を要する仕事，(b)の型の者には緩やかで強い反応を要する仕事，(c)の型の者には速くて弱い反応を要する仕事，(d)の型の者には速くて強い反応を要する仕事，に向けるべきものとなる。もし，自然型と対応できない場合には，(a)の型は運動形式でも力の強度でも流動的なので，これを反対の型の仕事に向けても対応でき，重大な問題は生じないが，(d)の型は運動形式でも力の強度でも固定的なので，反対の型の仕事に向けると最も悪い結果を誘発することになる。

● シュピリレーインの実験例

シュピリレーインは，航空衛生委員会からの委託により，「アルコールの航空作業に及ぼす影響について」研究をしている。これは職業衛生と災害除去の見地から，航空従事者の食事の中に軽いワインを加えることの可否を検討したものである。その実験とは以下のようなものである（増田，1927，pp.125-126）。

1) 50の視覚刺激と50の聴覚刺激に対して，被験者（二人）は足をあげる反応をする。
2) 次に視覚と聴覚の両刺激を取り混ぜて100の刺激を与え，赤色の刺激にだけ手で反応をし，白色や黄色には反応しないように命じる。
3) 次に，被験者に，ダイナモスコープを使って自分の都合のよいテンポで作業をさせ，一定時間（1/4分）ごとの収縮回数，そのキログラム・センチメートルへの換算量，反応カーヴを検出する。ここまでが，ベースラインとしての反応の検出である。

4) 次の日に，同じことを繰り返すが，その前に被験者は 20 グラムのアルコールを摂取して，10 分後に反応を開始する。三日目は 30 グラムのアルコールを摂取する。

5) この三日間の実験を，次の三日間にも反復する。

その結果は，アルコール 20 グラムでは作業に何の影響もなかった。30 グラムになると被験者は二人とも反応時間が 10 パーセント増加したが，視覚聴覚の混合刺激では顕著な変化は見られなかった。ダイナモスコープのカーヴは，アルコール飲用の時には，最初の 30 秒では作業が上がるが，後の 30 秒では下がることが示された。この実験の結果から，委員会は毎日 10 グラムのアルコールを飲ませても，航空従事者の作業には何ら障害をもたらさないという結論を下した，ということである。

コルニーロフの実験もシュピリレーインの実験も，この時代には，精密な測定器械を工夫しているという点で高く評価できるものだが，今日から見れば，あまりに素朴すぎる実験であり，たとえば，シュピリレーインの実験結果から航空衛生委員会の判断が下されたということには，驚きを禁じえないものがある。とはいえ，研究の実際の一端を知ることができたという点で，実に，興味深いものと言えよう。総じて，増田の評論は，同時代に，日本の地で，これほどまでに詳細に，ソビエト連邦の労働の科学，精神工学の動向に注目していた研究者が存在したということで，当時として，日本の心理学者の耳目を集めたものと推察されるのである。

(2) 文献紹介

ここでは，「心理學研究」誌上の「解説」欄ないし「文献」欄に見られた文献紹介について概観する。

① 精神工学の文献

　前項で，ソビエト連邦における労働の科学，精神工学についての増田の評論を見てきた流れから，まずは，精神工学についての文献紹介から見ていくことにしよう。ここには，ルップ（Rupp. H., 1880-1954）の「ロシアに於ける精神工學の印象」（1932，紹介者は狩野廣之（1904-1990））, シュピールライン（Spielrein, I. N., シュピリレーインのこと）の「精神工學の理論のために」（1933，紹介者は梅津八三（1906-1991））が挙げられる。なお，シュピールラインの論文の紹介欄には，シュピールラインの論述に対するリップマン（Lipmann, O., 1880-1933）の反論の要旨もあわせて紹介されている。

　これらの文献紹介も，この時代のソビエト連邦での精神工学の動向について，本書の第5章第3節の「(3) 精神工学の展開と断罪」の中で，私が言及しきれなかったことをよく補充してくれるものとなっていて，興味深いものである。

●ルップの論文

　これは，1931年9月にモスクワで開催された第7回国際精神工学大会に参加した著者による，ソビエト連邦の精神工学の現状についての見聞録である。そこでは，現在のソビエト連邦の精神工学の抱える問題点について述べられている（ルップ，1932）。

　第一に挙げられていることは，広大な国土は国内の交通網を必要としていることや，昔からの農業国ゆえに技術的に優秀な労働者が不足していること，大経営に必然たる労働規律に欠けていることなど，大急ぎで労働者を能率的に訓練する必要性である。第二には，計画経済のため，自由な競争・利潤・冒険などの喜びがないゆえに官僚化し，活発な活動力を失うことに対して，国家の成員を所得上の刺激なしに，喜んで働かせるためには，労働力の選択・配置・訓練と労働の最善の組織化が課題となっていることである。第三には，最も大きな問題として，労働それ自体の改革という問題である。労働条件を労働者の「能力」に適応させるのは比較的簡単だが，労働者の「欲

求」に適応させるのはいっそう困難であり,しかも実践的にはこのことが重大な意義を持っているからである。

　こうした課題に対して,政治的,精神工学的に採られてきた手段としていくつかの例に言及されている。すなわち,(a) 国家の理念を各人に教育し,鼓吹するための徹底した方策―宣伝,具体的目標の設定,結果の成績や業績の周知,勝利の祝祭,社会主義競争など―がおこなわれていること,(b) 賃金政策として平等をやめて,業績に応じた差をつけることや昇給制が採用されるようになったこと,(c) 労働者が経営に参加すること,などである。そして,問題解決への実行をおこないうる指導者をいかにして選択し,教育し,適切な方策を授けるかが中心的問題であり,真剣な研究対象となっていると指摘されている。最後に,「いずれにしても,ロシヤに於ける精神工學が現實社會の要求とピッタリ一致した切實な問題に結びついて,洋々たる前途を望んで居ることは喜ばしいことである」と結ばれている (同上,p.164)。

● シュピールラインの論文

　この論文も,やはり1931年の第7回国際精神工学大会に関係している。これは,その大会でおこなわれた講演である (シュピールライン,1933)。なお,名前の表記は「シュピリレーイン」のほうが適切なので,以下の本文ではそのように表記する。

　シュピリレーインのこの報告の趣意は,ブルジョワ精神工学に対する批判点と,それに対峙するソビエト連邦での精神工学について,提示することにある。冒頭で,精神工学の理論的危機―その意味するところは,理論の不十分さと,理論と実践の分離ということ―の原因は,精神工学そのものの性質にもよっているが,それだけではなく,今日のブルジョワ科学の一般的危機を反映していると述べられている。では,ブルジョワ精神工学の危機とは何か,指摘されていることを要約して列挙してみよう (同上,pp.173-174)。

1) 職業の適性検査に関して,テストのシステム・器械装置・質問紙・相

関の公式などについてはよく知っているが，調査された特性がどのようにして生成したのか，特に社会環境の要因の影響，その特性がいかに教育されうるかについては一般に知られていない。

2) 職業選択の目的のために，どの職業にはどのような生理的・心理的特性が要求されるかについての表は考察されているが，ある職業について挙げられた指標は，それとは対照的な指標によっても代償される場合があることや，その指標それ自体が教育可能であることについては，十分に省みられていない。

3) 職業心誌（サイコグラム）についての性格学的な必要性や，個人の性格学的調査（ルップやバウムガルテンなどの）はまだ実用になっていない。これらの研究者においても，個人の性格特性がいかに生成するのかや，個々の職業人と資本主義社会の一般的条件との連関については考慮されていない。練習についても理論的には多く研究されているが，その結果が実際には活用されていない。

4) こうした現状は，ブルジョワ精神工学が素質や適性についての現象を不変なものとして扱い，それらの質的な特異性やそれらの相互関係について十分解明されていないにもかかわらず，現象を数学的に処理し，社会環境の影響についてまったく無知なことに由来している。

5) これらの誤りのすべては，その科学が，ブルジョワジーの存続のための使命の下に働いていることによる。ブルジョワ精神工学は，社会の現実的関係から捨象された，機械としての，よくても動物としての人間を研究の対象としていて，社会の一員としての人間について研究しようとはしない。

6) これらの精神工学が保守的，反動的に働いている例として，アメリカの α 式陸軍テストがある。この知能テストはアメリカの支配階級に期待されるように実施され，その結果は，有色人種の劣性についての客観的証拠とされている。

7) 職業適性検査も，その結果をもって，その人に運命的に決定している

もののごとく見なし，伸びうる能力が抹殺されて，単にそれまでの教養のみが調査されている。
8) 疲労の研究についても，疲労現象は社会的な労働過程のうちに現れ，多面的に社会的過程と結びついて生ずるものなのに，それを生理的なテストによって把握しようとしている。これは，実験室的研究としてはうまくいっても，精神工学としては最初から誤っている。

1931年といえば，それまでは精神工学の科学的中立性を認める立場にいたシュピリレーインが，ブルジョワ精神工学の階級的目的を認識し，外国の精神工学の目的や方法をソビエト連邦の条件下で利用することについての批判へと，転換をとげていた年である。上記のブルジョワ精神工学の危機の指摘は，このシュピリレーインの立ち位置の転換をよく物語っている。次に，ブルジョワ精神工学に対峙される，プロレタリアのためのソビエト精神工学の観点と特徴については，以下のように述べられている。要約して列挙する（同上，pp.174-175）。

1) そもそも職業相談という考えは，労働市場の無計画性より発生したものである。労働市場が，労働力の計画的準備と配置に換えられることが進めば，職業相談の役割も変わってくる。それに対応して，ソビエト連邦では，学校を総合技術教育の学校に転換しつつある。これによって，生産のあらゆる部門について理論的，実践的な習熟を図り，ある職業から別の職業への移行を容易なものにしている。学校と実際の職業とのギャップは止揚される（つまり，労働市場が無計画な中での職業相談とは異なる）。
2) 大衆の精神的水準の向上，各業務者の自らの仕事に対する階級意識的関心の発達によって，精神労働と肉体労働の区別が減少し，農業の大規模な機械化に伴って，都市労働と地方労働の区別が除かれ，婦人解放により労働分野での男女の区別も減少している。こうした情勢下では，職業相談に関わる精神工学は，生活と遊離した検査などしない。職業相談

の仕事は，単に職業人の補充ではなく，資本主義社会の下では粉砕されている人材能力を，本来あるべくして教育し，伸ばすことにある。
3) 疲労の問題と対策は，単に統計的測定法によるべきではなく，環境的要因や労働者の労働との関係が理解されねばならない。自由な労働は，強制的な労働よりも生産的であり，労働時間の短縮は，物理的に同じ負担の仕事でも疲労は少ない。人間の達成する仕事の能力は，その人間の状態だけでなく，刺激の仕方（＝労働環境，労働条件など）に依存しているのである。
4) 最後に，こうしたソビエト連邦での「今日の生産條件は精神工學の仕事の重點を全く移動させることを認めざるを得ない。即ちもはや職業選擇の問題ではなくして，教育問題なのである」(同上，p.175) と結んでいる。

上記の1項目と4項目を見ると，ここには，〈ヴィゴーツキーの補助線…その4〉で見たように，子どもと青少年を対象とする精神工学は，児童学の一部門として再編される必要があると主張していたヴィゴーツキーの影響を見て取ることができよう。

●リップマンの反論
ブルジョワ精神工学に対するシュピリレーインの批判とソビエト精神工学の説明について，リップマンは以下のように反論している (同上，pp.175-177)。

1) 資本主義国で適用される方法がソビエトのシステムにおいて十分に役立たないことは自明である。精神工学的処理および方法の科学的批判は，その到達を目指したものが到達されたか，どの程度到達されたかについての考察にあるのであって，目的そのものの批判にあるのではない。
2) ソビエト精神工学だけをひとり正しいとして，中西欧および米国の精

神工学のすべてに対してブルジョワ的として，すべて誤りとするのは誇大が甚だしい。目的と課題は異なっても，一方の処理方法は，他方のそれと等しく正しくありうる。資本主義国における精神工学の課題と処理は，そのすべてが必ずしも資本主義的ではないし，ソビエト連邦において，精神工学の助けによって実現を目指した目的は必ずしも社会主義的目的とは限らない。

3) ソビエト連邦では，社会的要因は唯物史観的に解釈されて，経済的下部構造が労働者の全精神生理的構造に対する現実的な土台とされているが，われわれはこのテーゼをアプリオリにその全体を受け入れることはできない。このテーゼが，全精神生理的構造のいかなる要素について妥当するのかの説明がまず必要である。

4) 婦人の労働については，両性同権のドグマをそのまま精神工学的処理の基礎にすることには躊躇せざるをえない。男子よりも婦人に適する仕事，出産等の機能よりして避けなければならない仕事はあるからだ。

5) テストで把握された適性，能力がどの程度恒常的か，また教育によってどの程度変えられるかの吟味はすでになされている。それら適性の絶対的不変性のドグマも，ソビエト連邦でのような絶対的可変性のドグマも認めがたい。

6) 職業教育については，われわれも学校を職業的統制に役立たせようと努力しているが，学校の主たる課題は，ソビエト連邦のごとく，ただ職業的準備にあるのではないと思う。

7) 生産過程における労働者の地位が気乗りに対して決定的な意義を持ち，仕事のできばえだけでなく，傷害や疾病数にまで影響を及ぼすことは疑うべくもない。しかし，これらの社会的要因は，労働者の仕事能力そのものとは無関係である。

このようなリップマンの反論には，そこに精神工学の中立性の思想，総合技術教育への誤解，適性や仕事能力の個人的特性への帰属といった特徴が見

られるが，まさにこれらの点が，シュピリレーインの批判する点と重なっているということが理解されよう。

② 弁証法的唯物論（マルクス主義）と心理学についての文献

ここには，ユリネツ（Jurinetz, W., ユリニェーツのこと）の「精神分析とマルクス主義」（1928, 紹介者は波多野一郎（1905-1990））, ルリア（Ruria, R., ルーリヤのこと）の「現代心理學と辯證法的唯物論」（1929a, 紹介者は波多野一郎），コルニロフ（Kornilov, K. N., コルニーロフのこと）の「唯物辯證法的心理學」（1931, 紹介者は依田 新（1905-1987））がある。

●ユリネツの論文

ユリニェーツ（＝ユリネツ）は，一貫して精神分析に批判的な論陣を張ったマルクス主義哲学者であり文学者である。この論文では，フロイト主義は，一見すると，科学的であるように見えるが，それは表面だけの話で，事実は科学とはほど遠いものであり，マルクス主義者はこんな偽物に騙されてはいけないとして，フロイトやその学派の説について以下のような批判を展開している。批判点を要約して列挙してみよう（ユリネツ, 1928, pp.113-123）。

1) 人はフロイトが生理学を重視し，神経活動について語っているので，彼の学説を唯物論的であると考えるが，これは見せかけにすぎない。問題は，心身関係に対する考え方であるが，フロイトは精神病の原因を純心理的変化にのみ求める。生理的なもの（物的世界）は心的なものの完全な展開を抑圧していて，心的なものは，脳の固い外郭に適応しなければならず，その一部だけが歪められた形でのみ表現されうるのである。
2) 一見すると，フロイト説は巧妙に作られた一元論に見えるが，大きな矛盾が含まれている。たとえば，無意識とはいかなる場合にも意識の圏内に入ることができない心の部分で，その内容は性的衝動であり，これは反社会的だから意識の監視によって抑圧され，性的衝動の作用は，仮

装した姿でのみ意識に影響することできるとされる。しかし，意識に到達することのない，したがって，これを分析できない無意識の内容をどうやって示すことができるのだろうか。その内容がわからなければ，意識がこれを抑圧することはできない。

3) この矛盾を切り抜けようと，フロイトは，性的衝動がその内容を意識に知られているとし（判決説），意識は自らその反社会的な性質を抑圧することになる。かつて，フロイトは，神経症は無意識の内容について意識しないと言ったが，いまやこれは根底から覆されたことになる。無意識から意識への移行を明瞭に説明しなければ，無意識なる概念の虚構性が批判されることになる。

4) 生理学のマントを着たフロイトの非生理主義は，ドリーシュ（Driesch, H., 1867-1941）などの新生気論と結びついて，心的でもなく，物的でもないと称する「衝動の第三帝国」を作り上げた。これは，一方で，純粋心理学を作り上げる可能性を与え，他方では，唯物論と観念論の二股政策をとる都合のよい折衷主義である。

5) フロイト説の反復衝動─有機体は常に以前の単純な状態に還ろうとする─は，ニーチェ（Nietzsche, F. W., 1844-1900）の「同一なるものの回帰」を彷彿とさせるが，両者ともに現在の社会の歴史に対する嫌悪を表している。快楽原理はもはや顔色を失う。自己発展や権力や性の衝動は，反復衝動の見地からは単に部分的な衝動にすぎず，死への傾向，無機物への回帰がすべてを総括する。これがフロイトの結論である。

6) フロイト説では，世界はエスの諸発展段階にほかならず，その心底において心的なるものである。ここに発展の論理─弁証法─が要求される。しかし，フロイトの弁証法は，無意識を論理的ならしめることではなく，無意識に閉じ込められているエネルギーの開放であり，その特色は，矛盾から矛盾へと突如として飛躍し，論理を嘲笑する点にある。

7) フロイトにとって集団は，われわれを原始的性行動に逆戻りさせる。集団の成員は，ひとりの集団の指導者に同化する。つまり，彼のリビ

ドーを指導者との関係において実現するよう努力し，その指導者において自分を見出す。しかし，このような同化の根底には，嫌悪があり，それが意識面に投射されて，愛や相似や社会感情となるとされるのである。唯物史観に対しては，「経済的神秘説」として誹謗を与えている。

8) フロイトの学説の核心にはエディプス・コンプレックスがあるが，フロイトの解釈は，社会人類学者フレーザー（Frazer, J. G., 1854-1941）の研究によっても容易にその根拠を失う。エディプス・コンプレックスのでたらめさは，フロイト学派が，これをあらゆる社会現象・歴史の具体相の説明に適用するに及んで何人の目にも明白になる。たとえば，無政府主義は地（母）に対する愛ゆえにエディプス・コンプレックスの，共産主義は強権に対する反対から父親殺しの一例とされるなど。

ユリニェーツのこの論文は，フロイト主義への直接的批判というだけでなく，本書の第5章第3節の「(1) 精神分析への要請と断罪」において言及した，この時代のソビエト連邦における精神分析とマルクス主義との接合を図ろうとする動向への批判として書かれたものである。このような特徴を持つユリニェーツの論文に，同時代の日本の心理学者が注目し，日本の学術誌に紹介していることはとても興味深いが，実は，この論文と次のルーリヤの論文の紹介者である波多野一郎は，1929年の「日本プロレタリア科学研究所」の創設に参加した若きマルキストの唯物論心理学者であった（大泉，2003）。

● ルリアの論文

まず，この論文の内容は，紹介者がかなり省略した部分があるということなので，その範囲のものであることを了解しなければならない。

ルーリヤ（＝ルリア）は，現代心理学の発展の中に，弁証法的唯物論への接近を見るべく読者の注意を促している。現代心理学は，大きく見ると，二つの傾向に進んでいる。すなわち，一方では，主観的な精神の学から客観的な行動の学への転換，他方では，単純な連合から精神界を構成するのではな

く，統一的な心理過程としての法則性を研究する学への転換である。前者はアメリカの行動学派であり，後者はドイツの形態心理学（ゲシュタルト心理学）である。この両者は，それぞれ独立に発展している。

　行動学派の基本概念はロシアのパーヴロフに負うところが大きく，いわゆる「刺激‐反応」のテーゼに要約される。ただし，ルーリヤは，ワトソンらの「刺激‐反応」概念はその範囲が明瞭でないことと，思惟の研究が困難であることを指摘する。行動学派は，唯物論の方向における功績は革命的に大きいものの，なお，根本には，古き連合心理学の構成主義の伝統を受け継いでいる。いかに進んだ行動も，なお個々の反射運動や本能などから作り上げられる。人間の複雑な行動や，ましてや社会生活をも，このような原理によって一気に解明しようとすることの誤謬は明らかである。

　形態心理学の出現によって，古い心理学に対抗する新しい原理と新しい体系が初めて生まれた。ケーラー，ウェルトハイマー，コフカらの主張する最も根本的なことは，すべてのものは，それ自身の「構造」を持っていて，これを要素に分解することはできない（要素に分解すると全体の構造の特質が失われてしまう）ということである。ひとつの全体は，機能的部分からできてはいるが，この部分は全体を規定するものではなく，むしろ，全体が部分を規定するのである。知覚においても，思考においても，行動においても，この内的合法則性が実証される。形態心理学が優れた成功をおさめたのは，意識的であれ無意識的であれ，弁証法的方法によって研究を進めたからである。しかし，全体の法則性を事物の精神とか心的特性と考えるならば，再び観念論に堕すことになる。

　ルーリヤは，「我々は勝ちほこれる行動派が自己の領域をとびこして，反動學説の道具となったり，形態學派が観念論の沼地へ陥落したりする事なしに，正しい結合によって益々研究の基礎を確固たらしめる事をのぞむ」（ルリア，1929, p.126）と結んでいる。行動主義とゲシュタルト心理学の結合に期待しているこの論文のドイツ語版は，1928年となっているので，ロシア語の原著は27年頃かそれ以前と推察される。まだ，イデオロギー的な抑圧

第6章　同時代の日本での受けとめ　235

の嵐が吹き荒れる前夜の，それゆえに，外国の心理学の潮流に対する批判的態度に緩やかさが感じられる論文と言える。

● コルニロフの論文

この論文に対する紹介者の評価は，辛辣である。以下，どのように辛口な紹介がなされているか示すことになる。

まず第1部では，科学の唯一の方法としての唯物弁証法について解説されているが，紹介者は，唯物弁証法の公式については，あえてコルニーロフ（＝コルニロフ）に待つ必要はない，マルクス主義心理学者であるコルニーロフには，具体的な心理学の展開を期待するものであると述べている。

そこで，第2部で述べられているマルクス主義心理学の見解，目的，方法を見てみると，そこでは，唯物弁証法的心理学は，主観的心理学のように社会から，また有機体から切り離された抽象的な精神をこねまわすのではなく，客観的心理学のように意識をまったく否定することもなく，人間を具体的な姿において，つまり，統一的人格としての個人の行動とその力動的構造を，把握するものであるとされる。具体的には，人は生産組織において一定の階級に属し，階級の烙印を有しているので，心理学における重要な課題としての階級心理学が提出される。そこでは，一定の社会群の行動を，生産組織におけるその群の占める位置に関連させて研究するとされている。しかし，紹介者は，そう述べられるだけで，コルニーロフは何ら具体的な展望を与えてくれないと評している。

最後に，コルニーロフ自身の反応学の研究については，それは，人間の反応を社会関係との連関において分析的に研究するものだとされているが，具体的には，反応の形式が簡単なものから複雑なものに至る7種について，ダイナモスコープによって，反応の速さとエネルギー消費が測定される。反応の中枢過程が複雑化するほど，末梢反応のエネルギー消費が減ずるという法則と，極端に複雑な反応過程では，エネルギーは減少せず爆発的に増大するという法則が見出された。また，反応の個人的な型とその転移の可能性と困

難度について研究している（この実験例は，先に見た増田幸一の論文の中でも詳しく紹介されている）。紹介者は，コルニーロフ自身が弁解していることでもあるとして，「新しい光の下に於いて心理學が研究され始めてから日尚浅い今日，具體的な成果を直ちに求めるのは無理かも知れない」（コルニーロフ，1931, p.106），と結んでいる。

　以上のような紹介者の指摘は，唯物弁証法の理論的テーゼとコルニーロフの具体的な反応学の研究との間には，大きな乖離があるという評価を示すものであろう。

③ 児童学の文献

　ここには，ヴィゴツキー（Wygotski, L. S.，ヴィゴーツキーのこと）の「思考と言語の發生的始源」（1930，紹介者は狩野廣之），ブロンスキー（Blonsky, P. P.，ブローンスキーのこと）の「兒童の作業に於ける個人的差違」（1930a，紹介者は依田新），バイリンソン（Beillinson, A.）の「明確發聲法視知覺研究の方法」（1930，紹介者は鈴木舜一（1905-?）），ブロンスキーの「小學一年に於ける獨り子」（1930c，紹介者は山下俊郎（1903-1982）），パイキン（Paikin, M.）の「どもりの本質に就て」（1931，紹介者は松本金壽（1904-1984）），ブロンスキーの「怠惰な生徒」（1931，紹介者は松本金壽）がある。

　なお，ここでパイキンは，パーイキン（Пайкин М. И., ?-?）のことで，子どもの吃音など言語障害の研究者であることはわかったが，生年・没年まではわからなかった。バイリンソンについては，今のところ人物を特定できていない。

●ヴィゴツキーの論文

　ヴィゴーツキー（=ヴィゴツキー）のこの論文は，そのロシア語の原著は1929年に発表されたものである。それがすみやかにドイツ語に訳され，早くも1930年には，その内容の概略が日本の学術誌に紹介されているわけであるから，この論文への注目の高さがうかがわれよう。紹介者の狩野廣之は

労働心理学が専門であるが，この論文に注目したのは，彼が社会心理学を論じて，その対象は歴史的に規定された社会現象であり，その方法は文化心理学的方法であるべきと考えていたからと思われる（狩野廣之，1931を参照）。

なお，ヴィゴーツキーのこの論文は，ヴィゴーツキーの邦訳書『思考と言語』の第四章として再録されていて，今日では誰でも読むことができるので，ここでは，紹介者の紹介の要点だけを述べることにする。

子どもの発達過程において，思考と言語の発達は，ある時期まで相互に無関係に経過する。つまり，思考の前言語的段階と言語の前思考的段階の時期を経過する。それが約2歳を過ぎると，これまで無関係に発達してきた思考と言語が交差し，合致し，人間独特の行動様式の端緒を造りだす。言語は思考的になり，思考は言語的となる。この時期に，子どもは語彙を驚くべき速さで豊富にすると共に，言語の符徴的（象徴的）機能を発見する。

思考と言語の複雑な関係の問題において，内語（内言）の発生的意義を問うことが重要である。発声語から内語への橋渡しをするものが，ピアジェの発見した自己中心的言語である。その根拠は次の三つである。第一に，成人の内語は子どもの自己中心的言語と機能的に共通性がある。両者とも自分自身に対するもので，社会的はたらきを持たない言語である。第二に，構造的に両者は共通性を持つ。自己中心的言語は語る本人自身にだけ理解されるのであり，周囲の者には理解できない省略的傾向を持つ。内語の構造的特質もまた省略的である。第三に，学齢児童における自己中心的言語の急激な減少は，自己中心的言語の内語への転化であると考えられる。その証拠は，学齢児童に作業の妨害や中断を試みると，自己中心的言語が平常時よりもはるかに増大するからである。

子どもの思考の発達は，言語，すなわち子どもの社会文化的経験に依存している。この意味において，思考と言語の発達形態は，動物ないしは初期の子どもにおける生物学的型式から歴史的型式に転化する。つまり，言語的思考は，自然的型式には見られない特殊な性質と法則性を持つ歴史的型式のそれであり，それゆえ，必然的に，自然科学的方法の限界を超えて，歴史的心

理学ないしは社会心理学の中心的問題にならねばならない。

●ブロンスキーの論文
　ここでは，ブローンスキー（＝ブロンスキー）の上記3編の論文について取り扱うことにする。まず，「兒童の作業に於ける個人的差違」では，学校は児童が合理的に作業できるように教えるべきだということで，児童の実際の作業の型を見出すための実験がおこなわれた（複雑な迷路テスト）。その結果，四つの基礎型に分類できた。(a)指示を無視し，性急に作業をなし，失敗や困難に気づかず，作業の結果に対して無関心であり，新しい刺激を繰り返さないかぎり次の作業に取りかからない。(b)普通の子どもであって，指示に従うがあえて質問もせず，落ち着いて作業をし，失敗に気づくと，作業の目的を保ちつつ新しい試みをする。(c)きわめて自発的であり，落ち着いて作業をなし，不明な点に対しては質問をし，作業の方針を自ら立ててやる。(d)病理的で，非常に感情的な子どもがこれに属する。
　次に，「小學一年に於ける獨り子」は，独り子の小学校1年生33名の，学業成績，知能，健康状態，性格などについて，その特徴を記述したものである。性格の特徴の一端だけを示すと，彼らは非常に自己中心的，自分の意見に固執する，独裁的態度に出るか引っ込み思案な態度に出るかどちらかである，などと記されている。独り子の神経質な性格特徴は，誤った養育態度や過度の刺激によるものか，あるいは長子と同様な一般的特徴なのかなどは判然としないが，両親や医者や教育者が留意すべき点であり，彼らの社会生活については十分に訓練することが望ましい，と結んでいる。
　最後の「怠惰な生徒」は，労働学校の生徒についてのものなので，精神工学的な研究とも言えるが，教育上への寄与を目的とするものなので，児童学的研究の範疇とした。論文では，怠惰な生徒について，その男女比や，健康状態，自分に対する評価，興味の方向，仕事ぶりなどが調べられ，怠惰な生徒の三つの型が区別されている。第一の型は，最も多く，健康で元気に満ち溢れ，活動的で運動好きで，絶えず運動することを渇望しているが，忍耐力

には乏しく，学校ではいつもぼんやりしていて，授業にはほとんど無関心である。第二の型は，比較的少ないが，体質の弱い感覚の鈍い，知的にも発達の遅れた生徒である。第三の型は，数がさらに少なく，本来型とは見なされえないものである。自分の能力に不相応なクラスに入れられた生徒を指している。彼らはいつもクラスの末席にとどまり，進級の望みが持てずに勉強を放棄するか，あるいは，同級生をはるかに凌駕して，自分はいつも一番だと得意がっているかのいずれかである。こうして，怠惰な生徒も一様ではないことが解明されている。

●バイリンソンの論文

この論文は，一般知能の評価とは独立した口唇観察能力—口唇の動きから語を理解する能力—を測定し，聾唖教育に応用しようとするものである。各文字の発声時の状態の正面写真と横面写真を見せて，静的知覚，動的知覚について，提示した写真と同じ発声の正しい写真を時間差をもって，一覧図表から選ばせる。正答数，誤答数，所要時間が測定された。その結果は，(a) 聾唖者の教育結果は必ずしも知能評価に依存しない，(b) 教育的価値の診断には聾唖者の観察能力を考慮しなければならない，(c) この観察能力は上の方法で調べることができる，(d) この観察能力は筋肉感覚の記憶能力に依存している，とまとめられている。

●パイキンの論文

パーイキン（＝パイキン）は，従来の吃音説（定位説と連合失語症説）は徴候の記述に終わるか，主観心理的分析にとどまっていて，その発生機構や発達機構に触れていないと批判している。吃音を発生的に研究するために，吃音の萌芽的，初期的徴候の観察を，吃音に悩む多数の外来患者と幼稚園児童の診察によって実施した。次のようなことがわかった。(a) 被験児の大部分は吃音の初期徴候を示したが，その全発達や言語発達に特殊な偏異は見られなかった。(b) 吃音の従来の解釈は，言語発達が知能よりも遅れるためとして

いるが，そのような根拠は見出せなかった。(c) 被験児の神経組織の研究からも，何らの劣等性は見出せなかった。吃音を神経病的素質に帰するような従来の主張は修正を要する。

　吃音の初期徴候の動態については，2〜5歳にわたる種々の年齢の被験児に観察でき，間代性成分（語句がくり返し頻発する）と強直性成分（言葉の出だしがうまくできない）が交代して継続することを確認できた。また，間代性現象はすべての年齢段階で発現したが，2〜3歳児に最も明瞭に認められるので，これは有機的根源の疾患に基づくものだとわかる。しかし，この現象は，健全な人の困惑や錯乱状態でも見られる。これは情緒圏の強い刺激によって幼児時代の言語機構が復活するものと考えられる。それゆえ，2〜5歳における間代性反復は，吃音の初期徴候ではなく，生理的なものであり，言語発達のある段階で当然に観察される事実であり，言語発達に応じて減少・消滅するものであるが，錯乱や混乱などの強い刺激の影響下で再発するのである。

　家庭環境を調査すると，そこでは，子どもの運動圏に強い刺激を与えることによって，子ども自身の自然な言語発達を阻害し，かえって吃音を促進している。幼児の吃音は自動発語の背景の上に発生するもので，精神病的な連合反射の性質を示すが，それは主として環境（家庭）によって促進されるものである，と結論している。

④ その他の文献

　ここでは，上記の①，②，③に入らない，その他の個別的な文献について，簡単に紹介する。

●ルリアの論文

　「過程間の連絡による投寫運動的方法と其情的心理學に對する應用」(1929b, 紹介者は狩野廣之) と「事實診斷に於ける反映運動法」(1932, 紹介者は塚田 毅 (1910-2001))。

　まずは，前者の論文では，直接に観察できない中枢的神経活動を，その活

動を投射する観察できる行動において捉える実験が試みられた（被験者は成人）。中枢的系列の行動として情的作用を来たす強い刺激語を用いた自由連想反応が，投射行動としては指の運動と同時に反応語の発声が，用いられた。指の運動の動揺はキモグラフ（運動記録器）に記録された。結果に現れた曲線の分析から，きわめて微妙な中枢的変化の投射を確認できた。ヴント派のような不随意的な生理過程（呼吸や脈拍）ではなく，有意的運動を媒介にして中枢的変化を把握するという点が新しい。

次に後者の論文では，実際の犯罪者に対して，連想診断を含む事実診断法の検討がおこなわれた。これまでの連想診断法は，呼吸や脈拍などの生理学的変化などの受動的な状態の記録であり，情緒とその構造を十分に描写できなかった。これに代わるべき能動的な方法が反映運動法（投射運動法）である。これは，連想語を口頭で反応させることは普通の連想診断法と変わらないが，口頭反応と同時に，右手の指の運動と左手の震えをキモグラフで記録する点が新しい。口頭反応に少しでも抑制や錯乱があると，キモグラフの曲線は著しく損なわれた形を描き，しかも，その曲線よって，錯乱の方向や構造や特質を判定することが可能であった，と述べられている。

● **ネチャエフの論文**

ネチャエフ（Netschjeff, A., ネチャーエフのこと）の「インスピラチオン」（1930, 紹介者は相良守次（1903-1986））は，創造的な構想力の研究である。視覚，聴覚，触覚の三種類の刺激のうち二種を組み合わせて，それを同時に，あるいは継時に被験者（成人）に与える。二つの刺激からどのような心的状態が意識内に生起されたか，内観報告を得る。報告内容の量的，質的分析により被験者の構想力の強さやその発動過程を把握するというものである。

たとえば，黒い紙と鉛筆が接触している刺激が与えられる。ある者の内観報告は，「黒い布が書棚の上に広げられた，その際に不快なチクリという痛さを感じた」というものであり，別の者の内観報告は，「黒いマントを身にまとった者が，速やかに白い刀を取り出してある者を突き倒した」というも

のであった場合，生起された心的状態（表象像）が知覚された刺激から離れているほど，転化しているほど構想力が強いと判定されるのである。つまり，この場合は，後者の方が構想力が強いとされるわけである。

しかし，構想力を規定するものは刺激だけではない。被験者の感情状態，より根本的には個性が関係している。刺激を受ける前に，あらかじめ，あるまとまったことがらを述べるように教示を与えると，その場合には，偶然の気ままな感情の表出ではなく，生起する表象像と感情状態には積極的な相関が見られるのである。その場合には，被験者の興味が現れ，それに対応した感情によって色づけられた表象が生起するからである。こうして，生起される創造的構想力は，その人の個性的感情と密接に結びついている，と結ばれている。

なお，このネチャーエフ（＝ネチャエフ）の実験方法は，いかにもネチャーエフらしいことだが，ブント派の実験デザインをそのままに踏襲していることがよくわかる。

●ブロンスキーの論文

「幼時の追憶—問題とその意義」（1930b，紹介者は依田 新）では，成人と学生に，幼年期の記憶について追憶してもらい，その内容を分析し，永続している記憶の要因や，どのような現象が最も影響が大きいかなどが明らかにされた。たとえば，追憶の内容として多く現れたものは，成人では，「強い驚愕」「死」「厳罰および侮辱」であったが，学生では，「子ども自身が遭遇した不幸」「厳罰及び侮辱」であった。こうした調査の結果は，一般心理学的には実験室の記憶研究を補い，児童心理学的には，幼年期のいかなる体験が強く印象されるのかの問題の解明に寄与できる，とされている。

●クラフコフ・セメノフスカヤとセメノフスカヤの論文

クラフコフ・セメノフスカヤ（Kravkov, S. W. und Semenovskaja, E. N.）の「先行光刺戟による眼の感光性の上昇」（1935，紹介者は盛永四郎（1908-1964））も，

セメノフスカヤの「先行光刺戟による黄昏視の感光性上昇についての其の後の研究」(1935．紹介者は盛永四郎) の論文も，暗順応の実験の最中において，眼の前に適切な強さで照らした光刺激が，次の暗順応において眼の感光性にどのような影響を及ぼすかを調べた実験である (被験者は成人)。結果の一例だけを示しておくと，先行光刺激の持続時間を1分半とし，明るさを50，220，500，1000ルックスとした場合，先行刺激の強さが後の感光性に明らかに影響をした。220ルックスが最も長い暗順応曲線を生じ，50と500ルックスは大体同じで，1000ルックスでは，普通よりも低い曲線を描いた，といったものである。

なお，著者のクラフコフとは，クラフコーフ (Кравков С. В., 1893-1951) のことであり，著名な心理学者，精神生理学者で，ソビエト連邦における生理学的光学の開拓者である。また，セメノフスカヤとは，クラフコーフの弟子のセメノーフスカヤ (Семеновская Е. Н., ? - ?) のことであるが，生年・没年まではわからなかった。

● **クレシュチョフの論文**

クレシュチョフ (Kleschtschow, S.) の「條件反射刺戟としての音の關係」(1935．紹介者は和田陽平 (1907-1988)) は，二匹の犬に，音程が五度違う2音の和絃に対する条件反射を十分に確立した後に，この和絃より高い，または低い三度および五度の和絃を用いた実験を週1日だけおこなった (他の6日はもとの和絃の訓練を続けた)。分泌される唾液の量によって条件反射の普遍化 (＝汎化) の度合いが測定された。結果は，(a) 五度の効果は三度のそれに優り，(b) もとの五度に高さが近づくにつれてその効果が増し，(c) もとの五度に近い場合には，五度と三度の差異がより顕著であった。これにより，一定の関係を保つ複雑な形の汎化が推定され，高等動物にはすでに，中枢神経系統の機制に予備条件が存在していて (進化の過程でひとつの音系列が作られ)，移調が可能になると考えられる。

著者のクレシュチョフとは，クレショーフ (Клещёв С. В., 1902-1944) のこ

とで，生理学者でもあり音楽学者でもある。パーヴロフ学説の立場から，音楽や音楽活動の精神生理学的研究をおこなった。

　以上で，すべての文献の紹介を終えるが，同時代の日本の心理学者たちは，ここに紹介されているそれぞれの研究のどこに興味を惹かれたのであろうか。精神工学の研究は，この時代，ヨーロッパやアメリカで流行を見ていたし，日本も例外ではなかった。1920年代に入ると，人間工学や精神力学といった研究や，知能測定法，精神検査法，適性検査法，能率研究が盛んになっている。1925年に上野陽一によって「日本産業能率研究所」が設立されると，職業心理学，産業能率，教育能率，個性・個人差，職業指導といった研究も盛んになる。また，日本でも，精神工学の研究と並行して，児童学的な研究が台頭してきている。やはり，1920年代には，知能測定や教育測定，学習心理学，教育心理学，児童心理学，青年心理学，読方学習・読方の心理学，算術の心理学，個性の心理と教育，性格心理学などといった研究が盛んになっている（心理科学研究会歴史研究部会編，1998）。

　このような，日本の心理学全体の大きな流れを背景としつつ，同時代の日本の心理学者たちは，その視野の先に，自分たちとは異質かもしれないが，新しく勃興したソビエト心理学の中の，自分たちの関心と重なる部分を捉えようとしたのであろう。紹介者のうち，狩野廣之と波多野一郎の関心には先に触れたが，特筆すべきは松本金壽であろう。松本は1965年に「ソビエト心理学研究会」を創設し，その会長を務め，ソビエト心理学界との交流に力を尽くすのである。また，塚田　毅もその会員であった。彼ら二人は，その後も，ソビエト心理学に関心を寄せ続けたことがわかる。それにしても，少数とはいえ，1920年代〜30年代の日本の心理学者が，同時代のソビエト心理学のかなり細かな個別的な研究にまで目配せをしていたことは，驚きであると共に，何とも興味深いことに思われるのである。

第Ⅲ部

ヴィゴーツキー理論と現代をつなぐ

第7章
ヴィゴーツキー理論と身体運動意味論
―内言の意味と身体との接点―

第1節　問題の所在

(1) 心理学的唯物論

　ヴィゴーツキーは，1926〜27年にかけて書かれた『心理学の危機の歴史的意味』（Выготский，1982）において，同時代の欧米の心理学の現状を分析し，多くの心理学理論の並存の背後に，唯物論心理学と唯心論心理学の対立を看破し，この対立を克服して科学的な心理学を確立する必要性を提起した（この点の詳しい解説については，中村，1998，第2章を参照のこと）。その場合，ヴィゴーツキーが構想した科学的な心理学とは，人間に固有な高次な心理機能（＝意識）をも因果的に説明することを意図した心理学理論であった。

　同時代の心理学にあって，人間の意識の問題について正面から取り組むことを試みていたのは，唯心論に立脚する心理学理論であって，唯物論心理学は意識の問題に対しては，その方法論的限定ゆえに，十分に取り組めていない現状にあった。しかし，唯心論心理学は心身二元論の立場に立ち，身体とは異なる独自の実体である人間の意識については，因果的な説明は不可能であるとして，目的論に基づく了解心理学ないしは記述心理学を採用していた（他方で，唯心論心理学は，基礎的な心理機能の問題に関しては因果的な説明を許容していた）。

ここで，唯物論心理学とは，その典型はベーフテレフの反射学やワトソンの行動主義心理学であり，そこでは，心理学は客観的で実験的な自然科学の一部門とされ，直接的な観察可能性が客観性の基準とされ，それが不可能な意識は心理学の対象から排除されたのであった。また，唯心論心理学とは，その典型はディルタイ（Dilthey, W., 1833-1911）の記述的・分析的心理学であり，そこでは，人間の個性的で意味に関わる意識経験については，自然科学のような法則定位的な因果的説明は不可能であるとして，目的論的な連関の了解に基づく「精神科学」が提唱された。なお，ヴントの心理学は，片足を唯物論に，もう片足を唯心論に置いていた。そこでは，刺激と感覚との相関の範囲に限定された単純な意識経験は自然科学的方法によって，社会的，協同的な複雑な意識経験は精神科学としての「民族心理学」によって研究された。

　これに対して，ヴィゴーツキーは，弁証法的唯物論に立脚して，「心理学的唯物論」を構築しようとしたのである。それは，基礎的な心理機能だけでなく，まさに，人間の高次な心理機能である意識をも因果的に説明することを意図した心理学理論の提唱であった。「真の認識（つまり，科学的認識—引用者）は因果的認識としてのみ可能である」（Выготский, 1984b, c.199 / 邦訳, p.254）と考えるヴィゴーツキーにとって，心身二元論ではなく，心身一元論の立場による心理学的唯物論の構築こそが，人間に固有な意識の問題を因果的に説明できるための道であった。

(2) 言葉の身体性の問題

　ところで，周知のように，1940年代以降に，弁証法的唯物論に立脚した心理学体系として，ソビエト心理学での主流となった理論は「活動理論」であった。人間は労働（＝対象的活動）によって外的現実を変革し，それによって同時に自分自身の本性をも変革するのである。ルビンシュテーイン（Рубинштейн С.Л., 1889-1960）は，その嚆矢となった『一般心理学の基礎』

(Рубинштейн, 1940) において次のように述べている。

「意識は社会的実践の過程で形成される。対象による意識の媒介こそは，人間の歴史的発達の真の弁証法である。意識は，人間の活動の生産物の中に現れるだけでなく，生産物を介して形成されるのである。活動の中で形成されるゆえに，心理，意識は活動，行動の中に現れるのである。活動と意識とは……（略）……有機的な全体，つまり，同一ではなく統一を形成しているのである」(Рубинштейн, 1940, c.10)。

活動こそは意識の外界への投影であると同時に，人間の意識を生み出す原動力であるとするこの「意識と活動の統一」の原理は，『一般心理学の基礎』の第2版の中では，より簡潔な形で，「個人の意識とあらゆる心理的な特質は彼の活動の中に現れると同時に，活動の中で形成される。個人の心理的な特質は，その行動の前提でもあり結果でもある」(Рубинштейн, 1946, c.85；1989, T.1, c.102／邦訳，第1巻，p.155，強調は原文) と定式化されている。また，もうひとりの活動理論のリーダーであるレオーンチェフも，「活動の分析こそは心理的反映を，つまり意識を科学的に認識するための決定的なポイントであり，主要な方法なのである」(原著は1948年，Леонтьев, 1983, c.106) と述べ，心理学における活動的アプローチの必然性を主張したのである。

　このように，唯物論の立場からすれば，意識の発達を説明する基本原因として「活動」を採用することはきわめて自然のなりゆきである。労働を範とする活動は何よりも身体の運動であり，物質的なものである。その物質的な行為が現実の物質的対象を加工し，変形させるのだから，活動は最初から最後まで物質的な過程として経過する。意識はこのような活動の中に映し出されると同時に，その活動の中で形成され，発達するというわけである。このように，活動理論は心身一元論に立脚した心理学的唯物論の体系として，きわめて自然に思われたのである。

　しかし，それにもかかわらず，ヴィゴーツキーは意識の発達を説明する基

本原因として活動ではなく,「言葉」を採用したのである。ヴィゴーツキーは,活動ではなく,言葉こそが人間の意識を発達させる最も本質的な原因だと考えたのである（この点についての詳しい説明は,中村,2014,第 2 章を参照のこと）。このようなヴィゴーツキーの「言語媒介理論」は,それが活動ではなく言葉を意識の発達の創造主にしているということで,活動理論の支持者たちから批判を受けてきた。つまり,活動理論ほどには,心身一元論に立脚した心理学的唯物論とは見なされなかったのである。たとえば,ルビンシュテーインは次のような批判をおこなっている。

「［ヴィゴーツキー理論について―引用者］言葉 - 記号が思考の創造主となっている。思考は,社会的実践に基づいて言葉と一体となって発生する存在の反映というよりは,言語的記号の派生的な機能になっている」（Рубинштейн, 1940, c.339）。

また,ルーリヤとレオーンチェフも以下のような批判をおこなっている。

「最も重要な意義があるのは,ヴィゴーツキー（1896-1934）とその同僚たちの手になる記憶,思考,言葉,その他の心理過程の実験的研究である。……（略）……しかし,これらの研究においては,心理発達の過程は,実践的活動との結びつきなしに検討されており,それゆえ,観念的産物（言葉,概念）の人間による習得という事実から直接的に引き出されていた」（Лурия и Леонтьев, 1940, c .525）。

「心理過程の発達のこの理論［ヴィゴーツキー理論のこと―引用者］は,意識の発達における人間の実践的活動の形成的役割について十分に考慮していないことからくる一連の重大な欠点を持っていた」（Леонтьев и Лурия, 1956, c .7-8）。

ヴィゴーツキー自身はすでに 1934 年に他界しているので，活動理論の見地からのこうした批判は知らなかったわけであるが，もちろん，活動理論とは無関係に，自らの理論を心身一元論に立脚した心理学的唯物と見ていたわけである。では，ヴィゴーツキーの言語媒介理論では，心理学的唯物論の根拠となる身体性の問題はどのように考えられていたのだろうか。それを知るために，ヴィゴーツキーが子どもの発達における言葉と身体の関係をどのように考えていたのかを見ていこう。その場合，子どもの「遊び」における両者の関係を見ていくことがわかりやすい例となるだろう。

ヴィゴーツキーは，言葉の本来の意味での遊びの要件とは，そこに架空の状況の創造があることと，ある対象の性質を別の対象に移すという「意味の転移」があることだ，と述べている（Выготский，1984c）。それゆえ，本来の意味での子どもの遊びとは，幼児期後半に見られる「ごっこ遊び」ないしは「役割遊び」のことを指している。

ヴィゴーツキーによれば，このような子どもの遊びにおいて重要なことは，そこにある玩具が容易にある事物の代理物になることである。その場合，玩具とそれが意味する事物との類似性は必ずしも重要ではなく，むしろ，玩具の機能的使用によって，子どもが表現的な身振りをおこなうことができることが重要なのである。子どものこのような独特の身振りによって，遊びの象徴的な表現活動が可能になり，その意味が伝えられるからである。「このような観点からは，子どもの象徴的遊びは，個々の玩具の意味を伝え指示する身振りの助けを借りた，とても複雑な言葉の体系であることがわかる」（Выготский，1983b, c.182／邦訳，pp.232-233）というわけである。こうして，遊びの中では，身振りが一連の玩具の意味を表現する言葉の役割を担っているのであり，意味は身振りの中に存在するのである。

しかし，それと同時に，この遊びの中では，当事者のみにわかる言葉による表現も現れるのである。たとえば，子どもたちの間では，「これはお家にしよう。これはお皿だよ。」（同上，c.182／邦訳，p.233）などといった了解ごとが交わされるのである。言葉は，遊びの中で，それぞれの動きや行為に，ま

た玩具や事物に対して，それらの解釈や説明を与え，意味を伝えるのである。子どもは身振りで表現するだけでなく，言葉をしゃべりながら遊びを説明するのである。遊びという活動の中で，身振りと分かちがたく結びつきながら，身振りの助けを借りて表現された言葉の意味は，しだいに身振りから解放されていき，純粋な言葉の意味として独立していくのである。まさに，遊びの中に，ルーリヤが言うところの，「実践結合的なコンテクスト」の中の言葉から「意味結合的なシステム」としての言葉への発達の道筋（Лурия, 1998, с.34／邦訳，p.32）を，見出すことができるのである。

　こうして，身振りが象徴的な意味を担い，言葉を助け，しだいに言葉が身振りから独立したコード体系へと発達していく姿から，身振りに言葉の起源や前史を見ることは自然に思われる。実際，ヴィゴーツキーは子どもの身振りの中に書き言葉の前史を探っている（Выготский, 1983b）。以上のような意味において，確かに，言葉はその発達において身体性を内に含んでいるのである。

(3)「内言の意味」の身体性の問題

　上での議論から，言葉はその発達において身体性を内に含んでいるということは，納得できるものと思われる。しかし，言葉の発達の過程で，身振りが言葉と同じように意味を担い，表現するものであったとしても，また，子どもの遊びで見たように，そこで身振りと言葉とがその象徴性において複雑な結びつきを得たとしても，それだけでは，心身一元論としての言葉の身体性を主張するには不十分なのである。なぜならば，そこでの身体性の説明は，身振りについても言葉についても，あくまでも，その外面的な「様相的側面」について述べられているだけだからである。つまり，そこでは，身振りについても言葉についても，何かを表わしている能記（＝記号表現：signifier）としての側面だけが取り出されているからである。

　いま，身振りについて考えてみよう。身振りが「意味を担い，表現する」

記号であるとしても，そこでの身振りは，何かの意味を表わしている能記の役割を担うものである。それゆえ，身振りという「意味するもの」の身体性は自明でも，所記（＝記号内容：signified）である「意味されるもの」の身体性は自明ではない。それゆえ，身振りが表わしている「意味それ自体」の身体性については，それとして別に説明される必要があるわけだ。たとえば，遊びの中で，人形を抱いてミルクを飲ませている女の子の身振りの身体性は自明だが，それら身振りが表わしている「母親イメージ」とか「母親らしさ」とか「母親役割」といった意味そのものが身体性を有しているかどうかは，それとして証明されなければならない。この点は，能記が身振りであっても，音声や文字といった言葉であっても，まったく同様である。

　周知のように，そもそも言葉にはこうした外面的な様相的側面だけでなく，内面的な「意味的側面」も存在している。つまり，言葉の意味それ自体のことである。ヴィゴーツキーの言語媒介理論にとっては，本質的に重要なのは，音声や文字によって，あるいは身振りによって表わされる外面的な様相的側面ではなく，言葉の内面的な意味的側面なのである。そうであるならば，ヴィゴーツキーの言語媒介理論が心身一元論に基づく唯物論であると主張されるためには，何よりも，言葉の内面的な意味的側面の身体性が確認されなければならない。この点に関して，もう少し説明を加えよう。

　ヴィゴーツキーは，私たちの意識における言葉の外面的な様相的側面と内面的な意味的側面の関係を分析し，両者の間には不一致が存在すること，両者の不一致が極度に大きくなる例として「話し言葉における述語主義」や，究極的な不一致として「内言の述語主義」について言及している。

　内言は主体の心の中で生起する言語過程である。また，心の中での対話の相手は自分自身にほかならない。それゆえ，主体は，何が問題となっているのか，主語や主語に関連した事態の内容について基本的に知っているわけである。それゆえ，これらはすべて内的な言葉としても語られる必要はなく，例外なく，絶対的に，最初から完全に省略される。内的な言葉として残るのは，意味の上での心理的な主語（主部）に対応して導き出された結論部分—

述語——だけとなる。これが内言の述語主義である。話し言葉でも，対話者の意識の中で，主語とそれに関連した事態の内容が共有されている場面では，話される言葉に述語主義が特徴的に現れるのである。このように，とりわけ内言では，外面的な様相的側面はまったく消失しているので，そこでは，あたかも拡大鏡を通して見るかのように，内面的な意味的側面のみがほとんど絶対的に独立し，大きくなって，前面に立ち現れるのである（Выготский, 1934 / なお，この点の詳しい解説については，中村，2014，第4章を参照のこと）。

　周知のように，ヴィゴーツキー理論にあっては，こうした内言の意味のシステムの発達こそが，私たちの意識の発達を物語るものなのである。ヴィゴーツキー理論の神髄は，意識の発達を，内言の意味が高次化していく局面と多様化・豊富化していく局面の統一的な発達過程として捉える点にある。意識が高次化していく局面とは，内言の意味の一般化と体系化の水準に基づいて，言語的思考が「複合的思考」から「概念的思考」へと発達していき，意識における自覚性と随意性が発達するということである。他方，意識が多様化し，豊富化していく局面とは，内言の意味における意義と「意味」の区別と相互関係から，意識における内言の意味のシステムの無尽蔵な展開を捉えるということである（この点の詳しい説明については，中村，2014，第1章を参照のこと）。

　こうして，ヴィゴーツキーの言語媒介理論が，ヴィゴーツキーの目論見通り，心身一元論に立脚した心理学的唯物論であると言えるためには，内言の意味こそが身体と結びついていることが証明されなければならないわけである。しかし，残念なことには，私の見るかぎりでは，「内言の意味そのものの身体性」というテーマについて，ヴィゴーツキー自身が問いを立てて論じたものには行き当たらない。

　ただ，『青少年の児童学』（Выготский, 1931a）の中では，失語症患者における言語中枢の障害と概念的思考の崩壊との関係が論じられ，脳と言葉の機能との結びつきが示されている。そこでは，失語症による概念レベルの言葉の意味の崩壊が想像の崩壊をももたらし，失語症患者が，想像による自由な

飛翔が不可能ゆえに，具体的な状況に縛られ続ける様子が紹介されている。この事実は，後で述べることになる，言葉の意味と想像・イメージとの結びつきを示しているものとして，大変に興味深いものである。

　そのほかにも，方法論として，一般的な形でヴィゴーツキーが心身一元論に言及したものは，もちろんある。たとえば，論文「心理・意識・無意識」（Выготский, 1930）では，人間の高次な行動形式に際して，弁証法的心理学の研究対象とは，心理‐生理学的に不可分の統一的現象，心理‐生理学的な統一的過程であることが主張されている。そこでは，このような心理‐生理学的に不可分の統一的過程を強調する意味で，この統一的過程のことを「心理的過程」ではなく，「心理学的過程」と呼ぶことが提案されている（この点でのヴィゴーツキーの意図についての考察は，神谷，2010，第Ⅳ章を参照のこと）。

　このように，前段で見たような，能記（＝記号表現）としての言葉の身体性の提示のほかに，脳の部位と言葉の機能との関係や，生理学と心理学との原理的な関係についての心身一元論の論述は見られるのだが，ヴィゴーツキーが内言の意味とその身体性について論じた痕跡は見当たらない。繰り返しになるが，ヴィゴーツキーの言語媒介理論が，ヴィゴーツキーの目論見通り，心身一元論に立脚した心理学的唯物論であると言えるためには，言葉の内面的意味，つまりは，内言の意味それ自体こそが身体との結びつきを有していることが証明されなければならないのである。

　ヴィゴーツキー自身がその証明を果たさないままに早逝してしまって，現在に至っている。その言語媒介理論は，かつて活動理論の支持者たちから批判を受けたときと変わらずに，いまひとつ説得力を欠く「心理学的唯物論」のままなのだろうか。それとも今日だからこそ，新たな光の下で，心理学的唯物論として改めて再評価されるものなのだろうか。この問いに迫っていくことが本章での課題なのである。

第2節 「遠心性コピー」—「運動の抑制」—「イメージの発生」

　今日，認知心理学や脳科学の領域では，「言語と身体性」の問題がひとつのトピックになっている。残念ながら，私はこれらの領域の研究を専門とするものではないので，きわめて狭い範囲の知識しかないが，文字通りにこの問題をテーマとした著作『言語と身体性』（今井・佐治編，2014）に目を通したかぎりでも，本章の中心テーマである言葉の内面的意味の身体性，つまりは，「内言の意味それ自体の身体性」の問題に直接につながるような論述は見られない。

　言葉の内面的な意味，つまりは内言の意味が明確な身体的基礎を実体として有しており，それゆえに，ヴィゴーツキーの言語媒介理論はまぎれもなく心理学的唯物論であると主張しうる根拠は，管見のかぎりでは，今日の時点で，月本（2005，2010）および月本・上原（2003）による「心の発生論」と「身体運動意味論」と「想像論」に見出すことができる。それゆえ，以下に，そのことを論じていきたい。

（1）脳の計算モデル

　人間の脳内で信号がどのように計算されているかに関するモデルのことを「脳の計算モデル」というが，月本（2010）によれば，運動に関する脳の計算モデルでは，運動指令（motor command）は，運動野（motor area）—ここでは，筋肉等を動かす部分である一次運動野（primary motor area），運動計画を立てる部分である運動前野（premotor area）や補足運動野（supplementary motor area）の運動関連野を合わせて，運動野と呼んでいる—を経由して筋肉等に行く（つまり，筋肉等を実際に運動させる）が，それ以外に，コピーされて予期用に使われるのである。このコピーを「遠心性コピー（efference copy）」と呼ん

でいる。遠心性コピーは，運動を実行するときに作成される運動指令信号のコピーであり，運動をおこなった結果として起こる運動器官からの固有感覚フィードバック信号とは異なり，中枢神経系に由来しているのである。

　この場合，運動指令の遠心性コピーは筋肉等と同じ振る舞いをするので，「順モデル（forward model）」と呼ばれ，予測器としてフィードフォワード制御のはたらきをするのである。

(2)「遠心性コピー」は運動が抑制されるとき「心的イメージ」になる

　遠心性コピーは運動をおこなうときに発生するが，実際に運動が起こっているときには，運動によってかき消されて意識には上らない。しかし，運動が抑制されると，遠心性コピーは自覚され，意識に上ることになる。これが，その運動の心的イメージになる。つまり，運動抑制時の遠心性コピーが運動のイメージなのである。

　運動の抑制とは，運動指令が出ているにもかかわらず，筋肉等の実際の活動を抑制するということであり，この運動の抑制には前頭前野（prefrontal cortex）が関係しているとの報告もあるが，月本は，遠心性コピーをイメージにするような抑制には，大脳基底核（basal ganglia）が中心的に関係している可能性があると指摘している。なぜならば，大脳基底核から信号を外に伝える出力細胞は，すべて抑制性であり，その抑制信号の度合いによって運動の調節をおこなうからである。大脳基底核は，外界の状況を受容し，その状況に適合した運動を発現させ，状況に合わない運動を抑制する系であると考えられるからである。

　次の図1は運動をしているとき，図2は運動が抑制されてイメージが生成される場合を示している（いずれも，月本，2010，p.13より引用）。

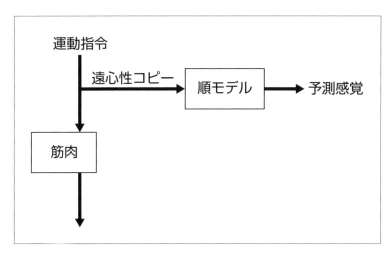

図1　運動をしているとき〔月本，2010〕

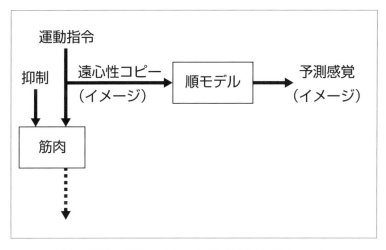

図2　運動の抑制でイメージが生成される〔月本，2010〕

(3) イメージは「仮想的身体運動」である

　遠心性コピーは，運動野から筋肉等への運動指令がコピーされたものだから，筋肉等の運動が抑制されたときに遠心性コピーがイメージとなった運動のイメージも，筋肉等と同じような振る舞いをすることになる。最近の脳の非侵襲計測（fMRI，MEG，PETなど）によって，身体を動かすのをイメージするときに活動する脳の部分と，実際に身体を動かすときに活動する脳の部分は，基本的に同じであることが確認されている。身体運動をイメージするときの脳の神経活動は，実際の身体運動の神経活動と基本的に同じだということ，つまり，「イメージは仮想的身体運動（virtual bodily movement）である」（月本，2010，p.1）と言えるのである。

　イメージで活動する神経回路網（neural network）と身体運動で活動する神経回路網は多くの部分を共有している。イメージと実際の身体運動の違いは，以下の通りである（同上，p.4）。

1) イメージの場合には，筋肉からのフィードバック信号がない。これは，イメージの場合には，筋肉が実際に動かないので，フィードバック信号がないのは当然である。
2) イメージの場合には，脳から神経を通して筋肉に送られるパルス数がかなり少ない。脳は，筋肉の動きを，神経回路網を通して送られるパルスの数で制御している。パルス数が多いと筋肉が動き，パルスが少ないと筋肉は動かない。イメージの場合には，実際に筋肉が動かない程度の数のパルスを送っている。
3) 感覚（知覚）の場合，イメージと実際の違いは，筋肉ではなく末梢神経にある。たとえば，実際の痛みがあるときには末梢神経が活性化するが，その痛みをイメージするときには末梢神経が活性化しない。

以上の月本による知見から，私たちがここで学び，確認しておくべき重要

なことは，イメージとは，遠心性コピーという中枢神経系に由来するものであるということと，感覚 - 運動的な外的行為や活動の内面化として発生するのではなく，身体運動の抑制により身体内部から発生する，ということの2点である。これにより，イメージの発生起源は身体内部にある，ということが確認される。

こうして，イメージは，抑制された，実際の身体運動として現実化されない仮想的身体運動なのである。

第3節　身体運動意味論の光の下で

(1) 身体運動意味論とは

最近の非侵襲計測の方法による脳科学での知見に基づいて，月本・上原（2003），月本（2005）によって「身体運動意味論（embodied semantics）」といった注目すべき理論が提唱されている。この理論では，「言葉の意味とはその言葉によって惹き起こされる（仮想的）身体運動である」（月本，2005, pp.183-184）と見なされている。ここで，仮想的身体運動とは，前節で説明されたように，実際の身体運動ではなく，想像による身体運動のイメージのことである。

前節で見たように，身体運動をイメージするときの脳の神経活動は，実際の身体運動の神経活動と基本的に同じであった。それゆえに，「想像は，筋肉運動や末梢神経の活動を伴わない神経活動であり，イメージ（想像）するときに，我々は仮想的に身体を動かしている，といえる」（同上，p.183）のである。

たとえば，/ inu / という言葉に頭の中で犬のイメージが浮かぶと，このとき犬を実際に見ているときと同じ眼球運動を活性化する脳の神経回路が活性化しているのである。さらに，犬のイメージとは，犬の視覚的イメージだけでなく，聴覚的，触覚的，嗅覚的等のイメージも含んでいて，これらに関

わる脳の運動の神経回路も活性化しているわけである。このように，身体運動意味論では，想像による身体運動のイメージこそが言葉の意味の実体である，と主張されているわけだ。

さらに，その場合，身体運動のイメージとは，直接的な知覚像を超えて，抽象的な言葉の意味をもメタファー（比喩）で含み込むことができると考えられている。抽象的な言葉は，現実の物理的世界に対応物がないので，仮想的身体運動（＝想像）ができないから，この理論は成り立たないのだろうか。そうではなく，抽象的な言葉は，一般に，メタファーに基づく表現である。したがって，抽象的な言葉の場合には，メタファーを通して，次のような「基本領域」の仮想的身体運動を構成しているのであり，やはり，その意味は，身体運動のイメージを実体としていると考えられているのである。

ここで，基本領域のメタファーとは，他の基本領域のメタファーでは表現されないものであり，たとえば，空間の内外に関わる「包含」という抽象的な言葉の意味を例に挙げれば，それは，「われわれ（の身体）がこの3次元空間に袋として存在している」（月本・上原，2003，p.64）という仮想的身体運動で成り立っている。そして，この基本領域のメタファーの仮想的身体運動は，脚，腹，腕，耳，目などの複数の感覚運動回路によって構成されているのである。

こうした基本領域のメタファーには，たとえば，「存在のメタファー」「空間のメタファー」「建築のメタファー」「運動のメタファー」「動物のメタファー」「擬人のメタファー」「時間のメタファー」「金銭のメタファー」「視覚のメタファー」などがあり，抽象的な言葉の意味は，これらの基本領域の多様なメタファーによって支えられており，これら基本領域のメタファーの根底には，私たちの身体とその生理や運動（＝感覚運動回路）が存在しているわけである。

もう少しこれら基本領域のメタファーについて，月本・上原が挙げている例示に多少の補足を加えて説明しよう。次の文章には抽象的な言葉がたくさん出てくるが，それらの言葉の意味は，私たちの身体とその生理や運動に

よって比喩されていることがわかるだろう。

　「もしも，私の知覚の現実性というものがただ諸表象に内在している首尾一貫性のうえだけに基づいているものだったなら，その現実性はいつまでもふらふらしたものであるはずだろうし，私は自分の尤もらしい憶測に身をゆだねて，幻想だと解った総合作用をたえず解体し，はじめには排除してしまったため迷子になっている諸現象をもういちど現実のなかに再統合してくるようにせねばなるまい」（メルロ＝ポンティ『知覚の現象学』の序文の一部分。同上，p.62）。

　この文中の抽象的な言葉群の中で，「もの」は存在のメタファー，「内在」は空間のメタファー，「首尾」は動物のメタファー，「うえ」は空間のメタファー，「基づいている」は建築のメタファー，「ふらふら」は運動のメタファー，「身をゆだねる」は擬人のメタファー，「解体」は建築のメタファー，「排除」は空間のメタファー，「迷子」は擬人のメタファー，「なかに」は空間のメタファーである。
　では，「一貫性」「総合作用」「再統合」などの意味はどうだろうか。これらの言葉の意味は，空間や存在や運動や時間や建築などの複数の基本領域のメタファーが組み合わさっている。これら複数の基本領域のメタファーによって投射される領域は，メタファーの「応用領域」と呼ばれている。たとえば，「一貫性」を例に挙げれば，そこには，時間のメタファー（初めから終わりまでの「連続」），空間のメタファー（まっすぐの「直線」），運動のメタファー（一定のスピードの「持続」），擬人のメタファー（ぶれない「姿勢」）などが投射されていることがわかるだろう。
　以上の関係を図示したものが**図３**（次ページ）である（同上，p.71 より引用）。
　こうして，抽象的な言葉の場合にも，その言葉の意味は基本領域の身体運動のイメージ（＝仮想的身体運動）を実体としていることがわかる。まさに，身体運動意味論の知見から，言葉の意味と身体との結びつきが示されつつあ

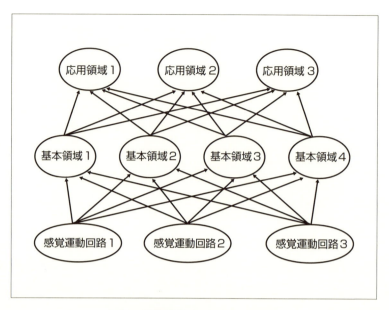

図3　抽象表現〔月本・上原, 2003〕

るわけだ。このように，その内面的な意味的側面においても言葉の身体性が確認されるならば，ヴィゴーツキーの言語媒介理論の心理学的唯物論としての位置は，いっそう確かなものとなるのである。

(2) 内言の意味の実体はイメージである

ところで，第1節の (3) で述べたように，ヴィゴーツキー理論にあっては，内言の意味のシステムの発達こそが，私たちの意識の発達を物語るものである。ヴィゴーツキーは，意識の発達を，内言の意味が高次化していく局面と多様化・豊富化していく局面の統一的な発達過程として捉えている。それが，私たちの個性的な意識のあり様と内容を構成しているわけである。では，このような内言の意味の存在形態・実体とは，実際の心理過程にあってはどのようなものなのだろうか。

① 同時的・全体的な存在としての内言の意味

 すでに中村（2004，2010）によって解明され，説明されていることだが，この問題を考える上で，ヴィゴーツキーが思想と言葉の関係について語っている次の文章が重要である。なお，文章の中で「思想」と訳されている語は，とりたてて難しいことを言っているわけではなく，単に「意識の内容」とか「考えている（思っている）こと」といった意味で使われていることに注意してほしい。また，こうした思想とは，まさに内言に媒介された意識の内容であり，それゆえ，思想はそのまま内言の意味にほかならない。

 さて，以下の引用文の中でヴィゴーツキーは，思想と言語表現とは直接に一致しないこと，言葉によって継次的に——時間を追って順次に——物語ることのできる思想は，実際は，頭の中では継次的にではなく，同時的・全体的な形で存在していることを明らかにしている。

> 「思想は言葉のように個々の単語から成り立っているのではない。もし私が，私はきょう青いジャンパーを着た男の子が裸足で通りを走っていくのを見た，という思想を伝えたいと思うとき，私は，男の子，ジャンパー，ジャンパーが青であること，男の子は裸足であること，その子は走っていることを，個々別々に見ているわけではない。私は，このすべてを思想の不可分な一幕として，同時に見ているのである。しかし，私は，言葉の上ではこれを個々の単語に分解する。思想は常に全体的な，個々の単語をはるかに超えた広がりと容量を持つものなのである。雄弁家は，しばしばひとつの思想を数分間にわたって展開する。この思想は，彼の頭の中では全体として保持されているのであり，決して言葉が展開されるように逐次的に，個々の単位ごとに生ずるのではない。思想の中では同時的に存在しているものが，言葉の中では継次的に展開される。思想は，単語の雨を降らせる雨雲に喩えることができるだろう」
> （Выготский，1934, c.313 / 邦訳，p.426）。

このヴィゴーツキーの指摘は，内言の意味の存在形態，その実体を考える上できわめて重要である。というのも，ヴィゴーツキー理論では，内言に媒介された意識の内容こそが思想であり，それゆえ，思想はそのまま内言の意味にほかならないからである。

　こうして，上の引用文によれば，思想を構成している内言の意味は，意識の中で同時的かつ全体的な形で存在しているのである。しかも，それは言葉によって継次的に物語ることができるのである。意識におけるこのような存在形態のものとは，いったい何であろうか。それはどのような心理的実体ないしは心理過程なのであろうか。

② 想像のイメージとしての内言の意味

　その答えはイメージである。内言の意味は，意識の中ではイメージの形で存在していると考えられる。実は，内言の意味の実体をイメージだとする答えを，ヴィゴーツキー自身が直接に述べているわけではない。しかし，ヴィゴーツキー理論の全体構造の中にこの問題に対する関連領域——とりわけ，想像の発達論の領域——を取り出し，そこでの議論を踏まえるとき，ヴィゴーツキー自身が内言の意味の実体をイメージだと考えていた（だろう）ことが論証されるのである（この点の詳しい論証については，とくに中村，2004，第2部：中村，2010，第1章を参照のこと）。

　ここで注意しておくべきことは，イメージといっても，それは静的な画像のようなイメージではないということだ。ここでのイメージとは，知覚や記憶によってただ再現される知覚像や記憶像にとどまらない。意識の中では，これらのイメージは不変のままではなく，思考や感情のはたらきにより，拡大・縮小・拡散・凝縮・省略など様々に変形・加工され，組み合わされ，再構成されるのである。イメージは，思考と感情の共同作業により創造される想像のイメージとして存在しているのである。このような想像のイメージは，その加工の度合いにより，具体的なイメージから抽象的なイメージまで様々な形を取りうるのである（この点は，まさに，第3節の（1）で見てきた基本領

域のメタファーと応用領域のメタファーに対応しているだろう）。

　従来から，意味論と心理学の接点の学問分野では，意識内部におけるこうしたイメージの運動やイメージ間の相互干渉などが重要なテーマとなってきた（松岡，1982）。これらのイメージの運動の法則は，まさに，内言の意味が多様に豊かに発達していく運動法則としてヴィゴーツキーが指摘している，内言の意味の相互合同や相互結合を可能にする「意味の作用」（Выготский，1934）とぴったりと重なっているのである。この点にも，内言の意味の実体がイメージであることの根拠が見出せるのである。

(3) 想像（イメージ）論を媒介に身体論と意味論が結合する

　以上の事実と考察を踏まえるとき，想像のイメージという心理活動を介して，言葉の意味，とりわけ内言の意味のシステム（＝意識）と身体との結びつきが見えてくる。この点について，月本・上原は次のように述べている。

　　「心と身体の対応といえば，心理学等で，過去に，いくつかの対応は指摘されているであろうが，想像が仮想的身体運動であるというように，脳の活動部位の合致という証拠を有する心と身体の対応は，これ以外にない」（月本・上原，2003，p.14）。

　慎重に「心と身体の対応」という言い方がされているが，このように，身体運動意味論からは，身体論と言葉の意味論とが想像（イメージ）論を媒介にしてみごとにつながっていることが理解される。
　先に述べたように，ヴィゴーツキーの内言論では，言葉の意味の実体は想像におけるイメージにほかならない。このことは，身体運動意味論によれば，内言の意味は仮想的身体運動であり，身体運動のイメージであるということだ。内言の意味は，まさに身体運動にそのひとつの根拠を置いていることになる。ここで慎重に「ひとつの根拠」と言ったのは，内言の意味は，身

体運動のイメージだけでなく，人類の歴史的，社会的な精神的所産（＝言葉の意味のシステム）がそこに体現されている，音と文字から成る言語体系（＝言語文化）をもうひとつの根拠としているからである。この点にこそ，ヴィゴーツキー理論が「発達の文化‐歴史的理論」と呼ばれる所以がある。

　以上，これまでの考察を踏まえると，音と文字の言語体系の中に歴史的，社会的に対象化（＝具現化）されてきた人類の精神的所産（＝言葉の意味のシステム）は，個人が言葉を獲得していく過程で，身体内部に発生起源のある身体運動のイメージと結合し，複合し，内面化し，内言の意味のシステムとして，個人の意識の具体的内容を構成していくのである，と総括できる。そうであるならば，言葉は，能記（＝記号表現）としての言葉の身体性というだけではなく，その内面的な意味的側面，内言の意味においても明確な身体的基礎を持っているというわけである。

　このように，内言の意味論を現代の身体運動意味論によって補強することができるならば，今日にあって，ヴィゴーツキー理論は，心身一元論の立場から見て，心理学的唯物論としての位置がいっそう強められることになるのである。

　　［付記］なお，本書のこの第7章の内容は，以下の学術誌に掲載された拙論に若干の加
　　　筆・補正をして，ここに再録したものである。
　中村和夫 2017「ヴィゴーツキー理論と身体運動意味論―内言の意味と身体との接点―」
　　　心理科学，第38巻，第1号，pp.14-24.

■ あとがき

　書き終わってみて，この本の「まえがき」で言及した私の二つの目論見がはたして成功しているのかどうか，何とも心もとないが，これは読者の判断に委ねるほかはない。そこで言及した私の目論見とは，ひとつは，本書で取り上げた時代のロシア・ソビエト心理学の歴史・動向の持つ意味を，同時代のヴィゴーツキーの心理学理論を補助線にして—分析のための準拠枠・モノサシにして—浮き彫りにするということであった。もうひとつは，この作業を通して，今度は逆に，この時代のロシア・ソビエトの心理学の歴史・動向を「地」としつつ，ヴィゴーツキー理論を「図」として焦点化することで，ヴィゴーツキー理論それ自体の歴史的，今日的な意義を明確にすることであった。

　この二つの目論見は，あたかも「鶏が先か卵が先か」といった論理矛盾を思わせるが，コインの表面と裏面を同じ平面に同時に並べて比較しつつ，両者の模様の共通点や相違点を明らかにするといった作業になぞらえることができよう。書き終わってみれば，私自身の力量の限界に規定されて，この時代のロシア・ソビエト心理学の多様な動向の中で，このような検討作業がうまく進んだと思われる領域と，不十分なままに残されてしまった領域があることは否めない。

　最もうまく進めることができたと自認できるのは，やはり，私自身の専門領域—発達心理学と教育心理学—に重なっている「児童学」の領域の検討であった。まず，児童学について，日本でのソビエト教育学の研究者たちによる先行研究の一定の蓄積があったことや，ソビエト連邦崩壊後のロシアにおいて，児童学をめぐる歴史的検討が最近までも少なからずおこなわれてきたことが，基本的な情報を与えてくれた。その上で，何よりも児童学の内容的展開について理解を得させてくれたのが，バーソフの著書『児童学の一般的

基礎』(原著は1928年)、ヴィゴーツキーの著書『青少年の児童学』(原著は1929～31年)と『児童学の基礎』(原著は1934年)、ブローンスキーの著書『児童学』(原著は1934年)である。これらの著作のうち、ヴィゴーツキーの『青少年の児童学』はその全文のコピーをすでに持っていて、これまでにも目を通す機会があったが、それ以外は、今回インターネット上での検索によって、その全文を読むことが叶ったものである。これらの著作のおかげで、「児童学の残したもの」の総括が可能になり、それとスターリン批判後の「発達論争」との繋がりが確認できた。また、児童学に占めるヴィゴーツキー理論の出色な位置も、十分に確認できた。

「経験的心理学」「反射学」「精神分析」「精神工学」の各領域に関しては、私自身の専門領域からは距離があるものだが、それでも、それぞれの領域において、その中心的で重要な著者たちの原著に当たることができたので、おかしな間違いを犯すことなく、妥当な検討作業ができたと思っている。しかし、他方で、「反応学」の領域に関する検討作業には不十分さが残り、私自身の不満足な気持ちも残ってしまった。私の怠惰ゆえに、反応学が最初に提唱されたコルニーロフの学位論文『心理学的観点から見た人間の反応に関する学説』(原著は1921年)を直接に参照することができなかったからである。それゆえ、反応学についての説明が、二次的資料によるものとなってしまった。したがって、反応学に対する批判や評価についても紹介はしているが、それらが必ずしも私自身の納得をくぐったものではないという不全感が残っている。他日を期して、再確認をしなければと思っている。

ところで、ソビエト連邦が崩壊して四半世紀も過ぎ、間もなく30年に届かんとしている。現在50歳代よりも若い世代の心理学研究者は、かつて「ソビエト心理学」と呼ばれた一群の心理学の潮流があったことすら、もはや知らないのかもしれない。ソビエト心理学に関心を持ち、私も含めたソビエト心理学について知見を得ている年配の心理学研究者は、今日において、ソビエト心理学の何を形あるものとして伝えておくべきなのだろうか。ソビエト心理学にはそれぞれの専門領域において独自の専門的成果があることを

前提としつつ，ここで私が，現代の細分化され，ますます技術化が進行する心理学の世界的動向に対して，総体としてのソビエト心理学の今日に伝達すべき遺産を挙げるならば，それは，基礎研究（理論研究・歴史研究）の重要性とその権威の承認ということである。言葉を換えるならば，心理学は，その中心軸に人間学的研究を確固として据えるべきということである。ソビエト連邦崩壊の6年後に書かれた論文の中で，トゥガイバーエヴァは次のように述べている。

「ソビエト心理学では，基礎研究の権威はきわめて高かった。基礎的研究の分野で働いていた学者は，国家機構の支持を受けていた。……（略）……このことによって，基礎的問題の研究に関心と才能を持った学者たちは，心理的現実の認識過程の重要な問題の研究に完全に身を捧げることができた。

しかしながら，経済における計画的な方式の崩壊，社会における純粋に実用的な基調―これは，おおいに，市場の条件の中で『生き延びること』の必要性によってもたらされたわけだが―の形成，基礎的研究の財政基金の減少，国家によって選択された応用的研究の資金源の出現と関連して，心理学者が基礎的（理論的ないしは理論・経験的）な問題の研究にのみ集中する可能性は，事実上，すっかりなくなっている。大多数の学者は，やむなく実用的心理学の分野での仕事に方向転換する必要に迫られている。その上，若い心理学者の仲間うちでは，理論的研究の地位はきわめて低くなっている。ソビエト心理学派の常に強い側面であったもの―理論的な詳細な研究の厳密さと深さ，どのような科学的，実践的結果に対してもしっかりと根拠づけること，まさに，理論的および実験的心理学の部門における強力な理論的構想の存在と高度に専門な専門家の存在―は，社会にとって著しく不必要になったと思われる。……（略）……

ロシアの心理学では，私の見解では，逆説的な状況が形成されている。新しい生活現実に応じて科学の方法論的基礎を再検討することに関連して，基礎的研究が不可欠であるにもかかわらず，まさにこの作業が，ロシアの心理学者の新世代の優先的な価値ではないばかりか，国家によっても無視されているのである」(Тугайбаева, 1997, с.155-156)。

　トゥガイバーエヴァのこの指摘は，私の認識によれば，今日の心理学研究において，ますます世界的な共通の傾向となっている。日本の心理学の状況も例外ではない。私自身は，「公認心理師」の国家資格の導入によって，この傾向はますます増幅されると考えている。それは，心理学が人間学から，人間学の基礎的研究からますます離れ，表面的な技術学に飲み込まれていくことであると考えている。このような心理学の現状だからこそ，「ソビエト心理学派の常に強い側面であったもの―理論的な詳細な研究の厳密さと深さ，どのような科学的，実践的結果に対してもしっかりと根拠づけること，まさに理論的および実験的心理学の部門における強力な理論的構想の存在と高度に専門的な専門家の存在―」が，切実に必要とされているのである。総体としてのソビエト心理学の残したものとして，今日に受け継がれるべき遺産は，まさにここにあると私は考えている。

　なお，本書の出版にあたっては，福村出版社長の宮下基幸さん，編集部の佐藤道雄さんに大変お世話になった。お二人の支援と励ましがなければ，本書が日の目を見ることはなかったであろう。ここに記して感謝の意を表したい。

2018年2月吉日　中村和夫

■ 文献一覧

〈日本語文献〉

阿部重孝 1915a「露西亞の實驗教育界」心理研究, 第7巻, 第40号, pp.81-94.

阿部重孝 1915b「ロシヤの實驗教育界(二)」心理研究, 第7巻, 第41号, pp.94-104.

安齋順子 2007「精神分析の導入と丸井清泰, 小熊虎之助:日本における臨床心理学の導入と受容過程2」日本心理学会ワークショップの記録(2005年9月11日), 研究シリーズ・ヒューマンサービスリサーチ, 立命館大学, pp.55-60.

今井むつみ・佐治伸郎編 2014『言語と身体性』岩波書店

今田 恵 1962『心理学史』岩波書店

岩田 貴・浦 雅春・大石雅彦ほか編 1988~95『シリーズ:ロシア・アヴァンギャルド』全8巻, 国書刊行会

岩本和久 2004「アロン・ザルキントと精神分析」稚内北星学園大学紀要, 第4号, pp.23-32.

岩本憲児 1998『ロシア・アヴァンギャルドの映画と演劇』水声社

ヴィゴツキー 1930「思考と言語の発生的始原」(紹介者:狩野廣之), 心理學研究, 第5巻, 第1号, pp.150-153.

上野陽一 1913「行動説の主張=心理學の新定義」心理研究, 第4巻, 第21号, pp.73-76.

上野陽一 1914「夢と性慾と子供」心理研究, 第6巻, 第32号, pp.41-57.

上野陽一 1920「條件反射と兒童研究」心理研究, 第18巻, 第107号, pp.409-417.

エトキント 1997(武田昭文訳)「文芸学者ヴィゴツキイ―忘れられたテクストと知られざるコンテクスト―」現代思想, Vol.25-4, pp.214-241.

大泉 溥 1998「明治教学としての心理学の形成」心理科学研究会歴史研究部会編『日本心理学史の研究』京都・法政出版, pp.1-35.

大泉 溥 2003『日本心理学者事典』クレス出版

大須賀史和 1999「20世紀のロシア, ソヴィエト哲学をめぐって」スラブ研究 No.46, pp.249-276.

大槻快尊 1912「もの忘れの心理」心理研究, 第1巻, 第4号, pp.1-40.

乙竹岩造 1909『實驗教育學』目黒書店
〔https://books.google.co.jp/books?id=O1lPfpR18_EC&printsec=frontcover&hl=ja&source=gbs_ge_summary_r&cad=0#v=onepage&q&f=false〕

金山浩司 2009「ソヴィエト連邦における物理学哲学論争：1930-41 年」平成 21 年度東京大学大学院総合文化研究科博士学位請求論文
〔http://repository.dl.itc.u-tokyo.ac.jp/dspace/bitstream/2261/37651/1/kanayama.pdf〕
狩野廣之 1931「最近社會心理學の諸問題」心理學研究，第 6 巻，第 3 号，pp.121-133.
神谷栄司 2010『未完のヴィゴツキー理論－甦る心理学のスピノザ－』三学出版
亀山郁夫 1996『ロシア・アヴァンギャルド』岩波新書
亀山郁夫・沼野充義 2017『ロシア革命 100 年の謎』河出書房新社
川端香男里編 1986『ロシア文学史』東京大学出版会
北村三子 1993「阿部重孝の教育学説と近代の社会システムの権力」駒澤大学教育学論集，第九号，pp.45-59.
木村久一 1912「精神分析法の話」心理研究，第 2 巻，第 8 号，pp.52-57.
クラフコフ・セメノフスカヤ 1935「先行光刺戟による眼の感光性の上昇」（紹介者：盛永四郎），心理學研究，第 10 巻，第 3 号，pp.168-170.
クレシュチョフ 1935「條件反射刺戟としての音の關係」（紹介者：和田陽平），心理學研究，第 10 巻，第 3 号，pp.170-171.
黒田源次 1916「パヴロフの條件反射研究法に就て」心理研究，第 10 巻，第 55 号，pp.33-49.
桑野 隆 1990『未完のポリフォニー－バフチンとロシア・アヴァンギャルド－』未來社
桑野 隆 2003『バフチンと全体主義－20 世紀ロシアの文化と権力－』東京大学出版会
桑野 隆 2009『危機の時代のポリフォニー－ベンヤミン，バフチン，メイエルホリド－』水声社
桑野 隆 2017『20 世紀ロシア思想史－宗教・革命・言語－』岩波書店
小泉晋一 2007「企画趣旨：日本における臨床心理学の導入と受容過程 2」日本心理学会ワークショップの記録（2005 年 9 月 11 日），研究シリーズ・ヒューマンサービスリサーチ，立命館大学，pp.35-38.
国分 充 2005「20 世紀初めのロシアにおける精神分析の運命：覚え書」東京学芸大学紀要，第 1 部門，教育科学，56，pp.309-320.
国分 充・牛山道雄 2006「ロシア精神分析運動とヴィゴツキー学派：ルリヤの Zaitschrift 誌の活動報告」東京学芸大学紀要，総合教育科学系，57，pp.199-215.
駒林邦男 1975『現代ソビエトの教授・学習諸理論』明治図書
駒林邦男 1998「『『児童学的歪曲についての決定』（1936）の歴史的，心理学的検討－なぜ，ソ連共産党は児童学の理論と実践を総否定したか？－」日本大学工学部紀要，第 39 巻，第 2 号，pp.103-119.
コルニロフ 1931「唯物辯證法的心理學」（紹介者：依田 新），心理學研究，第 6 巻，第 2

号,pp.105-106.

齋藤茂三郎 1920「ボルシェビズムの心理(上)―どんな人が過激派になるか―」心理研究,第 17 巻,第 101 号,pp.608-618.

佐久間鼎 1916a「ウュルツブルグ派の新方法(上)」心理研究,第 9 巻,第 52 号,pp.89-102.

佐久間鼎 1916b「ウュルツブルグ派の新方法(下)」心理研究,第 9 巻,第 53 号,pp.61-72.

佐藤公治 2015『ヴィゴツキーの思想世界―その形成と研究の交流―』新曜社

シュピールライン 1933「精神工學の理論のために」(紹介者:梅津八三),心理學研究,第 8 巻,第 2 号,pp.173-175.

心理科学研究会歴史研究部会編 1998『日本心理学史の研究』京都・法政出版

杉井六郎 1981「小西増太郎覚書(一)」社会科学(同志社大学研究紀要論文),27,pp.111-155.

鈴木朋子 2007「『心理研究』における精神分析学:日本における臨床心理学の導入と受容過程 2」日本心理学会ワークショップの記録(2005 年 9 月 11 日),研究シリーズ・ヒューマンサービスリサーチ,立命館大学,pp.47-54.

セメノフスカヤ 1935「先行光刺戟による黄昏視の感光性上昇についての其の後の研究」(紹介者:盛永四郎),心理學研究,第 10 巻,第 3 号,p.170.

高村是懿 2001『変革の哲学・弁証法―レーニン「哲学ノート」に学ぶ』学習の友社

月本 洋 2005「身体運動意味論―言語・イメージ・身体―」現代思想,Vol.33,No.2,pp.180-191.

月本 洋 2010『心の発生―認知発達の神経科学的理論―』ナカニシヤ出版

月本 洋・上原 泉 2003『想像―心と身体の接点―』ナカニシヤ出版

所 伸一 1994「ソビエト児童学はなぜスターリンに弾圧されたのか」教育史・比較教育論考(北海道大学教育学部・教育史研究室),第 17 号,pp.56-68.

所 伸一 2003「1931 年党中央委決定前夜のロシアにおける『学校ポリテフニズム化』政策」北海道大学大学院教育学研究科紀要,第 91 号,pp.1-24.

中村和夫 1998『ヴィゴーツキーの発達論―文化・歴史的理論の形成と展開―』東京大学出版会

中村和夫 2004『ヴィゴーツキー心理学 完全読本―「最近接発達の領域」と「内言」の概念を読み解く―』新読書社

中村和夫 2010『ヴィゴーツキーに学ぶ 子どもの想像と人格の発達』福村出版

中村和夫 2014『ヴィゴーツキー理論の神髄―なぜ文化・歴史的理論なのか―』福村出版

ネチャエフ 1930「インスピラチオン」(紹介者:相良守次),心理學研究,第 5 巻,第 1 号,pp.146-150.

野上俊夫 1912『教育的實驗心理學』京都府教育会
〔http://dl.ndl.go.jp/info:ndljp/pid/809369〕
野上俊夫 1913「モスカウ大學心理學實驗場参観記」心理研究，第 4 巻，第 23 号，pp.95-102.
パイキン 1931「どもりの本質に就て」（紹介者：松本金壽），心理學研究，第 6 巻，第 1 号，pp.133-135.
バイリンソン 1930「明確發聲法視知覺研究の方法」（紹介者：鈴木舜一），心理學研究，第 5 巻，第 5 号，pp.135-136.
馬場美佳 2013「『知覚』の心理学と日本近代文学（明治編）」北九州市立大学文学部紀要，第 82 号，pp.1-23.
速水 滉 1914「心理學最近の傾向」心理研究，第 6 巻，第 33 号，pp.90-94.
福田誠治 1999「ソビエト児童学と民族調査」都留文科大学研究紀要，第 50 号，pp.101-122.
古澤聡司 1998「戦前・戦中日本における心理学（者）と社会」心理科学研究会歴史研究部会編『日本心理学史の研究』京都・法政出版，pp.44-71.
ブロンスキー 1930a「兒童の作業に於ける個人的差違」（紹介者：依田 新），心理學研究，第 5 巻，第 1 号，pp.153-154.
ブロンスキー 1930b「幼児の追憶—問題とその意義—」（紹介者：依田 新），心理學研究，第 5 巻，第 1 号，pp.154-156.
ブロンスキー 1930c「小學一年に於ける獨り子」（紹介者：山下俊郎），心理學研究，第 5 巻，第 6 号，pp.161-162.
ブロンスキー 1931「怠惰な生徒」（紹介者：松本金壽），心理學研究，第 6 巻，第 5 号，pp.126-128.
ブロンフェンブレンナー 1996（磯貝芳郎・福富 護訳）『人間発達の生態学—発達心理学への挑戦—』川島書店
増田幸一 1927「勞農ロシアに於ける勞働科学的殊に精神工學的研究」心理學研究，第 2 巻，第 1 号，pp.88-127.
松岡俊吉 1982『イメージ・シンキング』弓立社
マルクス 1968（マルクス・エンゲルス全集刊行委員会訳）『資本論』大月書店
水野忠夫 1985『ロシア・アヴァンギャルド—未完の芸術革命—』PARCO 出版
村山士郎 1999『ソビエト型教育の形成と学校コミューン』大月書店
八木 冕 1971「わが国における行動主義の導入」八木 冕監修・末永俊郎編『講座 心理学 Ⅰ 歴史と動向』東京大学出版会，pp.195-198.
山口 喬 1983「ソビエトにおける児童学の形成について—第一回児童学大会の分析をとおして—」福岡教育大学紀要，第 33 号，第 4 分冊，pp.133-144.

山田和夫 1997『ロシア・ソビエト映画史―エイゼンシュテインからソクーロフヘ―』キネマ旬報社

ユリネツ 1928「精神分析とマルクス主義」(解説者：波多野一郎)，心理學研究，第3巻，第2号，pp.111-123.

吉田正昭 1971「Ⅳ．日本」八木 冕監修・末永俊郎編『講座 心理学 Ⅰ歴史と動向』東京大学出版会，pp.275-291.

ルップ 1932「ロシアに於ける精神工學の印象」(紹介者：狩野廣之)，心理學研究，第7巻，第4号，pp.161-164.

ルリア 1929a「現代心理學と辯證法的唯物論」(紹介者：波多野一郎)，心理學研究，第4巻，第1号，pp.122-126.

ルリア 1929b「過程間の連絡による投寫運動的方法と其情の心理學に對する應用」(紹介者：狩野廣之)，心理學研究，第4巻，第3号，pp.99-101.

ルリア 1932「事實診斷に於ける反映運動法」(紹介者：塚田 毅)，心理學研究，第7巻，第1号，pp.167-168.

レイフ 2015（広瀬信雄訳）『天才心理学者 ヴィゴツキーの思想と運命』ミネルヴァ書房

渡辺健治 1984「ソビエトにおける児童学批判の分析：教育困難児問題を中心に」東京学芸大学紀要，第1部門，教育科学，第35集，pp.191-207.

渡辺健治 1996『ロシア障害児教育史の研究』風間書房

〈ロシア語文献〉

Артемьева О. А. 2014 Советская психотехника: социальная биография научно-практического течения. // Психолог, №2, С.1-23.
 〔http://e-notabene.ru/psp/article_12015.html〕

Баранов В. Ф. 1991 Педологическая служба в советской школе 20—30-х гг. // Вопросы психологии, №4, С.100-112.

Басов М. Я. 1928 Общие основы педологии. М.-Л.
 〔http://www.klex.ru/l62〕

Бехтерев В. М. 1903 Психика и жизнь. СПб.
 〔http://books.e-heritage.ru/book/10071888〕

Бехтерев В. М. 1928 Общие основы рефлексологии человека. М.-Л.
 〔http://elib.gnpbu.ru/text/behterev_obschie-osnovy-refleksologii_1928/go,2;fs,0/〕

Бехтерев В. М. 1991 Объективная психология. М.

Бехтерев В. М. 1994 Коллективная рефлексология. // Избранные работы по социальной психологии. М., С.18-400.

〔http://elib.gnpbu.ru/text/behterev_izbrannye-sotsyalnoy-psihologii_1994/go,0;fs,1/〕

Блонский П. П. 1934 Педология. М.

〔http://elib.gnpbu.ru/text/blonsky_pedologiya_1934/fs,1/〕

Блонский П. П. 1961 Изрванные педагогические произведения. М.

〔http://elib.gnpbu.ru/text/blonsky_izbrannye-proizvedeniya_1961/go,0;fs,1/〕

Блонский П. П. 1964 Изрванные психологические произведения. М.

Богданчиков С. А. 2002 А. Р. Лурия и психоанализ. // Вопросы психологии, №4, С.84-93.

Быховский Б. Э. 1923 О методологических основаниях психоаналитического учения Фрейда. // Под знаменем марксизма, №11-12, С.158-177.

〔https://thecharnelhouse.org/wp-content/uploads/2016/08/under-the-banner-of-marxism-c2abd0bfd0bed0b4-d0b7d0bdd0b0cc81d0bcd0b5d0bdd0b5d0bc-d0bcd0b0d 180d0bad181d0b8cc81d0b7d0bcd0b0c2bb-1923-e28496-11-12.pdf〕

Быховский Б. Э. 1926 Гинеономические воззрения Фрейда. // Под знаменем марксизма, №9-10, С.178-194.

〔https://thecharnelhouse.org/wp-content/uploads/2016/08/under-the-banner-of-marxism-c2abd0bfd0bed0b4-d0b7d0bdd0b0cc81d0bcd0b5d0bdd0b5d0bc-d0bcd0b0d 180d0bad181d0b8cc81d0b7d0bcd0b0c2bb-1926-e28496-9-10.pdf〕

Быховский Б. Э. 2008 Метапсихология Фрейда. // История психологии в Беларуси (20—30-е гг. XX в.). Минск, С.4-27.

〔http://elib.bspu.by/bitstream/doc/10156/1/%D0%96%D1%83%D1%80%D0%B0%D0%B2%D0%BB%D0%B5%D0%B2%D0%B0%20%D0%98.%D0%92..pdf〕

Вагнер В. А. 2005a Биологические основания сравнительной психологии. Том Ⅰ. М.

〔http://www.klex.ru/ct1〕

Вагнер В. А. 2005b Биологические основания сравнительной психологии. Том Ⅱ. М.

〔http://padaread.com/?book=19076〕

Выгодская Г. Л. и Лифанова Т. М. 1996 Лев Семенович Выготский. Жизнь. Деятельность. Штрихи к портрету. М.

Выготский Л. С. 1925 Сознание как проблема психологии поведения. // Психология и марксизм. Под ред. К. Н. Корнирова. М.-Л., С.175-193.：1982年版に基づいた邦

訳が「行動の心理学の問題としての意識」と題して，ヴィゴツキー（柴田義松ほか訳）1987『心理学の危機 ― 歴史的意味と方法論の研究 ―』明治図書，pp.61-92. に収録されている。

Выготский Л. С. 1926 Методика рефлексологического и психологического исследования. // Проблемы современной психологии. Под ред. К. Н. Корнилова. Л., С.26-46.：ヴィゴーツキー（中村和夫訳）1985「反射学的研究と心理学的研究の方法論」心理科学，第 8 巻，第 2 号，pp.30-44.

Выготский Л. С. 1928 Проблема культурного развития ребёнка. // Педология, кн.1, С.58-77.：ヴィゴーツキー（中村和夫訳）1990「子どもの文化的発達の問題」心理科学，第 12 巻，第 2 号，pp.24-33.

Выготский Л. С. 1929 Педология подростка. №1-8, М.-Л.

Выготский Л. С. 1930 Психика, сознание и бессознательное. // Элементы общей психологии. Под ред. К. Н. Корнилова. М., С.48-61.：「心理と意識と無意識」と題して，次の邦訳書の中に収録されている。ヴィゴツキー（柴田義松・宮坂琇子訳）2008『ヴィゴツキー心理学論集』学文社，pp.55-76. ただし，この邦訳は 1982 年の著作集第 1 巻に掲載のものからと思われる。

Выготский Л. С. 1931a Педология подростка. №9-16, М.-Л.：この中の第 9 ～ 12 章と第 16 章が 1984 年の著作集第 4 巻に収録されている。ただし，著作集に収録されている第 10 章の内容の第 5 ～ 24 節は省かれている。著作集に収録された部分が邦訳されている。ヴィゴツキー（柴田義松・森岡修一・中村和夫訳）2004『思春期の心理学』新読書社

Выготский Л. С. 1931b Практическая деятельность и мышление в развитии ребёнка в связи с проблемой политехнизма. // На психотехническом фронте. Материалы к первому съезду всесоюзного общества психотехники и прикладной психофизиологии. 1. Тезисы докладов. М.-Л., С.38-40.
〔https://dlib.rsl.ru/viewer/01007505172#?page=46〕

Выготский Л. С. 1934 Мышление и речь. Психологические исследования. М.-Л.：ヴィゴツキー（柴田義松訳）2001『思考と言語』新読書社。ただし，この邦訳書は 1956 年版を基に，1996 年版も参照して改訳したものである。

Выготский Л. С. 1935 Умственное развитие детей в процессе обучения. М.-Л.：ヴィゴツキー（柴田義松・森岡修一訳）1975『子どもの知的発達と教授』明治図書。ただし，この邦訳書では原著の一番目と二番目の論文が省かれていて，別の論文が入れられているので，原著と邦訳書の目次構成は一致していない。

Выготский Л. С. 1982 Исторический смысл психологического кризиса. // Собр. соч. Т.1, М., С.291-436.：「心理学の危機の歴史的意味 ― 方法論的研究」と題して，次の邦

訳書の中に収録されている。ヴィゴツキー（柴田義松ほか訳）1987『心理学の危機 ― 歴史的意味と方法論の研究 ―』明治図書，pp.93-282.

Выготский Л. С. 1983a Методы изучения умственно отсталого ребенка. // Собр. соч. Т.5, М., С.325-326.

Выготский Л. С. 1983b История развития высших психических функций. // Собр. соч. Т.3, М., С.5-328.：ヴィゴツキー（柴田義松監訳）2005『文化・歴史的精神発達の理論』学文社。ただし，原著の第 8 章と第 10 章が省かれており，全訳ではない。章の構成も後半は原著とは対応していない。

Выготский Л. С. 1984a Орудие и знак в развитии ребёнка. // Собр. соч. Т.6, М., С.5-90.：「子どもによる道具と記号（言語）操作の発達」と題して，次の邦訳書の中に収録されている。ヴィゴツキー（柴田義松訳者代表）2002『新児童心理学講義』新読書社，pp.167-246. ただし，原著の第 2 章と第 5 章が省かれており，全訳ではない。章の構成も原著とは対応していない。

Выготский Л. С. 1984b Учение об эмоциях. Историко-психологическое исследование. // Собр. Соч. Т. 6. М., С.91-318.：ヴィゴツキー（神谷栄司ほか訳）2006『情動の理論 ― 心身をめぐるデカルト，スピノザとの対話 ―』三学出版

Выготский Л. С. 1984c Вопросы детской (возрастной) психологии. // Собр. соч. Т.4, М., С.243-385.：「児童心理学の諸問題」と題して，次の邦訳書の中に収録されている。ヴィゴツキー（柴田義松訳者代表）2002『新児童心理学講義』新読書社，pp.11-166.

Выготский Л. С. 1991 Педагогическая психология. М.：ヴィゴツキー（柴田義松・宮坂琇子訳）2005『教育心理学講義』新読書社。ただし，この邦訳書は大幅に省かれた部分があり，全訳ではない。章の構成も原著とは対応していない。

Выготский Л. С. 2001 Лекции по педологии. Ижевск, ч.1, С.1-150.
〔https://www.marxists.org/russkij/vygotsky/pedologia/lektsii-po-pedologii.pdf〕

Выготский Л. С. 2010 Педология и психотехника. // Культурно-историческая психология, №2, С.105-120.
〔http://psyjournals.ru/files/29805/kip_2010_2_Vygotsky.pdf〕

Выготский Л. С. и Лурия А. Р. 1930 Этюды по истории поведения. Обезьяна・Примитив・Ребёнок. М.-Л.：ヴィゴツキー／ルリヤ（大井清吉・渡辺健治監訳）1987『人間行動の発達過程 ― 猿・原始人・子ども ―』明治図書

Грот Н. Я. 1896 Основания экспериментальной психологии. М.
〔http://books.e-heritage.ru/book/10076074〕

Давыдов 1991 Л. С. Выготский и проблемы педагогической психологии. // Выготский

Л. С. Педагогическая психология. М., С.5-32.

Даниличева Н. А. 2017 Россолимо Григорий Иванович (1860-1928). // Психологи Московского университета.

[http://www.psy.msu.ru/people/rossolimo.html]

Емельянов Б. В. и Ионайтис О. Б. 2013 Репрессированная педология (История одного большевистского аутодафе). // Вестник Нижневартовского государственного гуманитарного университета, №4, С.54-57.

[http://vestnik.nvsu.ru/arhiv/35/362.pdf]

Залкинд А. Б. 1929 Педология в СССР. М.

[http://elib.gnpbu.ru/text/zalkind_pedologiya-v-sssr_1929/go,0;fs,1/]

Залкинд А. Б. 1930 Вопросы советской педагогики. Второе издание. М.-Л.

[http://elib.gnpbu.ru/text/zalkind_voprosy-sovetskoy-pedagogiki_1930/go,0;fs,1/]

Занков Л. В. 1958 О проблеме воспитания и развития. // Советская педагогика, №3, С.103-114.

Зорина З. А. 2009 Н. Н. Ладыгина-Котс—основоположник отечественной зоопсихологии. // Биология, №13.

[http://bio.1september.ru/view_article.php?ID=200901307]

Кольцова В. А. 1997 Психология в России начала XX века (Предреволюционный период). // Психологическая наука в России XX столетия: проблемы теории и истории. Институт психологии РАН, Под ред. А. В. Брушлинского. М., С.10-48.

Кондаков И. М. 1997 Константин Николаевич Корнилов: Талантливый организатор науки (1879–1957). // Выдающиеся психологи Москвы. Под ред. В. В. Рубцова, М. Г. Ярошевского. М., С.109-119.

[http://psyjournals.ru/moscow_psychologists/issue/kornilov.shtml]

Корнилов К. Н. 1923 Современная психологиия и марксизм. // Под знаменем марксизма, №1, С.41-50.

[https://thecharnelhouse.org/wp-content/uploads/2016/08/under-the-banner-of-marxism-c2abd0bfd0bed0b4-d0b7d0bdd0b0cc81d0bcd0b5d0bdd0b5d0bc-d0bcd0b0d180d0bad181d0b8cc81d0b7d0bcd0b0c2bb-1923-e28496-1.pdf]

Корсаков С. Н. и Данилов С. И. 2017 Из истории советской психологии 1920–1930-х годов : А. А. Таланкин. // Философские науки, №10, С.131-150. Бесплатный сокращенный вариант журнала.

[http://www.phisci.ru/files/issues/2017/10/RJPS_2017-10_Korsakov-Danilov.pdf]

Костюк Г. С. 1956 О взаимоотношении воспитания и развития ребенка. // Советская педагогика, №12, С.60-74.

Курек Н. С. 2004 История ликвидации педологии и психотехники в СССР. СПб. 〔http://www.klex.ru/d9u〕

Ланге Н. Н. 2001 Теория волевого внимания. Хрестоматия по психологии. // Под ред. Ю. Б. Романова. М., С.381-394.
〔http://ozrp-students.narod.ru/op_seminar/t8-9_lange.doc〕

Лейбин В. М. 1991 Репрессированный психоанализ: Фрейд, Троцкий, Сталин. // Психоаналитический вестник, №1, С.32-55.
〔http://inpsycho.ru/student/biblioteka/stati-prepodavatelej/repressirovannyj-psihoanaliz-frejd-trockij-stalin〕

Ленин В. И. 1968 Материализм и эмпириокритицизм. Критические заметки об одной реакционной философии. // Полное собрание сочинений, Том 18. Издание пятое. Под ред. Института Марксизма-Ленинизма при ЦК КПСС, М., С.7-384.
〔http://ateism.biz/lenin18materialism.pdf〕
レーニン（森 宏一訳）1979『唯物論と経験批判論（上，下）』新日本文庫

Ленин В. И. 1969a Карл Маркс. Краткий биографический очерк с изложением Марксизма. // Полное собрание сочинений, Том 26. Издание пятое. Под ред. Института Марксизма-Ленинизма при ЦК КПСС, М., С.43-93.
〔http://www.uaio.ru/vil/26.htm〕
レーニン（粟田賢三訳）1971『カール・マルクス』岩波書店

Ленин В. И. 1969b Конспект книги Гегеля «наука логики». // Философские тетради. // Полное собрание сочинений, Том 29. Издание пятое. Под ред. Института Марксизма-Ленинизма при ЦК КПСС, М., С.77-218.
〔http://propaganda-journal.net/bibl/Lenin__SoW_5th_edition_RU_vol_29.pdf〕
レーニン（松村一人訳）1956『哲学ノート（上）』岩波文庫

Леонтьев А. Н. 1982 О творческом пути Л. С. Выготского. // Выготский Л. С. Собр. Соч. Т. 1. М., С.9-41.：「エリ・エス・ヴィゴツキーの創造の道程」と題して，次の邦訳書の中に収録されている。ヴィゴツキー（柴田義松ほか訳）1987『心理学の危機 ― 歴史的意味と方法論の研究 ―』明治図書，pp.7-50.

Леонтьев А. Н. 1983 Очерк развития психики. // Избранные психологические произведения. Т.1. М. С.184-279.

Леонтьев А. Н. и Лурия А. Р. 1956 Психологические воззрения Л. С. Выготского. //

Выготский Л. С. Избранные психологические исследования. М., С.4-36.

Лопатин Л. М. 1897 Спиритуализм, как психологическая гипотеза. // Вопросы философии и психологии, Кн. 38, С. 486-534.
〔http://journals.rhga.ru/upload/iblock/bd0/38-4.pdf〕

Лосский Н. О. 1906 Обоснование интуитивизма.
〔http://www.magister.msk.ru/library/philos/lossky/lossky01.htm〕

Лосский Н. О. 1938 Чувственная, интеллектуальная и мистическая интуиция.
〔http://royallib.com/read/losskiy_nikolay/chuvstvennaya_intellektualnaya_i_mistiche skaya_intuitsiya.html#0〕このオンライン図書の pp.41-86.

Лурия А. Р. 1925 Психоанализ как система монистической психологии. // Психология и марксизм. Под ред. К. Н. Корнилова. Л., С. 47-80.
〔http://crecleco.seriot.ch/textes/Lurija25.html〕

Лурия А. Р. 1974 Об историческом развитии познавательных процессов. Экспериментально-психологическое исследование. М.：ルリヤ（森岡修一訳）1976『認識の史的発達』明治図書

Лурия А. Р. 1975 Основные проблемы нейролингвистики. М.

Лурия А. Р. 1998 Язык и сознание. М.：ルリヤ（天野 清訳）1982『言語と意識』金子書房，この邦訳書は原著 1979 年版の翻訳である。

Лурия А. Р. и Леонтьев А. Н. 1940 БСЭ. М., Т. 47. С.511-548.

Малофеев Н. Н. 2011 Постановление ЦК ВКП(Б)《О педологических извращениях в системе Наркомпросов》и развитие специальной школы. // Альманах Института коррекционной педагогики, №15, 1-5.
〔https://alldef.ru/ru/articles/almanah-15/postanovlenie-ck-vkpb-o-pedologicheskih〕

Марцинковская Т. Д. 1990 Рефлексологические исследования детского развития. // Вопросы психологии, №2, С.117-125.

Мокшанцев Л. В. 2014 Синтез Фрейда и Маркса: первые фрейдо-марксисты. // Гуманитарный вестник МГТУ им. Н.Э. Баумана, №9 (23), С.1-10.
〔http://hmbul.ru/articles/205/205.pdf〕

Мунипов В. М. 2005 И. Н. Шпильрейн, Л. С. Выготский и С. Г. Геллерштейн—создатели научной школы психотехники в СССР. // Культурно-историческая психология. №4, С.85-109.
〔http://psyjournals.ru/files/1672/kip_2006_n4_Munipov.pdf〕

На психотехническом фронте 1931 Материалы к первому съезду всесоюзного общества психотехники и прикладной психофизиологии. 1. Тезисы докладов. М.-Л.

〔http://dlib.rsl.ru/viewer/01007505172〕

Нечаев А. П. 1911 Очерк психологии для воспитателей и учителей. СПб.

〔http://elib.gnpbu.ru/text/nechaev_ocherk-psihologii--uchiteley_1911/go,0;fs,1/〕

Нечаев А. П. 1917 Современная экспериментальная психология в ее отношении к вопросам школьного обучения. Петроград.

〔http://elib.gnpbu.ru/text/nechaev_sovremennaya-eksperimentalnaya-psihologiya_1917/go,0;fs,1/〕

Носкова О. Г. 1997 Эргология и эрготехника В. Н. Мясищева. // История психологии труда в России (1917-1957). М. С.153-158.

〔https://studfiles.net/preview/6127845/page:2/〕

Носкова О. Г. 2006 Московская школа индустриальной психотехники (К 115-летию И. Н. Шпильрейна и 110-летию С. Г. Геллерштейна). // Методология и история психологии, Том 1. Выпуск 2, С.31-46.

〔http://mhp-journal.ru/upload/2006_v1_n2/2006_v1_n2_04.pdf〕

Овчаренко В. И. 2000 Российские психоаналитики. М. (Сокращенная электронная версия).

〔https://www.e-reading.club/bookreader.php/113646/Rossiiiskie_psihoanalitiki.pdf〕

Овчаренко В. И. 2004 Первое столетие российского психоанализа. // Психоаналитический вестник, №11, С.39-59.

〔https://sites.google.com/site/viktorovcharenko/works/century〕

Олейник Ю. Н. 1997 Развитие психологии в России в 20-30-е годы. // Психологическая наука в России XX столетия: проблемы теории и истории. Институт психологии РАН, Под ред. А. В. Брушлинского. М., С.49-104.

Павлов И. П. 1951 Лекции о работе больших полушарий головного мозга. // Полное собрание сочинений: Т. Ⅳ , М., С.7-452.

〔http://elib.gnpbu.ru/text/pavlov_pss_t4_1951/go,0;fs,1/〕

パヴロフ（川村 浩訳）1975『大脳半球の働きについて―条件反射学―（上）（下）』岩波書店

Петровский А. В 1967 История советской психологии. Формирование основ психологической науки. М.：ペトロフスキー（木村正一訳）1969『ソビエト心理学史』三一書房

Петровский А. В. и Ярошевский М. Г. 1996 История и теория психологии. Том 1.

Ростов-на-Дону.

〔http://www.klex.ru/bsi〕

Пископпель А. А. 2006 Педология и психотехника: Исторический опыт методологического оформления и обоснования комплексных научно-технических дисциплин. // Методология и история психологии, Том 1. Выпуск 2, С.47-56.

〔http://mhp-journal.ru/upload/2006_v1_n2/2006_v1_n2_05.pdf〕

Пископпель А. А. и Щедровицкий Л. П. 1991 Мифическое и реальное в судьбе советской педологии. // Психологический журнал, том12, №6, С.123-136.

Постановление ЦК ВКП(Б) от 04.07.1936 о педологических извращениях в системе Наркомпросов.

〔http://www.zaki.ru/pagesnew.php?id=1933〕

Родин А. М. 1998 Из истории запрета педологии в СССР. // Педагогика. №4, С.92-98.

Рубинштейн С. Л. 1940 Основы обшей психологии. М.

Рубинштейн С. Л. 1946 Основы обшей психологии. Издание второе. М.：ルビンシュテイン（吉田章宏ほか訳）1981-86『一般心理学の基礎１〜４』明治図書

Рубинштейн С. Л. 1989 Основы обшей психологии. Т. 1-2. М.

Сарапульцева А. В. 2006 Религиозные искания А. В. Луначарского: богостроительство. София: Рукописный журнал Общества ревнителей русской философии. Выпуск 9.

〔http://lunacharsky.newgod.su/issledovania/religioznye-iskania-a-v-lunacharskogo-bogostroitelstvo〕

Сеченов И. М. 1863 Рефлексы головного мозга.

〔http://www.klex.ru/691〕このオンライン図書の pp.1-60. 以下の pdf でも参照できる。

〔http://www.bio.bsu.by/phha/downloads/sechenov_reflexi_golovnogo_mozga.pdf〕

Смирнов А. А. 1975 Развитие и современное состояние психологической науки в СССР. М.

Стоюхина Н. Ю. и Логиновских Д. В. 2014 Психоанализ в советской педагогике в 1920—1930-х годах. // Приволжский научный вестник. №11-2 (39), С.67-71.

〔https://cyberleninka.ru/article/v/psihoanaliz-v-sovetskoy-pedagogike-v-1920-1930-godah〕

Таланкин А. А. 1994 О реактологическом искажении марксизма в области психологии. // Реактологическая дискуссия в психолгческом институте. // Вопросы психологии, №2, С.21-32.

Троцкий Л. Д. 1927 Письмо академику И. П. Павлову. // Проблемы культуры. Культура переходного периода. // Сочинения, Том 21, М.-Л., С.260.
〔http://www.magister.msk.ru/library/trotsky/trotl959.htm〕

Тугайбаева Б. Н. 1997 Развитие психологии в годы войны и в послевоенный период. // Психологическая наука в России XX столетия: проблемы теории и истории. Институт психологии РАН, Под ред. А. В. Брушлинского, М., С.105-162.

Умрихин В. В. 1991 «Начало конца» поведенческой психологии в СССР. // Репрессированная наука. Под ред. М. Г. Ярошевского, Л., С.136-145.
〔http://www.ihst.ru/projects/sohist/books/os/136-145.htm〕

Франк С. Л 1925 Смысл жизни.
〔http://www.vehi.net/frank/smysl_zhi.html〕

Челпанов Г. И. 1912 Мозг и душа. Критика материализма и очерк современных учений о душе. М.
〔http://www.odinblago.ru/mozg_i_dusha/〕

Шалаева С. Л. 2014 Педология в России: Сущность и Историческая судьба. // Интеграция образования, №3, С.140-147.
〔https://cyberleninka.ru/article/v/pedologiya-v-rossii-suschnost-i-istoricheskaya-sudba〕

Шилкина И. С. 2009 История русской психологии 20-30 гг. XX века. М.
〔http://library.miit.ru/methodics/05092016/10-235.pdf〕

Шпильрейн И. Н. 1931 Положение на психотехническом фронте. // На психотехническом фронте. Материалы к первому съезду всесоюзного общества психотехники и прикладной психофизиологии. 1. Тезисы докладов. М.-Л., С.3-11.
〔https://dlib.rsl.ru/viewer/01007505172#?page=11〕

Шпирьрейн И. Н., Рейтынбарг Д. И. и Нецкий Г. О. 1928 Язык красноармейца: Опыт исследования словаря красноармейца Московского гарнизона. // М.-Л.
〔http://dlib.rsl.ru/viewer/01005427539#?page=1〕

Эткинд А. М. 1994 Эрос невозможного. История психоанализа в России. М.
〔http://rozamira.nl/lib/ski/rus-kul/etkind_eros.htm#ei〕

Ярошевский М. Г. 1966 История Психологии. М. : ヤロシェフスキー（柴田義松ほか訳）1973『心理学史』明治図書

Ярошевский М. Г. 1976 История Психологии. второе переработанное издание. М.

Ярошевский М. Г. 1992 Л. С. Выготский и марксизм в советской психологии.

К социальной истории российской науки. // Психологический журнал, Том 13. №5, С.84-96.：ヤロシェーフスキー（中村和夫訳）1994「ソビエト心理学におけるエリ・エス・ヴィゴーツキーとマルクス主義—ロシア科学の社会史によせて—」心理科学，第15巻，第2号，pp.39-54.

Ярошевский М. Г. 1997 История Психологии. От античности до середины XX века. М.

Ясницкий А. 2015 Дисциплинарное становление русской психологии первой половины XX века: Исторический этюд. // Наука о человеке: история дисциплин. / Отв. ред. А. Н. Дмитриев, И. М. Савельева. М. С.299-329.
〔http://individual.utoronto.ca/yasnitsky/texts/Yasnitsky%20(2014).%20Disciplinary_Draft.pdf〕

〈独語と英語文献〉

Luria, A. R. 1926 Die moderne russische Physiologie und die Psychoanalyse. // Internationale Zaitschrift für Psychoanalyse, Bd. XII Heft 1, S.40-53.
〔http://luria.ucsd.edu/Articles-by-Luria/PDFs/Luria_Modern.Russian.Psych.pdf〕

Pavlov, I. P. 1904 The Nobel Lecture. The Nobel Prize in Physiology or Medicine.
〔http://www.nobelprize.org/nobel_prizes/medicine/laureates/1904/pavlov-lecture.html〕

■ 人名索引

あ行

アヴェナリウス（Avenarius, R.） 73
アヴェルブーフ（Авербух Р.А.） 113
アストゥヴァツァトゥーロフ（Аствацатуров М.И.） 126
アッハ（Ach, N.） 46
アナーニエフ（Ананьев Б.Г.） 87
アブラハム（Abraham, K.） 45
阿部重孝 51, 53-56
アリャーモフ（Арямов И.А.） 153, 158
アールキン（Аркин Е.А.） 158
アルチェーミエヴァ（Артемьева О.А.） 199
アルデン（Alden, J.） 42
石川日出鶴丸 52
イリイーン（Ильин И.А.） 81, 82
ヴァーグネル（Вагнер В.А.） 35, 38-40
ヴァリヤーシ（Варьяш А.И.） 114, 127
ヴァレンチーノフ（Валентинов Н.В.） 70
ヴィゴーツカヤ（Выгодская Г.Л.） 12
ヴィゴーツキー（Выготский Л.С.） 4, 6, 7, 9, 10, 12, 84, 86, 97, 99, 100, 103-111, 115, 120, 126, 128-131, 133-140, 144, 146, 148, 150, 152-155, 159, 160, 162, 163, 166-171, 174, 175, 177, 179-189, 194, 207, 210-213, 230, 237, 238, 248-257, 264-270

ヴィンデルバント（Windelband, W.） 33
ヴヴェヂェーンスキー（Введенский А.И.） 30, 31
ウェイランド（Wayland, F.） 42
上野陽一 44, 50, 215, 218, 220, 245
ヴェーバー（Weber, E.H.） 36
ウェルトハイマー（Wertheimer, M.） 48, 235
ヴォローシノフ（Волошинов В.Н.） 126
ヴォローンスキー（Воронский А.К.） 128
ウムリーヒン（Умрихин В.В.） 87
梅津八三 226
ヴラジスラーヴレフ（Владиславлев М.И.） 25
ヴーリフ（Вульф М.В.） 44, 45, 113
ヴント（Wundt, W.） 24, 25, 27-29, 33, 38-40, 42, 43, 46-48, 51, 90, 92, 242, 249
エーシポフ（Есипов Б.П.） 143
エートキント（Эткинд А.М.） 130
エルマコーフ（Ермаков И.Д.） 3, 6, 113
エンゲルス（Engels, F.） 69-73, 76-78, 127, 134, 135, 208
オヴチャレーンコ（Овчаренко В.И.） 45
大槻快尊 44
オグデン（Ogden, R.M.） 47
オーシポヴァ（Осипова В.Н.） 87, 152
オーシポフ（Осипов Н.Е.） 44, 45
オストロフスキー（Островский Н.А.） 64

乙竹岩造　47, 56

小野島右左雄　49

オルト（Orth, J.）　46

オレーイニク（Олейник Ю．Н．）　82, 88, 89, 95, 165

か行

蠣瀬彦蔵　44

ガースチェフ（Гастев А．К．）　191

ガッケブーシ（Гаккебуш В．М．）　126

狩野廣之　226, 237, 238, 241, 245

カーペンター（Carpenter, W. B.）　42

カーメネフ（Каменев Л．Б．）　65, 66

カラーシニコフ（Калашников А．Г．）　143

カルサーヴィン（Карсавин Л．П．）　81

カント（Kant, I.）　70, 72, 73, 96

木村久一　44

キュルペ（Külpe, O.）　46, 47

キーロフ（Киров С．М．）　66

久保良英　44

クラフコーフ（Кравков С．В．）　244

クルィローフ（Крылов И．А．）　185

クルジジャノーフスキー（Кржижановский Г．М．）　191

クループスカヤ（Крупская Н．К．）　65, 143, 145, 164, 165, 191

クレショーフ（Клещёв С．В．）　244

クレペリン（Kraepelin, E.）　29

黒田源次　51, 56-58, 219

グロート（Грот Н．Я．）　25, 26, 29, 30, 53

ケーニヒ（König, A.）　28

ケーラー（Köhler, W.）　48, 49, 235

ケールジェンツェフ（Керженцев П．М．）　191

ゲレルシュテーイン（Геллерштейн С．Г．）　192, 194, 203, 207, 212

国分　充　45, 114

コップ（Копп В．Л．）　128

小西増太郎　52

コフカ（Koffka, K.）　48, 235

駒林邦男　159, 163

ゴーリキー（Горький М．）　64, 70

コルニーロフ（Корнилов Л．Г．）　22, 60

コルニーロフ（Корнилов К．Н．）　4, 84, 88, 90-93, 95, 96, 135, 146, 221, 223, 225, 232, 236, 237, 270

さ行

齋藤茂三郎　215, 217

相良守次　242

佐久間鼎　47-49

佐々木政直　44

佐武安太郎　52

サリー（Sully, J.）　42

ザールキント（Залкинд А．Б．）　93, 114, 127, 128, 130, 131, 144, 146, 150, 152, 158

ザルージュヌイ（Залужный А．С．）　144, 153, 158

シェドロヴィーツキー（Щедровицкий Л．П．）　164

シェリントン（Sherrington, Ch. S.）　219

ジノーヴィエフ（Зиновьев Г．Е．）　65, 66

シャーツキー（Шацкий С．Т．）　143

シャルコー（Charcot, J. M.）　38

シューキン（Щукин С．И．）5, 26, 52
シュテルン（Stern, W.）190, 200, 201, 209
シュトゥンプ（Stumpf, C.）28
シュピリレーイン（Шпильрейн И．Н．）4, 191-195, 198, 199, 201-203, 205, 212, 221, 224-227, 229, 230, 232
シュピリレーイン・シェーフチェリ（Шпильрейн‐Шефтель С．Н．）113
シュミット（Шмидт В．Ф．）113
ショーペンハウエル（Schopenhauer, A.）132
スクリプチュア（Scripture, E. W.）42
鈴木舜一 237
スターリン（Сталин И．В．）6, 8, 9, 63-67, 80, 88, 93, 96, 128, 157, 163-165, 168, 193-195, 199, 200, 202, 270
ストルィピン（Столыпин П．А．）21
スパーゴ（Spargo, J.）215, 217
スピノザ（Spinoza, B. de）74
スペンサー（Spencer, H.）42
セーチェノフ（Сеченов И．М．）34-37
セマーシコ（Семашко Н．А．）191
セメノーフスカヤ（Семеновская Е．Н．）244
ソーンダイク（Thorndike, E. L.）49, 50

た行

ダヴィードフ（Давыдов В．В．）99
タラーンキン（Таланкин А．А．）93, 95
チェルパーノフ（Челпанов Г．И．）3, 5, 25-29, 35, 40, 47, 83, 84, 90-92, 192
塚田　毅 241, 245

月本　洋 257-262, 264, 267
ティチェナー（Titchener, E. B.）90
ディルタイ（Dilthey, W.）249
デボーリン（Деборин А．М．）88, 93, 126, 128
デュ・ボァ・レイモン（Du Bois-Reymond, E. H.）36, 38
トゥガイバーエヴァ（Тугайбаева Б．Н．）205, 271, 272
所　伸一 164
ドリーシュ（Driesch, H.）233
トルストイ（Толстой Л．Н．）53
トローイツキー（Троицкий М．И．）25
ドロズネス（Дрознес Л．М．）45
トローツキー（Троцкий Л．Д．）65, 66, 95, 124, 126, 128, 130, 143, 191, 199, 215

な行

ニコライ2世（Николай II）20, 21
ニーチェ（Nietzsche, F. W.）233
ネチャーエフ（Нечаев А．П．）3, 25, 29, 46, 47, 53, 54, 56, 83, 142, 242, 243
野上俊夫 51, 52, 56
ノスコーヴァ（Носкова О．Г．）203

は行

パーイキン（Пайкин М．И．）237, 240
バウムガルテン（Baumgarten, F.）220, 228
パーヴロフ（Павлов И．П．）3, 34-37, 49-52, 56-58, 99-101, 124, 147, 148, 218, 219, 235, 245

290

バザーロフ（Базаров В．А．）　70, 72
バーソフ（Басов М．Я．）　4, 144, 146, 152-154, 166, 269
波多野一郎　232, 234, 245
速水　滉　50
バラーノフ（Баранов В．Ф．）　159, 160
ピアジェ（Piaget, J.）　168, 238
ヒコック（Hikok, L. P.）　42
ピスコーペリ（Пископпель А．А．）　164, 202
ビネー（Binet, A.）　29, 142, 161, 162
ヒューム（Hume, D.）　72
ビューラー（Bühler, K.）　46
ピルスベリー（Pillsbury, W. B.）　50
ブィホーフスキー（Быховский Б．Э．）　114, 115, 118, 120, 121, 123, 125
フェルヴォルン（Verworn, M.）　219
福田誠治　163
ブハーリン（Бухарин Н．И．）　65, 66, 96, 146, 164, 165
ブーブノフ（Бубнов А．С．）　164, 165
フランク（Франк С．Л．）　30, 32, 81, 82
フリードマン（Фридман Б．Д．）　113, 114
フルーンゼ（Фрунзе М．В．）　191
フレーザー（Frazer, J. G.）　234
ブレンターノ（Brentano, F.）　28
フロイト（Freud, S.）　44, 45, 101, 112, 113, 115, 120, 121, 123-128, 130-133, 232-234
ブロンスキー（Блонский П．П．）　4, 143, 144, 153, 155, 158-160, 165-168, 237, 239, 270
ブロンフェンブレンナー（Bronfenbrenner, U.）　187
ヘイヴン（Haven, J.）　42
ベイン（Bain, A.）　42
ヘーゲル（Hegel, G. W. F.）　75-78, 82, 134
ペトローフスキー（Петровский А．В．）　96, 199
ベーフテレフ（Бехтерев В．М．）　3, 35, 37, 38, 49, 84-91, 99-101, 112, 124, 142, 147-149, 152, 218, 219, 249
ヘーリング（Hering, E.）　28
ベルジャーエフ（Бердяев Н．А．）　81, 82
ベールマン（Берман Я．А．）　70
ボグダーノフ（Богданов А．А．）　70, 74
ボグダーンチコフ（Богданчиков С．А．）　118-120
ホッペ・ザイラー（Hoppe-Seyler, F.）　36
ホール（Hall, G. S.）　42, 141
ボールドウィン（Baldwin. J. M.）　141

ま行

マイヤー（Mayer, A.）　46
マイヤー（Meyer, A.）　45
増田幸一　215, 219, 220, 225, 237
松本金壽　237, 245
松本亦太郎　42, 43
丸井清泰　45
マルクス（Marx, K. H.）　69, 72, 75-79, 94, 102, 134-136, 208
マルベ（Marbe, K.）　46
水野忠夫　8, 9
ミャーシシェフ（Мясищев В．Н．）　192
ミュラー（Müller, G. E）　29, 33

ミュラー（Müller, J. P.）　36, 38
ミュンスターベルク（Münsterberg, H.）　190
ムニーポフ（Мунипов В. М.）　192
メイエルホーリド（Мейерхольд В. Э.）　191
メイナート（Meynert, T. H.）　38
メッサー（Messer, A.）　46
モイマン（Meuman, E.）　29, 141
モゲンドヴィチ（Могендович М. Р.）　87
元良勇次郎　42, 43, 53
盛永四郎　243, 244
モロジャーヴィ（Моложавый С. С.）　144, 152, 158

や行

山口　喬　145, 148, 149
山下俊郎　237
ヤロシェーフスキー（Ярошевский М. Г.）　91
ユシケーヴィチ（Юшкевич П. С.）　70, 72, 74
ユリニェーツ（Юринец В. А.）　126, 128, 232, 234
依田　新　232, 237, 243

ら行

ラズールスキー（Лазурский А. Ф.）　55, 56, 142
ラディーギナ・コーツ（Ладыгина-Котс Н. Н.）　39
ランゲ（Ланге Н. Н.）　35, 39-41

リップマン（Lipmann, O.）　209, 226, 230, 231
リファーノヴァ（Лифанова Т. М.）　12
ルイコフ（Рыков А. И.）　65, 66
ルップ（Rupp. H.）　226, 228
ルナチャールスキー（Луначарский А. В.）　70, 73, 74, 143, 146, 164, 165
ルビンシュテーイン（Рубинштейн С. Л.）　249, 251
ルーリヤ（Лурия А. Р.）　113-120, 124, 128, 130, 131, 171, 209, 232, 234, 235, 251, 253
レイスネル（Рейснер М. А.）　114
レオーンチェフ（Леонтьев А. Н.）　24, 43, 46, 80, 175, 209, 250, 251
レーニン（Ленин В. И.）　7, 21-23, 60, 62-65, 69-72, 74-80, 83, 88, 93, 96, 118, 143, 159, 165, 191, 199, 215
ロエブ（Loeb, J.）　219
ロースキー（Лосский Н. О.）　30, 32, 33, 81
ロゼンターリ（Розенталь Т. К.）　112
ロッソリーモ（Россолимо Г. И.）　142, 161, 162
ロパーチン（Лопатин Л. М.）　30, 31, 81

わ行

和田陽平　244
渡辺健治　161, 162
ワット（Watt, H. J.）　46
ワトソン（Watson, J. B.）　49-51, 209, 218, 235, 249

■ 事項索引

あ行

意識 25, 27, 28, 31-33, 36, 46, 47, 50, 51, 71-73, 75, 79, 83, 85-87, 92, 100, 102-111, 116, 119, 121, 123, 126, 132, 133, 137, 138, 147-149, 167, 168, 181, 184-186, 188, 189, 204, 206, 232, 233, 236, 248-251, 254-256, 258, 264-268
イメージ（想像） 254, 256, 258-264, 266-268
ヴュルツブルク学派 24, 43, 46, 47, 101
遠心性コピー 257-261
応用心理学 29, 112, 139-142, 200, 201, 205, 207

か行

概念的思考 174, 180-183, 189, 255
快楽原則 123
科学的概念 168, 180-183, 186
仮想的身体運動 260-263, 267
活動的アプローチ 166, 250
活動理論 249-252, 256
『カール・マルクス』 69, 75, 76, 78, 79
観念論 27, 28, 30-32, 40, 69-72, 74, 76, 80, 82-84, 87, 88, 91-93, 96, 103, 115, 116, 119, 130, 132, 140, 200, 201, 233, 235
記憶の文化的発達 175-177
機械的唯物論 86, 124
帰納・分析的方法 136, 137
教育人民委員部（ナルコムプロス） 93, 112, 150-152, 156, 161, 163, 198
「教育人民委員部系統の児童学的歪曲について」（「36 決定」） 156-160, 163, 164
教育人民委員部国家学術会議（グース） 143, 153
教育測定 53, 56, 245
教育と生産労働の結合 143
共産主義 61, 82, 95, 96, 128, 132, 196, 206, 211, 234
共産党 7, 23, 62-65, 69, 88, 93, 127, 145, 156, 157, 163, 164, 198, 202
教授・学習過程 155, 167, 168, 180
キーロフ暗殺事件 66
均衡理論 94, 95
経験一元論 70, 71
経験象徴論 70, 72
経験的心理学 10, 24, 25, 29, 30, 34, 35, 83, 91, 92, 103, 115, 116, 270
経験の二重性 102, 110
経験批判論（マッハ主義） 69-71, 73, 79, 83, 159
形而上学的人格主義 31
ゲシュタルト心理学 24, 43, 48, 49, 235

293

結合反射　38, 49
検閲と抑圧　121
言語的思考　174, 181-184, 188, 189, 209, 238, 255
言語媒介理論　166, 251, 252, 254-257, 264
原始性　170-172, 174, 176-180, 182
現実原則　123
建神主義　73, 74
高次神経活動　37, 41, 97-101, 147
高次心理機能　138, 139, 154, 160, 167, 169, 170, 177-180, 183, 184, 203, 211
行動主義　24, 43, 49-51, 92, 94, 218, 219, 235, 249
五カ年計画　7, 63, 193, 200, 201
心と身体の「経験的平行論」　27, 28
言葉の意味における意義と「意味」　184, 189
言葉の外面的な様相的側面　254
言葉の身体性　249, 253, 256, 264, 268
言葉の内面的な意味的側面　254
言葉の発達史と高次心理機能の発達史との結びつき　170
子どもの家 - 実験室　6, 113

さ行

作用心理学　28
自覚性と随意性の発達　168, 180, 181
「時間」連盟　191
自己受容野　99, 105, 106
システム的アプローチ　166
自然科学的心理学　25, 34, 35, 41, 51, 84, 99, 138
自然的実験　54, 55
実験教育学（実験教育心理学）　29, 53, 56, 83, 142
実験心理学　24-27, 29, 33-35, 38, 40, 42-48, 51, 53, 89, 90, 109, 142, 206
実験的形而上学　27
実証主義　30-32, 70, 72, 83, 202, 203
実践（実験，生産）　72, 75, 79
史的唯物論　34, 79, 94, 95, 120, 125, 135, 159
児童学　10, 141-147, 149-169, 179, 180, 189, 190, 193, 194, 199, 202, 206, 207, 209-213, 230, 237, 239, 245, 255, 269, 270
「児童学」（ジャーナル）　150, 152, 169
児童学的精神工学（教育学的精神工学）　213
児童学の残したもの　165, 270
『資本論』　79, 135, 136, 138
社会主義　7, 8, 21, 23, 32-34, 61-66, 73, 96, 127, 141, 143, 151, 156, 172, 193, 195-198, 200, 206, 208, 214, 227, 231
社会的経験　99, 110, 111, 187
10月革命　7, 9, 20, 21, 23, 24, 26, 29, 30, 32, 36, 39, 41, 43-46, 48, 49, 51, 60, 63, 68, 69, 80-85, 112, 141-143, 145, 165, 190, 191, 207, 214, 215, 217, 219, 220
宗教的無神論　70, 73, 74
重工業化　7, 62, 63, 68, 141
集団的反射学　89, 127
循環反応　105, 106
所記（記号内容）　254

人為的脱自動化　203-205
人格の発達　154, 183, 184, 189
進化思想（進化論）　38-41, 77
新カント主義　31, 33
新経済政策（ネップ）　7, 61-63, 80, 192, 220
心身一元論　95, 115, 249, 250-256, 268
身体運動意味論　248, 257, 261-263, 267, 268
神秘的経験論　33
「心理學研究」　214, 225
心理学的プロフィール法　142
心理学的唯物論　12, 133, 135, 136, 138, 248-252, 255-257, 264, 268
「心理研究」　44, 47, 50, 51, 53, 214
スターリン独裁　60, 64, 68, 200
スターリン批判　65, 96, 165, 168, 199, 270
生活的概念　180-183
精神科学　27, 249
精神工学　10, 94, 140, 149, 190-207, 209-213, 219-222, 225-231, 239, 245, 270
精神工学の一掃　198
精神工学の実証主義とプラグマティズムの観点　203
精神工学の残したもの　202, 203
精神分析　6, 10, 24, 43-46, 112-116, 118-121, 123-133, 144, 149, 163, 190, 206, 232, 234, 270
精神分析研究所　6, 113
精神分析とマルクス主義の接合　114, 124, 126
精神分析の追放　128

生理学的一元論　31
生理心理学　27, 28, 34, 206
戦時共産主義　61
相関的活動　84, 87
総合技術教育（ポリテフニズム）　143, 151, 157, 167, 194, 196, 207, 208, 210-212, 229, 231
想像のイメージとしての内言の意味　266
ソビエト心理学（史）　8, 9, 24, 26, 30, 32, 34, 36, 40, 41, 46, 48-50, 68, 79, 80, 82, 85, 86, 88-90, 96, 118, 128, 141, 165, 167, 199-203, 214, 215, 218, 245, 249, 269-272

た行

第一次世界大戦　7, 20, 45, 48, 112, 190
第1回全ソ連邦児童学大会　145, 150, 152, 162
第7回国際精神工学大会　198, 226, 227
ダイナモスコープ　90, 223-225, 236
第2回全ロシア精神神経学会議　12, 83, 100
大脳生理学　51
対立物の統一　79, 91, 92
知覚過程の段階性　40
知性と感情の統一　184, 185, 189
知能検査　142, 200
直観主義　33, 136
哲学船　81
哲学的心理学（宗教的心理学・思弁的心理学）　25, 30, 34, 35, 48, 51, 80, 81
「哲学と心理学の諸問題」　5, 25, 26, 30, 31

動物行動の生物学的方法（生物心理学的方法）　39
動物心理学　38, 51, 56, 57, 58, 148, 219

な行

内言の意味（内言の意味のシステム）　184, 186, 188, 189, 248, 253, 255-257, 264-268
内言の意味のシステムと身体との結びつき　267
内言の述語主義　254, 255
内戦と干渉戦争　60, 80
内容心理学　28, 46
2月革命　7, 20, 21
二次的条件反射　107-109
能記（記号表現）253, 254, 256, 268
農業の集団化　7, 61, 63, 68, 141, 201
脳の計算モデル　257

は行

発達研究　29, 53, 56, 159, 166
発達の社会的状況　187
反映論　73, 78, 86, 96, 118, 124, 141
反射学　10, 38, 84-95, 99-103, 106-109, 123, 127, 130, 142, 144, 146-149, 163, 190, 199, 206, 249, 270
反射学批判　100, 101
反射システム　104-106, 108
反射理論　34, 36, 109, 111
反応学　10, 84, 87, 88, 90-96, 123, 135, 163, 190, 199, 206, 221, 236, 237, 270

反応学論争　92, 95
比較心理学　38, 39
否定の否定　77, 78
フィードフォワード制御　258
不可知論　70, 72-74, 79, 86, 96
複合的思考　174, 180-183, 189, 255
フロイト主義　115, 125-128, 130, 132, 133, 232, 234
文化・歴史的発達（文化的発達）　150, 169, 180
文化・歴史的理論（文化・歴史的アプローチ）　111, 139, 154, 183, 189, 268
平行論　26-29, 35, 47, 83
ヘーゲルの弁証法　76, 77
弁証法　41, 69, 70, 75-79, 87, 91-95, 115, 117, 118, 120, 124, 134, 135, 158, 168, 233, 235, 250, 256
弁証法的唯物論（唯物弁証法）　69, 71, 73, 74, 77-80, 86, 87, 90, 91, 111, 115, 117, 118, 120, 121, 124, 125, 135, 141, 232, 234, 249
補助学校や補助学級　160-162
ボリシェヴィキ　7, 21-23, 32, 70, 88, 96, 165, 215
本能的欲動（性的欲動，リビドー）　122, 126, 129

ま行

マルクス主義　12, 31, 32, 68-70, 73, 75, 76, 80-84, 86-88, 91-93, 95, 96, 112, 114, 115, 117-120, 124-128, 130-133, 135, 146, 151, 152, 200-203, 232, 234

マルクス主義心理学　9, 68, 92, 94, 103, 119, 120, 125, 128, 131, 133, 138, 236
「マルクス主義の旗の下に」　88
マルクス‐レーニン主義　24, 93, 94, 163, 195
民族心理学　27, 249
無意識　36, 45, 85, 105, 116, 117, 119, 121-123, 126, 129, 131, 132, 204, 232, 233, 256
無神論　31, 33, 70, 73, 74
メタファー　262, 263, 267
モスクワ産業精神工学学校　198
モスクワ心理学会　5, 25, 30, 53
モスクワ大学附属心理学研究所　5, 12, 24, 26, 43, 46, 51, 52, 83, 90, 192
モスクワの中央労働研究所　191, 220, 221
物自体　71-73, 75, 79

や行

唯心論　24, 30, 31, 34, 248, 249
唯心論心理学　248, 249

唯物論　27, 30, 31, 35, 40, 69-73, 76, 78-80, 83-86, 91, 103, 111, 119, 120, 123-125, 131, 140, 146, 149, 159, 217, 232, 233, 235, 249, 250, 254
唯物論心理学　36, 80, 234, 248, 249
唯物論的一元論　115, 117, 131, 159
『唯物論と経験批判論』　69, 70, 79, 159
夢解釈　45, 122, 123

ら行

量から質への転化　77, 78
歴史的経験　110, 111
労働学（エルゴローギア）　192
労働学校　143, 239
労働人民委員部附属精神工学実験室　191, 221
労働心理学　165, 191, 192, 198, 204, 238
労働の科学的組織化　191
「労働の精神生理学と精神工学」　193
ロシア・アヴァンギャルド　8, 9
ロシア精神分析協会　45, 113-115, 128

■ 著者略歴

中村　和夫（なかむら　かずお）

1948 年　東京に生まれる
1967 年　東京都立両国高等学校卒業
1971 年　東京大学教育学部教育心理学科卒業
1976 年　東京大学大学院教育学研究科（教育心理学専攻）博士課程中退

愛媛大学，東京水産大学（現東京海洋大学），神戸大学での勤務を経て，現在は京都橘大学教授。専門は発達心理学，教育心理学。1998 年，博士（教育学，東京都立大学）。2005 年，東京海洋大学名誉教授。

■ 主な著書

『認識・感情・人格―精神発達におけるその統一的理解―』（三和書房，1983 年）

『子育ての目は発達の芽―親と子のこころを結ぶ心理学―』（萌文社，1992 年）

『ヴィゴーツキーの発達論―文化‐歴史的理論の形成と展開―』（東京大学出版会，1998 年）

『ヴィゴーツキー心理学 完全読本―「最近接発達の領域」と「内言」の概念を読み解く―』（新読書社，2004 年）

『ヴィゴーツキーに学ぶ 子どもの想像と人格の発達』（福村出版，2010 年）

『ヴィゴーツキー理論の神髄―なぜ文化‐歴史的理論なのか―』（福村出版，2014 年）

ヴィゴーツキーの生きた時代 [19世紀末〜1930年代]
のロシア・ソビエト心理学
―ヴィゴーツキーを補助線にその意味を読み解く―

2018年9月5日　初版第1刷発行

著　者　　中村 和夫

発行者　　宮下 基幸

発行所　　福村出版株式会社

〒113-0034　東京都文京区湯島2-14-11
電話　03-5812-9702　FAX　03-5812-9705
https://www.fukumura.co.jp

印刷　　株式会社文化カラー印刷
製本　　本間製本株式会社

© Kazuo Nakamura　2018
Printed in Japan
ISBN978-4-571-23058-5

乱丁本・落丁本はお取替え致します。
定価はカバーに表示してあります。

JCOPY〈出版者著作権管理機構　委託出版物〉
本書の無断複写は著作権法上での例外を除き禁じられています。複写される場合は、そのつど事前に、出版者著作権管理機構（電話 03-3513-6969、FAX 03-3513-6979、e-mail: info@jcopy.or.jp）の許諾を得てください。

福村出版◆好評図書

中村和夫 著
ヴィゴーツキー理論の神髄
●なぜ文化－歴史的理論なのか
◎2,200円　ISBN978-4-571-23052-3　C3011

ヴィゴーツキー理論の中心にある「人間の高次心理機能の言葉による被媒介性」という命題を明らかにする。

中村和夫 著
ヴィゴーツキーに学ぶ 子どもの想像と人格の発達
◎2,500円　ISBN978-4-571-23050-9　C3011

ヴィゴーツキーの想像の発達についての議論に焦点を合わせ，人格発達理論としてヴィゴーツキー理論を論証。

B.J.ジマーマン・D.H.シャンク 編集／塚野州一 訳
教育心理学者たちの世紀
●ジェームズ，ヴィゴツキー，ブルーナー，バンデューラら16人の偉大な業績とその影響
◎9,000円　ISBN978-4-571-22055-5　C3011

教育・発達心理学の発展過程を19世紀後半の哲学的基盤から21世紀の現在の研究到達点まで詳細に検討する。

加藤義信 著
アンリ・ワロン その生涯と発達思想
●21世紀のいま「発達のグランドセオリー」を再考する
◎2,800円　ISBN978-4-571-23053-0　C3011

ワロンの魅力的な人物像と発達思想を解説し，現代発達心理学における〈ワロン的な見方〉の重要性を説く。

R.バーク・J.ダンカン 著／七木田 敦・中坪史典 監訳
飯野祐樹・大野 歩・田中沙織・島津礼子・松井剛太 訳
文化を映し出す子どもの身体
●文化人類学からみた日本とニュージーランドの幼児教育
◎3,200円　ISBN978-4-571-11041-2　C3037

日本とニュージーランドでのフィールド調査とフーコーの身体論を基に，幼児教育が含む文化的前提を解明。

白數哲久 著
児童の科学的概念の構造と構成
●ヴィゴツキー理論の理科教育への援用
◎4,000円　ISBN978-4-571-10177-9　C3037

「科学的探究」を基軸として，子どもの科学への関心を高めるための理科の効果的な教授・学習モデルを提示する。

山崎勝之 著
自尊感情革命
●なぜ，学校や社会は「自尊感情」がそんなに好きなのか？
◎1,500円　ISBN978-4-571-22054-8　C3011

人生を楽しくするのは自律的自尊感情の高まり次第。幸せな人生を送るための新しい自尊感情教育を解説。

◎価格は本体価格です。